他们眼望上苍

王家湘译文自选集

王家湘 译著

中国出版集团
中译出版社

丛书编辑说明

"我和我的翻译"系列丛书由罗选民教授担任主编,第一辑遴选了12位当代中国有影响力的翻译家,以自选集的方式,收录其代表译著篇目或选段,涵盖小说、散文、诗歌等多种体裁,涉及英、德、法、日、西、俄等多个语种,集中展示了当代翻译家群体的译著成果。

丛书篇目及选段大多是翻译家已出版的经典作品,长期受到读者的喜爱和追捧。每本书的译者不仅是知名翻译家,还是高校教授翻译、文学课程的名师,对译文的把握、注释、点评精辟到位。因此,这套丛书不仅具有一定的文学价值,同样具有较高的收藏价值和研究价值,是翻译研究的宝贵历史语料,也可作为外语学习者研习翻译的资料使用,更值得文学爱好者品读、体会。

书稿根据译者亲自校订的最后版本排印,经过了精心的编辑,主要包括以下几方面的处理:

一、译者及篇目信息

1. 丛书的每个分册各集中展示一位翻译家的译著面貌,文前增添翻译家自序,由译者本人对自己的翻译理念、自选作品的背景和脉络等进行总体介绍。

2. 每篇文章都注明了出处，读者可依据兴趣溯源阅读。

3. 根据各位翻译家对篇目的编排，章前或作品前增添导读，由译者自拟，解析原著内容和写作特色，帮助读者更深入、全面地理解文本。

4. 书后附译著版本目录，方便读者查找对照、进行延伸阅读。

二、译文注释与修改

1. 在译文必要的位置增加脚注，对一些陌生的表述，如人名、地名、书名等做了必要的注释，有助于读者理解术语的文化背景及历史渊源。

2. 遵照各位翻译家的意愿，书中有的拼写仍然保留了古英语的写法和格式，原汁原味。

3. 诗歌部分，考虑其翻译的特殊性，可探讨空间较大，并且具有英文阅读能力的读者较多，特将原文为英文的诗歌，以中英双语形式呈现。

由于编辑水平有限，书稿中肯定还存在一些不足之处，望各位读者批评指正。

丛书总序

百年征程育华章　薪火相传谱新曲

翻译是文化之托命者。翻译盛，其文化盛，如连绵数千年的中华文明；翻译衰，则其文化衰，如早已隔世、销声匿迹的墨西哥玛雅文化、印度佛教文化。文化传承，犹如薪火相传；静止、封闭的文化，犹如一潭死水，以枯竭告终。

翻译是思想的融通、心智的默契、语言的传神。化腐朽为神奇是翻译的文学性体现，化作利器来改造社会与文化乃是翻译的社会性体现。前者主要关注人性陶冶和慰藉人生，个性飞扬，神采怡然；后者主要关注社会变革和教化人伦，语言达旨，表述严谨。在清末的两类译者中，代表性人物是林纾和严复。林纾与他人合作翻译了180余部西洋小说，其中不少为世界名著，尤其译著《茶花女》赢得严复如下称赞："孤山处士音琅琅，皂袍演说常登堂。可怜一卷茶花女，断尽支那荡子肠。"[1] 严复则翻译了大量西方的社会学、政治学、经济学、法学、哲学等方面的著作，是中国近代重要的思想启蒙家，其译著《天演论》影响尤为深远。该书前言中提出的"信、达、雅"翻译标准对后世影响

1　严复，《甲辰出都呈同里诸公》。

很大。严复本人也因此被誉为中国近代史上向西方国家寻找真理的"先进的中国人"之一。

此后百余年,我国出现了一大批优秀文学翻译家,如鲁迅、朱生豪、傅雷、梁实秋、罗念生、季羡林、孙大雨、卞之琳、查良铮、杨绛等。他们的翻译作品影响了一个时代,影响了一批中国现当代文学家,有力地推动了中国现当代文学的创新与发展。

余光中先生有一段关于译者的描述:"译者未必有学者的权威,或是作家的声誉,但其影响未必较小,甚或更大。译者日与伟大的心灵为伍,见贤思齐,当其意会笔到,每能超凡入圣,成为神之巫师,天才之代言人。此乃寂寞译者独享之特权。"[1] 我以为,这是对译者最客观、最慷慨的赞许,尽管今天像余先生笔下的那类译者已不多见。

有人描述过今天翻译界的现状:能做翻译的人不做翻译,不做翻译的人在做翻译研究。这个说法不全对,但确实也是一个存在的现象。我们只要翻阅一些已出版的译书就不难发现词不达意、曲解原文的现象。这是翻译界的一个怪圈,是一种不健康的翻译生态现象。

作为学者、译者、出版者,我们无法做到很多,但塑造翻译经典、提倡阅读翻译经典是我们应该可以做到的事情,这是我们编辑这套丛书的初衷。编辑这套丛书也受到了漓江出版社的启发。该社曾开发"当代著名翻译家精品丛书",出了一辑就停止了,实为遗憾。

本丛书遴选了12位当代有影响力的翻译家,以自选集的形式,收录译文、译著片段,集中反映了当代翻译家所取得的成绩。收录译文

1　余光中,《余光中谈翻译》,中国对外翻译出版公司,2002。

基本上是外译中。目前，外国语种包括英语、俄语、法语、德语、西班牙语、日语。每本书均有丛书总序、译者自序，每部分前有译者按语或导读。译丛尤其推崇首译佳作。本次入选的译本丛书可以视为当代知名翻译家群体成果的集中展示，是一种难得的文化记忆，可供文学和翻译爱好者欣赏与学习。

如今，适逢中国面临百年未有之大变局之际，中译出版社的领导高度重视，支持出版"我和我的翻译"丛书，可以视为翻译出版的薪火相传，以精选译文为依托，讲述中国翻译的故事，推动优秀文化的世界传播！

罗选民
2021 年 7 月 1 日于广西大学镜湖斋

译者自序

1936年我出生于江苏无锡,童年是在"大后方"川、桂、黔度过的。父亲在修建公路的工程局工作,我们家随着公路的延伸,几乎每半年就到一个新地方,我也就不断转学,不断改变着有细微区别的方言,好不受到小朋友的耻笑。抗日战争胜利结束后,我们回到了吴侬细语的江南,我上了初中,却又经历了南京和上海不同方言的考验,直到1949年7月来到北京,在1950年考入师大女附中后,才结束了方言一大堆却没有一个知心朋友的漂移生活,安定下来。因此我没有发小,极度羡慕周围的有发小朋友圈的人,我只有女附中高中同学的朋友圈。不过,祖国方言的浸润,也许对我1953年进入北京外国语学院(现北京外国语大学)学习有所裨益,至少在语音语调的掌握上。我在北外严师的教导下系统学习英语及英美文学,1962年开始在北外任教。从20世纪80年代起,教师们逐渐有了出国深造的机会,我也能够前往澳大利亚、美国、加拿大等国家访学,接触到了大量不同于自己学到和讲授的传统现实主义的现当代英语文学作品,当时国内很少介绍这类作品,我开始产生通过翻译将其中一些分享给国内读者的想法。在四十年时间里译出了二十多部英语小说、两部剧作和一些短篇故事,共计四百余万字，涵盖了自19世纪后期至今在英、美、加、澳、南非文坛上众多具有举足轻重地位的作家。

1981年我在澳大利亚格里菲斯大学访学期间，开始关注并研究20世纪英国的一批现代主义作家，如弗吉尼亚·伍尔夫、乔伊斯、D. H. 劳伦斯、E. M. 福斯特等，回国后结合教学科研，开始发表有关的论文。

1986年夏，我作为鲁斯学者到美国康奈尔大学从事美国黑人文学和女性文学的研究。当时国内在这方面的研究刚刚起步，在一年半的时间里，我从起初研究女作家，到集中研究美国黑人女作家，撰写了一批论文。1997年，我获得了国家社科规划"20世纪美国黑人文学史"课题的资助，开始边教学边着手进行进一步的研究。尔后又于2000年到哈佛大学黑人研究中心进一步收集资料、进行研究，但是由于繁忙的教学工作，直到退休后方才成书，于2006年，《20世纪美国黑人小说史》得以出版。这部专著首次系统梳理了美国黑人小说在20世纪的发展历程，从文学主题、读者对象、创作技巧等方面做了较为全面的分析，并且附有长达44页的三个附录：美国黑人作家及其作品汉英对照及索引、20世纪美国重要黑人小说年表以及美国黑人小说研究参考书目英汉对照，对想要了解和研究美国黑人文学的读者具有一定的参考价值，2017年浙江文艺出版社以《黑色火焰——20世纪美国黑人小说史》为题再版了此书。

在整个20世纪80—90年代，结合教学，我在《世界文学》和《外国文学》等学术杂志上，陆续翻译介绍了多丽丝·莱辛的名作《老妇和猫》，南非女作家、诺贝尔文学奖获得者纳丁·戈迪默的《自然变异》（长篇选译），加拿大女作家凯瑟琳·符拉西的短篇小说《像像样样的诀别》，加拿大女作家卡洛·希尔兹的《石头记》(长篇选译)，美国黑人剧作家奥古斯特·威尔逊的剧本《篱笆》，南非作家库切的长篇小说《青春》(节选)，伍尔夫的《爱犬小辉传》以及美国黑人女作家赫斯顿、沃克、莫里森等人的作品，并撰写了相关的文评，评论文章有宏观背景的介绍，也有对文本细节的分析，为喜爱外国文学的读者开启了通往当代英语文学世界的一个窗口。

二十几本译作，每本都以自己的特别之处留在了我的记忆里。不算和朋友合译的作品和刊登在杂志上的摘译，我翻译的第一部小说应该是1985年由外国文学出版社出版的《沙堡》。回想我当年决定翻译艾丽斯·默多克的作品时，在选择翻译哪一本小说的时候是非常纠结的。当时，默多克已经蜚声英国文坛，许多作品也已经译介到了英国国外，所以我很想选一部能够反映她成熟的创作风格的作品。但是她的大多数作品都有露骨的性描写，在80年代初的中国，如果不作删节，恐怕是很难出版的，而我是反对在翻译时删减原著的，所以考虑再三，决定翻译她早年的这部家庭伦理小说，一部描述英国伦敦一位中年教师的家庭生活和情感纠葛的作品《沙堡》。《沙堡》虽然不能反映她后期现代主义的创作特点，但毕竟是一位重要的英国女作家的作品，值得介绍给中国的读者。当我在书信交往中向默多克说明选择这部作品的原因时，她表示理解，并且高兴地免去了版权费。1987年夏我到伦敦，她从郊区的家中到伦敦，和我在维多利亚地铁站附近的一家咖啡厅见面，相谈甚欢。我告诉她《沙堡》中文版已经出版，没有任何删减。可惜我是从美国去的伦敦，没有能够带一本送给她。

1986年，人民文学出版社出版了《沧海茫茫》。至今我仍然记得读到琼·里斯的这本不起眼的小书时感受到的震撼。记得当时我一口气读完了这本书以后,立即决定将它译成中文。《简·爱》是我少女时代最喜爱的书,对于简因为罗彻斯特的来自西印度群岛的疯妻子伯萨而遭受的痛苦充满了同情,对伯萨只有厌恶。但是里斯在《沧海茫茫》中,以她对西印度群岛的了解、对生活其中的白人后裔的了解而再现出来的伯萨的悲剧彻底征服了我,而且使我第一次真正体会到,不同的视角对于了解人物是多么重要,我从以少女情怀理解《简·爱》,进到了从社会、历史和个人成长的环境来分析这一悲剧的根源,对我后来对文学作品的鉴赏有极大的帮助。

　　翻译纳博科夫的作品,既是享受也是折磨。作品中浓厚的抒情色彩,优美的散文体风格,漂泊异乡的哀愁,对故国无法割舍的思念,使人无法不为之动容。纳博科夫在《玛丽》一书中主人公加宁的身上,揉进了自己早年的感情经历,描写了他在客居异乡时对自己初恋的姑娘的怀念。初恋是甜蜜的。那爱情的萌动,少男少女的遐想,对任何人都是一种完全陌生的、极其美好的情感。在《玛丽》中,纳博科夫将对初恋的回忆和对故国的怀念交织在了一起:俄罗斯广袤的原野、秋阳、冷雨、白桦、冬雪,对于在异乡的流亡者来说,增加了些许凄迷的、不可及的、哀婉的美,深深地触动读者的心灵。而一想起《说吧,记忆》,总忘不了那些各种各类的蝴蝶和作者俄罗斯贵族大家庭中的亲属关系给我的折磨,曾经使我多么抓狂。不翻译《说吧,记忆》不知道天下有这么多种类的蝴蝶,不知道每一个种类下有这么多我看起来一样却各有其名的蝴蝶,也不知道无论我家里有多少英国出版的、美国出版的、大大小小的、厚厚薄薄的英语词典,也对付不了纳博科夫的蝴蝶。全书翻译完了之后，我只好"曲线救国"，带着几张写着找不到中文名字的蝴蝶的名字，到北京外国语大学的图书馆去查原文，有的是德语的名字，有的是法语的名字，总之，解决了一些，有些还是查不到，留下了遗憾。交稿时只好请责编看看怎么解决。而纳博科夫家族人员之多，我感觉是胜过了巴金的《家》和老舍的《四世同堂》里的大家族。汉语里不怕家族大，关系再复杂，汉语都把他们分得清清楚楚。而英语呢，一个cousin，便把所有的表兄弟姐妹、堂兄弟姐妹，同辈的隔辈的一网打尽。深知这一点的我，在通读全书时就记下了出现的人和作者的关系。但是作者并不是对每一个出现的人都交代关系的，比方说，他会说晚上甲来吃饭了，几十页以后说，我妈妈的cousin甲来住了两天。如此等等。要不断修改汉语里的称呼，原来这人是姑妈，不是姨妈，或是表哥，不是堂弟。我记得交稿前最后一次审读时，在全书将近结尾处，发现一个在全书只不过出现了几次的女人某某，作者说她妈妈的妹妹某某如何如何，这才知道了某某是他的姨妈，不是姑妈，一个字的改动，时间花在了寻找某某在原著和译文中出现的地方上。

戴维·洛奇的《小世界》和我本人的世界有几分相像：高等学校学者教授的世界。上海译文出版社在中文版腰封上的推介语还是很贴切的，称之为"当代英国讽刺奇才戴维·洛奇的经典名作，幽默、冷峻、亦庄亦谐的西方《围城》，嬉笑怒骂颠覆文人传统的英国《儒林外史》"。吸引我的是小说的"引子"，说在美好的人间四月天，"人们便渴望去朝圣了。只不过，如今专业人士不说朝圣，而说去开会"。接着，他说去开会和朝圣之不同在于"……还能够尽情享受旅游的一切乐趣和消遣……他们的费用通常由他们所属的机构支付，至少也能得到补助,不论这些机构是政府部门或商务公司,又或者,也许最常见的是一所大学"。呵呵,原来是自己英国同行的故事啊!我很高兴自己接受了出版社的邀请翻译此书,作者塑造的形形色色的人物,他们之间的爱恨情怨,以及"冷面滑稽"的语言艺术,常常使我禁不住停下敲打键盘,捧腹大笑,拍案叫绝。

翻译拉丽塔·塔德米的《凯恩河》,是个惊喜。"21世纪年度最佳外国小说"评委会的一个朋友告诉我,2001年度入选的,是美国黑人女作家拉丽塔·塔德米的成名作《凯恩河》。评委会认为,作品"……刻画了作者家族中前后四代的四位女性形象。作品采用历史建构与故事叙述相结合的方法,对美国的种族主义历史进行了再审视,重新思考了人性和人的价值。小说语言形象,情节生动,充分展示了作家的艺术才华和远见卓识"。朋友说我是研究黑人文学的,希望我能将这本书翻译出来。记得当时是2001年4月份,要求在2002年年底前出版。我很高兴没有拒绝这个请求,尽管当时我的《20世纪美国黑人小说史》尚未结稿,时间比较紧。我敬佩作者在47岁时辞去了在《财富》世界五百强公司之一的太阳软件系统公司所担任的副总裁职务,经过五年多的努力,访问了家人和知情人,收集和研究了各种尘封的文件资料,以持久的热情、不懈的努力,怀着深深的爱,创作了这部作品。她在《凯恩河》中重构了1834—1936年黑奴解放前后一个世纪的岁月中,在路易斯安那州凯恩河地区各阶层各种族的人的生活氛围,再现了自己家族七代人的历史,并着力描写其中三代女子以及与她们的生命紧密交织的三个白人男子间复杂的生活和情感,重构了一个黑奴家庭以女性为主线的命运,使读者看到了她们如何相互支持,为子女们创造一个好于自己所具有的生存条件的不懈努力。对我来说，我很感谢拉丽塔·塔德米展示的这个了解黑奴生活的新视角，以及她笔下出现的不同于我所熟悉的蓄奴制的图景。这种对熟悉题材的陌生感促使我进行更深入的思考。

至于其他译作，因为进入了这本选集，又各有导读，就不在此赘述了。

学界一般会把像我这样在高等学校从事教学科研、业余时间做一些翻译的人，归入"研究型"或"专家型"译者的范畴。教学科研和翻译相辅相成，有着很好的互补作用。我做翻译的第一个原则，就是只翻译自己有一定研究或至少有一定研究的作品。或者对作者有过研究，或者熟悉该作品的题材或反映的时代。我做翻译的另一个原则，就是遵从恩师王佐良先生的翻译理念"一切照原作，雅俗如之，深浅如之，口气如之，文体如之"，并且努力在翻译过程中践行这一理念。

在动手翻译之前，我要求自己反复细读全书，力图对作品有个全面的了解，包括作者生活的年代，创作该作品时作者的思想境遇，作品写的是什么时代的事情，作者的写作风格、语言特色等。我比较注意在译作中不仅努力忠实于原作的原意，而且力图反映原作的表现风格。有的作品语言典雅抒情，有的充斥着方言俚语，有的句子长而复杂，有的短小轻快，这些都需要以相应的汉语表现出来，使读者多少能够领略一点作品的艺术特点。例如赫斯顿和伍尔夫虽然同为女作家，但前者自幼生活在美国原生态黑人社区，听着黑人民间故事长大；而后者出身于英国上层社会，家学深厚，博览群书，思想见识超群。不同的成长经历和文学素养反映在两人不同的文字风格上。赫斯顿在小说里使用了大量黑人口语化、形象化的表达方式，语言原始质朴；而伍尔夫措辞温文典雅，具有诗人气质。《他们眼望上苍》和《雅各布之屋》凝缩了两位女作家各自突出的语言风格。不吃透这两位作家各自的特点，译作就很难传神。此外，了解作品所反映的时代也十分重要，忽略了这一点，译作就会出现毛病。我曾读到过一本写于19世纪50年代的作品的译文，两船在海上互相能够看得见的距离之内，一个船的船长命令"speak to that ship"，译文是"和那条船通话"，实际上，在没有电报和无线电的年代，这只可能是"用旗语和那条船联络"。今天的cab是出租车，而在19世纪则是出租马车，翻译时如不注意作品所反映的时代，就会出笑话。

做翻译还要对语言有敬畏之心，要细心揣摩上下文，切忌望文生义。越是"简单"的词，越不可掉以轻心。在南非女作家戈迪默获得了诺贝尔文学奖后，不少报刊很快发表了介绍她的短文，列举了她作品的书名，说她写了《七月的人民》(July's People)，《自由民之女》(Burger's Daughter)，等等。我真的惊呆了！任何人，只要打开书看上几页，就应该知道July是一个人名"朱利"，再看下去就知道people的意思是"族人"，书名应该译作《朱利的族人》，而burger在这里是主人公的姓，书名应该是《伯格之女》。如此毫无忌讳地望文生义，是对自己、对读者彻底的不负责任。有的译者有时会过于自信，即使在上下文中完全说不通的情况下，也不停下来稍作思考。例如我读到在一部译作中，描写在一个大雪纷飞的寒冬，一位自视甚高的教授来到了一个外省大学举办的研讨会上，向主办方了解到与会者中没有什么"大腕"级人物以后，气愤地说了一句，"What a shower！"这位译者译成了"多大的阵雨呀!"我感到十分奇怪,大雪天居然下起了阵雨!但是原文分明就是这么写的呀!可是确实说不通啊!一查字典,才知道"shower"在此处的意思应该是"乌七八糟的一群"。如果该译者也细想一下,也去查查字典,就不会出这种错误了。我在翻译中要求自己,在任何情况下都不去根据自己已知的词义,想当然地把上下文塞进已知词义的框架之中,而是根据上下文对已知的词义在说不通的时候多问几个为什么,勤查靠谱的词典,努力做到对读者也对自己负责。此外,我也深知,人都有粗心的时候,自己也一样。所以每翻译完一部作品后,我都要把它放上一两个星期,然后对着原文审校修改,差不多每次都会发现问题,包括漏译了字词、体会错了原文的意思——在通读的时候往往会对上下文和前后内容有更全面的理解,因此会发现新问题。至于汉语方面的修改就更不用说了,都会有一些新的提高。

我翻译美国黑人的作品,是立足于自己对美国黑人文学的研究之上的,我的译作、小亨利·路易斯·盖茨的《有色人民——回忆录》获得了第六届鲁迅文学奖翻译奖。评委会在颁奖词中是这样评价的:"译者谙熟原作者的文化背景和语言风格,很好把握原著的文体,忠实而流畅地再现了原著的内涵和气韵。"这条评价,是对我几十年在外国文学研究和翻译上所做的努力的肯定。正如我自己在《瓦尔登湖》译本的后记中强调的那样,我"没有为求'易读性'而改动原文的章节段落,也没有为求'可读性'而在原文上添枝加叶",文学翻译要想做到"原汁原味"地再现原作的语言风格几乎是不可能的,但是应该不断地追求接近一点,再接近一点。在浮躁的世界里,能够静下心来阅读和翻译优秀的文学作品,是随身自带的幸福,努力去做得更好,是我终身的追求。

目 / 录

丛书编辑说明⋯⋯⋯⋯⋯⋯⋯⋯⋯⋯⋯⋯⋯⋯⋯⋯⋯⋯⋯⋯⋯ i

丛书总序⋯⋯⋯⋯⋯⋯⋯⋯⋯⋯⋯⋯⋯⋯⋯⋯⋯⋯罗选民 iii

译者自序⋯⋯⋯⋯⋯⋯⋯⋯⋯⋯⋯⋯⋯⋯⋯⋯⋯⋯王家湘 vii

第一编　岁月留痕

青　春⋯⋯⋯⋯⋯⋯⋯⋯⋯⋯⋯⋯⋯⋯⋯⋯⋯⋯⋯⋯⋯⋯ 2

有色人民⋯⋯⋯⋯⋯⋯⋯⋯⋯⋯⋯⋯⋯⋯⋯⋯⋯⋯⋯⋯⋯ 28

第二编　女人，女人

他们眼望上苍⋯⋯⋯⋯⋯⋯⋯⋯⋯⋯⋯⋯⋯⋯⋯⋯⋯⋯ 44

时时刻刻⋯⋯⋯⋯⋯⋯⋯⋯⋯⋯⋯⋯⋯⋯⋯⋯⋯⋯⋯⋯ 81

第三编　现代主义文学一瞥：弗吉尼亚·伍尔夫

雅各布之屋⋯⋯⋯⋯⋯⋯⋯⋯⋯⋯⋯⋯⋯⋯⋯⋯⋯⋯⋯ 109

达洛维夫人⋯⋯⋯⋯⋯⋯⋯⋯⋯⋯⋯⋯⋯⋯⋯⋯⋯⋯⋯ 146

到灯塔去⋯⋯⋯⋯⋯⋯⋯⋯⋯⋯⋯⋯⋯⋯⋯⋯⋯⋯⋯⋯ 192

第四编　探人类生存之道

瓦尔登湖…………………………………………………236
惊奇之心…………………………………………………274

王家湘译著年表……………………………………………**292**

第一编

岁月留痕

青 春

> 导读

　　库切于2002年出版的小说《青春》的副标题是"外地生活场景之二"，场景之一是1997年发表的《童年》。这两部作品带有相当程度的自传性。库切于1940年出生在南非开普敦，父母都是布尔人，亦即南非白种人，即当年到非洲南部进行殖民的荷兰人、法国人和德国人的后裔。库切对南非白人在殖民过程中的兽行和白人统治者坚持种族歧视、种族隔离的政策极其反感，在1974年出版的《幽暗之地》的第二部分中，对自己布尔祖先雅各布斯·库切在18世纪参与对霍屯督人进行种族灭绝的不光彩的历史进行了揭露，他所有的作品都反映了殖民主义和种族主义对南非造成的巨大的灾难，特别是在人的思想感情和人性的扭曲方面的精神灾难。

　　库切大学毕业后离开南非到了伦敦，和《青春》的主人公约翰一样，做了一段时间的计算机程序编制员。1965年他到美国得克萨斯州立大学攻读文学博士，研究爱尔兰小说家和剧作家、荒谬派戏剧的主要代表塞缪尔·贝克特。尔后库切到纽约州立大学布法罗分校任教。1973

年他因参加反对越南战争的游行被捕后,离开美国,重回南非。库切从1977年开始发表小说,1980年出版的《等待野蛮人》使他的名声开始越出南非。他三次获得南非文学大奖,两次获英国文学布克奖,以及其他多种文学奖,最后成了2003年诺贝尔文学奖的得主。

《青春》和一般自传性作品不同的是,库切不是在追述自己成长的过程,而是把成长中的某些关键时刻的内心活动呈现在读者面前。在语言上没有使用过去时态将逝去的生活定格在过去,而是用现在时态给予了逝去的生活中的某些场景以永恒的意义。作品以20世纪60年代为背景,从主人公离家到开普敦上大学,靠打几份工维持生活,彻底割断和家庭的经济联系开始,到在伦敦一家计算机公司工作结束,全书共二十章,前四章在南非,此后主人公一直生活在伦敦。没有跌宕起伏的情节,有的是主人公丰富的内心活动。

主人公约翰是一个内向的青年,不仅落落寡合,而且郁郁寡欢。他在大学读的是数学,却一心要做一个诗人。母亲的过度呵护使他窒息,父亲失败的一生使他惶恐，南非的一切使他厌恶，即将到来的革命使他不知所措。他幻想一旦摆脱了家庭和南非，到了英国，就能够自由地实现自己做一个伟大的诗人的梦想。但是到了英国，诗神也并没有对他青睐有加。于是他琢磨成功的诗人取得成功的秘诀，认定自己内心不乏激情，只是还没有遇到能够打开他心灵之泉的、命定属于他的那个女人。在计算机公司的工作只是他谋生的手段，是他成为诗人必须经受的痛苦磨炼的一个部分。在寒冷而陌生的伦敦，他孤独地生活在社会的边缘，压不住对抛下的故国的关切，抹不去在异乡被歧视的感觉，在梦想一点一点的幻灭中挣扎。

库切在 1987 年获以色列的最高文学奖"耶路撒冷奖"时的讲话中谈到了南非文学的特点，用来解读《青春》和主人公约翰是再贴切不过的了：

在殖民主义下产生的、在一般称之为种族隔离的状态下加剧的畸形而得不到正常发展的人际关系，在心理上的反映是畸形而得不到正常发展的精神生活。所有对这样一种精神生活的反映，无论多么强烈，无论其中透进了多少兴奋或绝望，都蒙受同样的畸形，得不到正常发展……

南非文学是奴役中的文学……充满了无家可归的感情和对一种无名的自由的渴望……正是你认为在监狱里的人会写出来的那种文学。

约翰对自由和理想的追求使他来到伦敦，他渴望得到爱情和欢乐，因此不断和女孩子发生关系。但是他总是不能满足于所得，莫名的渴望折磨着他，最后都是逃避责任地中断关系。他内疚、自责，但是总能以为了找到能使自己成为诗人必需的那个女子为由，在心中恢复自己的尊严感。读者在反感约翰的怯弱和永远的自我肯定及自我欣赏的同时，也不能不意识到，在作为殖民地的南非中的殖民者成长起来的约翰，当作为在殖民国英国中生活的殖民地人所具有的那双重扭曲的畸形心态。

这正是库切作品的意义所在。对约翰来说，是他的历史，对像他这样的南非白人来说，是现实。他们需要在今天的世界上寻找自己的生活道路。所选段落反映了作者的这种心态。

第一章

　　他住在莫布雷火车站附近的一个一居室的公寓里，每月房租十一畿尼[1]。每个月的最后一个工作日，他赶火车进城，到利维兄弟房地产代理人挂着黄铜牌子的小办公室所在的环街去。他把装着房租的信封交给弟弟 B. 利维先生。利维先生把钱倒在堆着乱七八糟的东西的桌子上数。他咕哝着，满头大汗地写好收据。"好啦，年轻人！"他说着挥舞了一下手，把收据递给了他。

　　他非常注意不晚交房租，因为他是假冒身份住进公寓的。在签租约和给利维兄弟交押金的时候，他报的职业不是"学生"，而是"图书馆助理"，工作单位地址填的是大学图书馆。

　　这不是谎话，不完全是。从星期一到星期五，他的任务是在阅览室值夜班。正式的图书馆员多数是妇女，不愿意做这个工作，因为校园在山坡上，夜里太荒凉，渺无人迹。就连他在打开后门，摸索着沿漆黑的走廊找到总闸的时候都感到后脊梁发冷。职员五点钟回家的时候，坏人躲在书库里，然后搜窃空无一人的办公室，在黑

---

[1] 畿尼，英国旧金币，1畿尼约等于1.05英镑。南非曾为英联邦国家，旧属英镑区，故流通英国货币。

暗中等着伏击抢他这个夜班助理的钥匙，那简直太容易了。

很少学生利用晚间开馆的时间，甚至很少人意识到图书馆晚上开放。没有什么事情需要他做。他每晚这十先令挣得很容易。

有时他想象一个穿白色衣裙的漂亮女孩信步走进阅览室，闭馆的时间到了以后仍心不在焉地逗留其中；他想象带着她去参观书籍装订室和目录室里的秘密，然后和她一起出现在星光闪闪的黑夜中。这样的事情从来没有发生过。

图书馆的工作不是他唯一的职业。星期三下午，他协助数学系辅导一年级学生（每星期三英镑）；星期五他选用莎士比亚的喜剧给读学位的学生上戏剧课（每星期两英镑十先令）；傍晚他受雇于龙德博斯区的一家应试复习学校，指导笨蛋应付入学考试（每小时三先令）。假期中他给市政府工作（公共住房部），从住户调查中获取统计数据。总的来说，当他把挣的钱加在一起，日子还不错——不错到能够付房租和大学的学费，活下去，甚至还能存一点钱。他也许是只有十九岁，但是他已经自食其力，谁也不依靠了。

他把身体的需要当作一件简单的常识中的事情来对待。每个星期日他把腔骨、豆子和芹菜煮成一大锅汤，足够吃一个星期的。星期五他到盐河市场去买一箱苹果或番石榴或不管什么应季水果。每天早晨送牛奶的人在他门口放一品脱牛奶。牛奶用不完的时候，就放在一只旧尼龙袜子里，挂在洗涤槽上让它变成奶酪。剩下就是在街角小店里买面包。这是会得到卢梭赞同的食物，柏拉图也会。至于衣服，他有一套好的上衣和裤子在上课时穿。其他嘛，他尽量使旧衣服穿得长久一些。

他在证明着这一点：每个人是一座孤岛，你不需要父母。

在有的夜晚,当他穿着雨衣短裤和凉鞋跋涉在主街上,头发被雨打湿,贴在脑袋上,过往汽车的车灯照在他身上,他会意识到自己的样子有多么怪。不是古怪(看上去古怪还有点不同于一般之处),只是怪。他恼怒地咬着牙,加快了步伐。

他身材细长,四肢柔软灵活,不过也很不结实。他很想有吸引力,可是知道自己不吸引人。他缺乏某种关键的东西,线条清晰的脸形。小孩子的某些特点仍残留在他脸上。要多久他才不再是个小孩子?什么东西能够治好他的孩童气,使他成为一个男人?

能够治好他的东西,如果来到的话,那将会是爱情。他也许不相信上帝,但是他确实相信爱情和爱情的力量。那个他所爱的人,命中注定的人,将会立刻透过他呈现出的怪的,甚至单调的外表,看到他内心燃烧着的烈火。同时,单调和样子怪是他为了有朝一日出现在光明之中——爱之光,艺术之光——所必须经过的炼狱的一个部分。因为他将会成为一个艺术家,这是早就已经确定了的。如果目前他必须是微贱可笑的,那是因为艺术家的命运就是要忍受微贱和嘲笑,直到他显示出真正的能力,讥笑和嘲弄的人不再作声的那一天。

他的一双凉鞋花了他两先令六便士。鞋是橡胶的,南非某个地方做的,可能是尼亚萨兰,湿了以后就不贴脚。在开普敦的冬天,一连几个星期下雨。在雨中沿着主街行走,有时候他不得不停下来去拾回滑掉的一只凉鞋。在这种时候,他能够看见开普敦的家道殷实的胖市民,坐在舒适的汽车里经过他身旁时抿着嘴笑。笑吧!他心里想。很快我就要走了!

……

第十章

如果说在他来英国时心底里有什么计划的话，那计划就是找个工作，攒点钱。当他有了足够的钱就放弃工作，献身于写作。积蓄的钱花了就去找个新工作，如此等等。

很快他就发现，这个计划是多么幼稚。他在 IBM 的税前工资是每月六十英镑，他最多能够存下十英镑。一年的劳动能够为他挣得两个月的自由，而这其中的许多时间还得花费在寻找下一个工作上。南非给他的奖学金只够勉强交学费。

而且他还得知，他不能够随意自由地更换雇主。管理居住在英国的外国人的新条例规定，每一次改变就业都需得到内政部的批准。禁止闲散无业，如果他在 IBM 辞了职，必须很快找到别的工作，要不就离开英国。

此时，他在 IBM 待的时间已经足以使他习惯了那里的工作常规，然而他却仍然感到工作日很难熬过去。虽然在会议上、在备忘录里总是不断要求他和搞程序编制的同事们记住他们是数据处理行业中的刀锋，他却觉得自己像个狄更斯小说里厌倦无聊的小职员，成天坐在凳子上抄写发了霉的文件。

唯一打破一天的单调沉闷的是十一点和三点半。这时，送茶的女士推着小车，在每个人面前啪地放下一杯英国浓茶（"给你，亲爱的"）。只有在五点钟的慌乱过去——秘书和打孔员到点就走，她们没有加班的问题——暮色越来越浓之时，他才能够随便离开自己的桌子，四处走走，放松一下。7090型计算机的存储器雄踞其中的楼下的机器房经常是空着的，他能在1401型的小计算机上编制程序，甚至在上面偷偷玩游戏。

在这种时候他发现自己的工作不只是可以忍受的，而且还令人十分愉快。整夜待在那里他也不会在乎，设计编制自己的程序，困了在厕所刷完牙往桌子下面铺个睡袋，比赶末班车，然后拖着沉重的脚步，沿牌楼路走回他寂寞的房间去要强。但是这种不正规的行为是会引起IBM的不满的。

他和一个打孔员成了朋友。她叫罗达，腿有点粗，但是有着漂亮而柔软光洁的橄榄色皮肤。她对待工作很认真，有时他站在门口看她弯向键盘工作。她意识到他在看她，但是似乎并不介意。

他和罗达从来没有机会谈工作以外的任何事情。她发音中的三合元音和喉塞音使她说的英语不好懂。和他那些受过英国中等教育的搞程序编制的同事不同，在某种意义上她是个土著。他对她在工作时间以外的生活一无所知。

他来到这个国家的时候，对英国人著名的冷漠性格有充分的准备，但是却发现在IBM里工作的女孩子根本不像那个样子。她们有着自己特有的亲密的肉感，是那种在同一个潮热的窝里一起长大的、熟悉彼此的身体习惯的动物所具有的肉感。虽然她们无法在魅力上和瑞典或意大利女人竞争，他仍然被这些英国女子、被她们的平和宁静和幽默感所吸引。他想进一步了解罗达。但是怎样去了解呢？她属于外来部族。他需要努力去克服的障碍，更不用说部族求爱上的习俗，使他茫然，失去了勇气。

纽曼街业务的效率是以它对7090型计算机的利用来衡量的。7090是公司的心脏，公司因它而存在。7090不在运作的时间被称作无效时间，无效时间没有效率，没有效率就是罪过。公司的最大目标是保持7090整天整夜地运作，最宝贵的客户是那些一连许多个小时占用7090的人。这样的客户是资深程序编制员的领地，他和他们没有关系。

然而，有一天，一个重要的客户在数据卡上遇到了麻烦，他被派去帮助他。客户是个叫庞弗雷特的先生，个子矮小，戴着眼镜，身上的衣服皱皱巴巴的。他每个星期四从英格兰北部的什么地方到伦敦来，带着成盒成盒的打了孔的卡片。他总是预定从午夜开始使用六个小时7090。从办公室的闲谈中他得知卡片上是英国一种名为TSR-2的新型轰炸机的风洞数据，是为英国皇家空军开发研制的。

庞弗雷特的问题，也是他在北方的同事的问题，过去两周计算机出的结果不正常，说不通。不是试验数据有毛病，就是飞机的设计有问题。他的任务是用1401型辅机重读庞弗雷特先生的卡片，进行检查，看看有没有打错孔。

他一直工作到午夜以后，他把庞弗雷特先生的卡片一批又一批地在读卡机上过了一遍。最后他的报告是打孔没有问题。结果确实是不正常,的确存在问题。

的确存在问题。他极其偶然地、在极小方面参与了 TSR‑2 项目,成为英国防务努力的一个部分,他促进了英国轰炸莫斯科的计划。这是他到英国来的目的吗:参与恶行,一种没有回报的,连最最虚幻的回报也没有的恶行?整夜干活不睡,就为了庞弗雷特先生,这个神情温和无助,带着满满一皮箱卡片的航空工程师能够赶上往北去的头班火车,以便回到实验室不耽误星期五上午的会,这有什么浪漫可言?

他在给母亲的一封信里提到自己在搞有关 TSR‑2 的风洞数据的工作,但是他母亲根本不知道 TSR‑2 是什么。

风洞试验结束了,庞弗雷特先生也不再来伦敦。他注意报纸,想读到有关 TSR‑2 的进一步的消息,但是没有报道。TSR‑2 似乎被遗忘了。

现在为时已晚,他琢磨,假如 TSR‑2 的卡片在他手里的时候,他偷偷地改动了上面的数据,会发生什么事情?会使整个的轰炸机项目陷入混乱吗,或者北方的工程师们会发现他鼓捣过了?一方面,他愿意尽一分力量使俄国不受轰炸;另一方面,在道义上他有权利在享受英国的款待的同时破坏他们的空军吗?而且俄国人怎么可能知道,在 IBM 伦敦办公室里,一个卑微的同情者为他们在冷战中赢得了几天喘息的时间?

……

第十三章

"经过仔细考虑后,我得出结论……""经过大量良心上的反省后,我得出结论……"

他在 IBM 工作已经一年多了,冬、春、夏、秋,又一个冬季,现在已是又一个春天的开始。即使在纽曼街的办事处,一个窗子封起来的盒子样的建筑物里,他也能感到空气温度的变化。他不能这样继续下去了。他再也不能为了"人必须为面包进行痛苦的劳作"这样一个原则牺牲自己更多的生命了。他似乎一直在坚守这个连他也不知道在什么地方得来的原则。他不能永远向在开普敦的母亲证实自己有了坚实的生活,因而她不必再为他担心。他通常并不知道自己的心思,也不想知道自己的心思。在他看来,太清楚自己的心思意味着创造活力的死亡。但是在目前的情况下,他经不起总是在优柔寡断中稀里糊涂地随波逐流了。他必须离开 IBM。他必须摆脱出去,无论会丢多大的脸。

在过去的一年中,他的字迹无可控制地变得越来越小,越来越小而不大方。现在他坐在桌旁写他的辞呈,有意识地试图把字母写得大一点，环形部分丰满一些，显得更有信心。

"在长时间的考虑之后，"他最后写道，"我得出结论，我的前途不在 IBM。根据合同条款，因此我提前一个月正式提出辞呈。"

他在信末签了名，封好信封，写上收信人——程序编制部经理麦基弗，谨慎地放进了标有"内部"字样的文件盘里。办公室里谁也没有看他一眼。他又回到了座位上。

在三点钟下次收送邮件之前，还有时间重新考虑，有时间把信悄悄从文件盘里拿出来撕掉。但是，信件一旦送到，事情就无法挽回了。到明天，消息就会传遍全楼：麦基弗手下的一个雇员，二楼的一个程序编制员，那个南非人，辞职了。谁也不愿意被人看到在和他说话。他会被打发到考文垂去。在 IBM 就是这样的，没有虚伪的伤感。他将被视作懦夫、失败者、肮脏的人。

三点钟的时候，女职工来取走了信件。他低头对着文件，心怦怦跳。

半个小时后，他被召唤到麦基弗的办公室去。麦基弗强忍着怒气："这是怎么回事？"他指着拆开放在桌上的信问道。

"我决定辞职了。"

"为什么？"

他估计麦基弗对这件事会很恼火。麦基弗是他求职时和他面谈的人，是他接受并批准他来公司，是他轻信了他所说的自己只不过是从殖民地来的一个普通人，计划在计算机行业干点事业。麦基弗有自己的老板，他得向老板解释自己的错误。

麦基弗是个大个子，穿着时髦阔气，说话带牛津口音。他对把程序编制作为一门科学或技术或工艺之类没有兴趣。他只是一个经理。他擅长的就是这个：给人分配任务，管理他们的时间，逼他们干活，得让他们干出值他们工资的活儿来。

"为什么？"麦基弗不耐烦地再次问道。

"我发现在IBM工作，人际关系方面不能令人满意。我觉得它不能满足我。"

"接着说。"

"我期望的更多。"

"期望什么？"

"我希望得到友谊。"

"你发现气氛不友好？"

"不，不是不友好，完全不是。大家都很和善。但是友好和友谊不是一回事。"

他原希望他们会把他的信当作他最后要说的话，但是这是个天真的希望。他应该意识到他们只会把信当作战争中开的第一枪。

"还有什么？如果你心里还有别的事，这是个提出来的机会。"

"没有别的了。"

"没有别的了。我明白了。你没有得到友谊。你没有找到朋友。"

"是的，我不是责怪任何人，可能是我自己的过错。"

"为此你要辞职？"

"是的。"

现在话说出了口，听起来很愚蠢，而且也确实很愚蠢。他被引得说了些愚蠢的话。可是他应该能够料到的。拒绝他们和他们给他的工作——在 IBM、市场领袖中的一份工作,他们就会这样让他付出代价。就像初学下棋的人,被逼进死角,十步、八步、七步就给将死了。控制术的一课。好吧,让他们这样做吧。让他们走他们的棋,让他下自己愚蠢的、容易被料到的、容易被抢先的回着吧,一直下到他们厌倦了这场游戏,放他走为止。

麦基弗做了个粗暴的手势,结束了谈话。目前就这样了。他可以回到办公桌前去了。这一次甚至没有了加班的责任,他可以五点钟就离开办公楼,给自己赢得了一个晚上。

第二天早上,麦基弗的秘书通知他——麦基弗本人从他身边一扫而过,没有回答他的问候——立即到 IBM 总部去,到人事部汇报。

人事部听他陈述的人显然已经得到了他抱怨 IBM 没有提供友谊的描述。在他面前的桌子上摊开放着一本文件夹,在询问进行过程中,他在列出的各点旁边打上钩。他工作中感到不快活有多久了?他在任何阶段中和上级讨论过他感到不快活的事吗?如果没有,为什么?他在纽曼街的同事有没有明确地对他表现出不友好过?没有吗?那么他可以补充说明一下他的不满吗?

"朋友""友谊""友好"这些词说的次数越多,听起来就越古怪。他能够想象那人在说,如果你要寻找朋友,可以参加个俱乐部,去玩九柱游戏、飞模型飞机、集邮。为什么指望你的雇主——IBM——电子计算器和电脑的制造商,给你提供朋友?

当然,那人是对的。他有什么权利抱怨,特别是在这个国家,一个每个人对别人都是这样冷淡的地方?他敬佩英国人的难道不正是他们感情上的克制吗?难道不正是这个原因,使他现在正利用业余时间写一篇关于福特·马多克斯·福特——这个半德国血统的、赞美英国式简练的作家的论文吗?

他慌乱地、结结巴巴地补充说明他的不满。他的补充对管人事的这个人来说和他的抱怨同样让他摸不着头脑。误会,这人脑子里在找的是这个词。雇员存在误会:这将是个恰当的公式。但是他不想帮他。让他们自己找到把他分类的法子吧。

那人特别想搞明白的是他下一步想干什么。他关于缺乏友谊的说法是不是仅仅为了掩盖他要从 IBM 跳槽到公司在商用机器领域中的竞争对手那儿去工作?他是不是得到了什么承诺,有没有人劝他这样做?

他极力否认。他并没有找好工作,无论是在竞争对手那里还是在别的单位。他没有接受面试。他仅仅是为了离开 IBM 才离开的。他希望得到自由,就是这样。

他话说得越多听起来就越愚蠢,越和商业世界格格不入。但是他至少没有说"我离开 IBM 是为了做个诗人"。这个秘密至少还属于他自己。

……

第十四章

有了想做什么就做什么的自由后,他很快就把福特浩繁的全集读完了。已经接近他交出评价的时候了。他该说些什么呢?在理科研究中允许你报告否定的结果,原有的假设没有得到证实。文科呢?如果关于福特他没有新东西可说,那么正确的、诚实的做法是不是应该承认自己错了,放弃学生身份,退回奖学金;或者是否允许交上一篇报告代替论文,写明他的选题是多么辜负了他的期望,他对自己崇拜的英雄是多么失望?

他手里拿着公文包,漫步走出了大英博物馆,加入了沿大拉塞尔街行走的人群之中:成千上万的人,他们根本不关心他对福特·马多克斯·福特或者别的任何事情的看法。当他初到伦敦的时候,他常常大胆地凝视着这些过路人的脸,寻找每一个人独特的本质。看,我在看着你!他在这样说。但是他很快发现,没有一个男人或女人正视他的眼睛,恰恰相反,他们冷漠地避开他的目光;在这样一个城市里,大胆的凝视是徒劳的。

对他的凝视的每一次拒绝都使他感到像被刀子轻轻扎了一下。

一次又一次人们注意到他，发现他不够格，拒绝了他。不久他开始失去勇气，甚至在被拒绝之前就退缩了。他发现，对女人偷偷地看上几眼要容易一些。在伦敦似乎看人就是这么个看法。但是在偷看中有某种贼头贼脑的、肮脏的成分——他摆脱不了这种感觉。最好根本不要去看。最好对你的邻居不好奇，不关心。

在伦敦期间他有了很大的变化，他不能确定自己是在变好。在刚刚过去的这个冬天，他有时想自己会死于寒冷、痛苦和孤寂。但是他好歹熬了过来。等到下一个冬天到来的时候，寒冷和痛苦对他就不会有这么强的控制了。那时他就快要变成一个硬如石头般的、真正的伦敦人了。变成石头不是他的目标之一，但是可能他也只能满足于此了。

总之，伦敦被证明是一个伟大的磨炼者。他的雄心已经比过去要小了，小得多了。起初，伦敦人的缺乏雄心很使他失望。现在他就要加入他们的行列之中了。这个城市每一天都在磨炼着他，他像一只挨了打的狗，在不断吸取教训。

关于福特，如果还有什么可说的，他也不知道想说些什么，因此他早晨在床上起得越来越晚。当他终于在书桌前坐下时，他又无法集中精力。夏天增加了他的困惑。他了解的伦敦是一个冬天的城市，人们艰难地度过每一天，除了天黑、上床时间和忘却之外没有别的盼头。在这些宜人的夏天的日子里，这些似乎天生就是给人安适和快乐的日子，考验在继续着：他已经不能确定考验的是什么部分了。有时似乎仅仅是为考验他而考验他，看看他是否能够经受住这个考验。

在离开 IBM 这件事上，他不后悔。但是现在他没有任何可以说话的人了，就连比尔·布里格斯也没有了。他常常一连几天一个字都没有说过。他开始在日记上做个 S[1] 的记号标出这样的日子：沉默不语的日子。

在地铁车站的外面他误撞了一个卖报纸的小老头。"对不起！"他说道。"瞧着点，往哪儿走呢！"老头吼叫道。"对不起！"他重复道。

对不起：这个词沉重地从他嘴里说出，就像一块石头。说不清属于什么类别的一个单词能够算作说话吗？在他和老头之间发生的是人际交往的一个事例，还是说最好把这描述成仅仅是一种社会接触，像蚂蚁间触须的相碰？对老头来说当然是这样，不值一提。老头整天和他的一大堆报纸一起站在那儿，生气地自说自话地咕哝着；他总在等待机会骂一骂哪个过路人。而他自己的情况是，对那一个词的记忆将持续几个星期，也许持续一生。撞了人，说声"对不起"挨骂：这是一个计谋，一个廉价地迫使别人和你说话的办法。如何来愚弄孤独啊。

他正处于被考验而结果不怎么样的低谷之中。然而他不可能是唯一受到考验的人。必定有人通过了低谷，从另一头走了出来；必定有人完全躲过了考验。如果愿意，他也可以躲过考验。例如，他可以逃到开普敦去，再也不回来。但是他想这样做吗？肯定不想，目前还不想。

然而，如果他继续待在这里，通不过考验，失败得很不光彩怎

1　S，英文单词 silence（沉默）的第一个字母。

么办？如果他独自在房间里，开始哭了起来，而且停不下来怎么办？如果一个早上，他发现自己缺少勇气起床，觉得在床上度过这一天要容易一些——这一天、下一天、再下一天，在越来越邋遢的床单中度过——怎么办？像这样的人，这样不能够面对考验而垮掉了的人，以后会怎么样？

他知道答案。他们将被运送到什么地方——某个医院、精神病院或收容所——照管起来。就他的情况，干脆会被送回南非。英国自己的人就足够他们照管的了，有足够通不过考验的人。他们为什么还要照管外国人呢？

他在索霍区希腊街的一个大门口徘徊。门铃上方的名片上印着：杰基，模特儿。他需要人性的交往：还有什么比性交更具人性的呢？从远古以来，他从阅读中得知，艺术家就和妓女交往，也没有怎么样。事实上，艺术家和妓女在社会战线的同一边。但是杰基——模特儿：模特儿在这个国家中都是妓女，还是在出卖自己的行业中存在着等级，没有人告诉过他的等级？希腊街上的模特儿会不会代表某种特殊口味需求的很特殊的东西：例如在灯光下裸体摆好姿势的女人，穿雨衣的男人站在四周的阴影里，眼睛骨碌碌地盯着她，用眼光对她进行挑逗？一旦他按了门铃，在他被完全吞没之前，还有没有办法打听一下，了解一下是怎么回事？如果杰基本人原来竟是又老或者又胖或者又丑怎么办？还有礼节规矩呢？人们是这样来拜访像杰基这样的人的吗——不事先通知——还是说应该先打电话预约？应该付多少钱？有没有伦敦的每一个男人、除了他以外的每个男人都知道的一个级别标准？如果人家立刻就认出他是个土包子、一个蠢货，狠宰他一下怎么办?

他动摇了,走了开去。

……

第十八章

后来的事情发生得极快。在过厅桌子上的邮件里有一个浅黄色的标有"为英王陛下效劳"字样的信封,信是写给他的。他把信拿到房间里,心情沉重地拆开了信封。信上通知他,他有二十一天的时间续签打工许可证,如果不续签,将取消他在英国居住的许可。他可以亲自带着护照、雇主填写的I-48表的复印件,在工作日的上午九点到十二点半,下午一点半到四点之间,到霍洛韦路内政部所在地办理续签手续。

这么说IBM出卖了他。他们报告内政部他已经不再受雇于IBM了。

他该怎么办?他的钱够买一张回南非的单程票。但是他会像一条夹着尾巴的狗,败下阵来,重新出现在开普敦?这简直是无法想象的事。再说,在开普敦有什么他能干的事情?再回大学做辅导教师吗?这能继续多长时间?现在他申请奖学金年龄已经太大了,他得和比他小的、成绩比他好的学生去竞争。事实是,如果他回到南非,他就再也不能从那里摆脱出来了。他会变成和晚上聚集在克利夫顿海滩上喝酒、互相讲述过去在伊维萨岛[1]上岁月的那些人一样了。

如果他想继续留在英国,他看到自己有两个可行的途径。他可以咬咬牙,去试着当老师;或者回到计算机程序编制上去。

从假定角度还有第三个选择。他可以离开现在的住处,消失在人海之中。他可以到肯特去摘啤酒花(这不用有证件),或者到建筑工地去干活。他可以在青年旅馆、在谷仓过夜。但是他知道他不会这样做。他太没本事,过不了犯法的生活,他太古板,太怕被抓住。

报纸上登载的招聘广告里充满了对计算机程序编制员的需求。似乎英国找不到这方面的足够人才。多数是工薪财务部门的空缺。这些他不去注意,只向计算机公司本身、IBM 的大大小小的竞争对手提出申请。几天之内他就和国际计算机公司进行了面谈,毫不犹豫地接受了他们的建议。他欣喜万分。他又被雇用了,他安全了,他不会被命令离境了。

唯一的难题是,尽管国际计算机公司的总部在伦敦,他们要他去做的工作却在外地,在伯克郡。需要先到滑铁卢站,再坐一个小时的火车,再换公共汽车才能到那里。不可能在伦敦住,完全是早先罗萨姆斯特德情况的重演。

国际计算机公司可以借钱给新雇员作为购买适度的住宅的首付款。也就是说,只要大笔一挥,他就能成为一个拥有自己住房的人(他!一个拥有自己住房的人!),同时,为了承担偿还抵押贷款的责任,他就得在未来的十年或十五年中把自己束缚在这个工作上。

---

[1] 伊维萨岛,西班牙巴利阿里省的一座岛屿,旅游胜地。

十五年后他就成老头了。只要一个匆忙的决定，他就会签掉了自己的生命，签掉了成为艺术家的一切机会。在一排红砖房里有了自己的一所小房子，他将销声匿迹地被英国中产阶级同化。只需要一个小小的妻子和一辆汽车就完美无缺了。

他找了一个借口没有签约借买房子的钱，而是签约租了在城边上一所房子顶层的一套房间。房东原来是个军官，现在是证券经纪人，他喜欢人家称呼他阿克赖特少校。他向阿克赖特少校解释什么是计算机，什么是计算机程序编制，给人提供的是多么可靠的职业（"这一行肯定会有巨大的发展"）。阿克赖特少校开玩笑地管他叫玩科技的（"我们楼上那套房间里还从来没有住过玩科技的人呢"），他一声不响地接受了这个称呼。

......

在国际计算机公司工作和在 IBM 工作很不一样。首先，他可以把黑西服收起来不穿了。他有自己的办公室。国际计算机公司在装备成计算机实验室的房子后院里搭了一个活动房屋，他的办公室就在里面的一个小隔间里。他们叫那所房子为"庄园主住宅"，那是一座大而无当的旧宅子，坐落在离布拉克内尔两英里处一条撒满落叶的车道的尽头。它想必有着自己的历史，尽管没有人知道是什么样的历史。

虽然叫作"计算机实验室"，里面并没有计算机。为了试验他被雇来编制的程序，他得到剑桥大学去，那里拥有世上仅有的三台相互之间略有不同的阿特拉斯计算机中的一台。阿特拉斯计算机——他从上班的第一天放在他面前的简介中得知——是英国对 IBM 的回击。一旦国际计算机公司的工程师和程序编制员使这些样机运作起来,阿特拉斯将会是世界上最大的计算机,至少是能够在公开的市场上买到的最大的计算机(美国军方有自己的、未揭示出其能量的计算机,想来俄国军方也有)。阿特拉斯将为英国计算机工业发出猛烈的打击,IBM要许多年后才能从这个打击中恢复过来。这就是问题的要害。这就是为什么国际计算机公司集合起了一个年轻有为的程序编制员的班子的原因。现在,在这个乡间去处,他已经成了其中的一员。

阿特拉斯计算机的特殊之处、使它在世界计算机中与众不同之处是它具有某种自己的意识。它以固定的间歇——每十秒钟,甚至每一秒钟——质问自己,问自己在执行什么任务,是否以最佳效率在工作。如果效率不够好,它会重组任务,用不同的、更好的次序加以执行,以节约时间,而时间就是金钱。

他的任务将是为计算机编制在磁带每一次交替之末所应遵循的程序。它必须问自己:应该读另一段磁带,还是相反,停下来去读一张打了孔的卡片,或是读一条纸带?它应该把已经积累起来的结果写到另外一条磁带上去,还是应该再猛计算一阵?回答这些问题的依据是压倒一切的效率原则。把问题和答案变成机器能够读出的编码,并且检验这些编码的构成是最佳的,他需要多少时间都可以(但是既然国际计算机公司是在和时间赛跑,最好只用六个月)。他的程序编制员同事们每人都有类似的任务和相同的时间表。同时,曼彻斯特大学的工程师们将夜以继日地工作,以完善电子硬件。如果一切按计划进行,阿特拉斯将在1965年开始投产。

和时间赛跑，和美国人赛跑，这是他能够理解的，比 IBM 的赚钱再赚钱的目标能够使他更为全身心地投入进去。程序编制本身也很有趣。它需要思想上的独创性，如果要做得好，还需要对阿特拉斯的双层面内部语言具有杰出的掌握运用的能力。他早上来上班的时候，对等待他去完成的任务充满了期盼。为了保持头脑清醒，他一杯又一杯地喝咖啡，他的心脏怦怦跳动，大脑翻腾活跃，他失去了时间概念，需要别人叫他吃午饭。晚上他把文件带回他在阿克赖特少校家的住处，一直干到深夜。

这么说来，连我自己也不知道，我过去所做的准备就是为了这个！他想道。这就是数学把人带到的所在！

秋转入了冬，而他几乎没有感觉到这个变化。他不再读诗，而是看下棋的书，关注象棋大师的比赛，做《观察家报》上的棋题。他睡不好觉，有时候梦见编制程序。这是发生在他内部的变化，他怀着不带感情色彩的兴趣看着这个变化。他会变成连睡觉的时候大脑也会解决问题的那样的科学家吗？

他还注意到了另外一件事。他不再有强烈的渴望。脑子里不再充斥着对那神秘的、美丽的、能释放他内心激情的陌生人的追求。无疑，部分原因是，布拉克内尔不具有什么可以和伦敦城大批夺目的姑娘相媲美的东西，但是他不能不看到渴望的结束和诗情的消失之间的联系。这是否意味着他长大了？长大是不是就等于丢弃了渴望，丢弃了激情，丢弃了灵魂中的一切强烈的感情？

……

有色人民

> 导读

《有色人民》的作者小亨利·路易斯·盖茨毕业于耶鲁大学历史系，在剑桥大学获英语文学博士学位，现为哈佛大学美国黑人研究部门主任。他是我所知的真正的"拿奖拿到手软"的学者：53个名誉学位，无数学术与社会活动的成就奖，1997年《时代周刊》评选他为"25位最具影响力的美国人"，1998年被授予国家人文学科勋章，等等。他编辑了《诺登美国黑人文学选集》、30卷的《绍姆贝格19世纪黑人女作家文库》；撰写出版了多部文学评论作品，阐述黑人文学内在的土语传统，提出了研究黑人文学的新视角；盖茨挖掘因蓄奴制和种族歧视被尘封的黑人文学作品，制作追溯黑人传统的纪录片《非洲裔美国人：跨越许多河流》，获得了美国公共广播公司的最高奖。盖茨所有的学术和社会活动都在致力于确立非裔美国人对美国发展的贡献，以自己在各方面的出色成就做出了榜样。

第一次见到他，是1986年9月，当时我作为鲁斯学者在康奈尔大学研究美国女性作家。由于在国内没有机会接触到美国黑人女作家的作品，便希望和盖茨教授的博士生一起研究美国黑人作家。在他的办公室第一次见面，我尊敬地称他盖茨教授，而他的第一句话是，"叫我斯基普"（他的外号）。从此开始了我们三十多年师生加朋友的关系。

《有色人民》是斯基普的回忆录。他满怀深情地记述了自己在西弗吉尼亚州皮德蒙特度过的童年和少年时代，以一个小镇少年的亲身体会，反映了20世纪50和60年代的有色人世界和美国风起云涌的民权运动，他对人生的思考，他的敏感、幽默、真情、文采，使得这部回忆录具有非凡的吸引力。

盖茨用一封写给两个女儿的信，作为自己回忆录的前言。他对小女儿们说：

我不是一个具有普遍性的黑人。我不是诸如纽约、芝加哥或洛杉矶这样的黑人大都会中土生土长的一员。我也不能声称自己是"世界公民"。我来自并属于一个地方和时代——西弗吉尼亚的的皮德蒙德——那是一个独特的世界,一个不同的世界。因此这不是一个种族的故事,而是一个村庄、一个家庭及其朋友的故事。一个有着种族隔离下的某种平静的故事。……

我猜想,在你们一生中,你们会从非洲裔美国人到"有色的人民",到再一次是"有色人民"(语言学上短缩的趋势是很强的)。我本人不在意任何一种名称。但是我得承认我最喜欢"有色人民",也许是因为我是在母亲的声音中,在我童年深棕色的氛围中听到它的。我尽可能自然、真实地从我这样一个男孩的角度,召唤出一个 50 年代的有色世界,一个 60 年代初期的黑人世界,以及 60 年代后期的黑色世界。当你们长大到能够读下面内容的时候,我希望它终于能够使你们了解到我们看世界的眼光为什么会如此不同,哪怕只是少量地了解……以及为什么对于我来说这既是快乐也是遗憾的根源……

他想让女儿们看到自己生活成长于其中的真实的世界和一个真实的自己。

这部回忆录出版后,好评如潮。美国各大报刊的评论文章认为,"这是一部尖锐感人的回忆杰作,以自己出色的故事叙述使我们入迷之际,扩展并深化了我们对非洲裔美国人的历史的认识","本书可能成为一部经典的美国回忆录。……在语言的使用和对人们态度的描绘上无所畏惧……盖茨的语言是字字珠玑"。

"盖茨怀着具有强烈感染力的爱和幽默感在写作……一部绝妙的、律动着的、热情的回忆录,充满了精彩的人物、家族习俗、趣闻轶事和弱点癖好。……一首颂歌。"

对我个人来说，这是一次最为愉快的翻译经历。翻译过程中我感到自己更深地了解了这位朋友，更好地懂得了他为什么会无私地支持在异国他乡的黑人文学教育。这本自传的中文版，是一份送给他的六十岁生日礼物。

由于版权的限制，不能大量选用本书，不能不说是个遗憾。我希望读到所选的这几个片段的读者，会产生足够的兴趣，去读完这本不到二百页的值得一读的书。选集中所选的第二章的片段，反映了20世纪五六十年代黑人在美国生活中的边缘地位，以及对每一个黑人的成就所感受到的自豪。第十二章选用的是少年盖茨在自己因伤就医时和白人医生打交道的经历。他貌似平淡的叙述却让我感到欲哭无泪。白人医生根据和这个黑孩子的对话，仅仅因为小盖茨说他想当医生，并且正确地回答了是谁发现了盘尼西林，谁发现了DNA，就对盖茨的妈妈说："那孩子一点毛病也没有。是身心失调引起的，因为我知道这种类型的人，问题是，你儿子是个过于要强的人。"一个态度和蔼、认识盖茨的父母的白人医生，内心竟怀有如此根深蒂固的对黑人的歧视！不知道他看到了盖茨如今的成就，心里会有什么样的想法。

第二章　黄金时段

我猜想,在种族界限这世俗的障碍面前,有些人比别人更感恼怒。"是个有色人并不是丢脸的事,但却是非常不方便的事。"这是20世纪初黑人表演家伯特·威廉姆斯的名言。在我童年的大多数时间里,我们不能在餐馆吃饭或在旅馆睡觉,我们不能使用某些厕所,或者在商店里试衣服。妈妈坚持要我们穿戴打扮好再去购物。她去服装店时穿着时髦,腋下垫着叫作吸汗垫的白色垫子,这样她的裙衣或短外套就不会现出汗渍。"我们想试试这件衣服。"她会小心翼翼地说,发音清晰正确。当他们拒绝她的时候,她会说,我们不买不能试穿的衣服,于是我们以妈妈的充满尊严的姿态走出商店。她喜欢在我们有账户的、大家都知道她是什么人的地方购物。

至于我,我痛恨我们不能在减价餐厅坐下吃饭的事实。不允许有色人这样做,只有一个例外:我父亲。仿佛对于有色人永远有着一块写着"只能外卖"的牌子。你应该站在柜台边,拿上你的外卖食物,然后离开。我不能确切地知道为什么店主卡尔·达蒂斯曼不阻止爸爸坐下来。但是我相信部分原因是爸爸肤色很浅,部分是他在电话公司当班的时候,他给接线员取他们订的食物和咖啡,而达蒂斯曼仰仗着这份买卖。当时,我从来没有琢磨过,当他的妻子和两个孩子在减价餐厅不能坐下的时候,爸爸是不是想到过也不坐下来。而现在我自己也当了父亲,此事的古怪之处有时会闪过我的心头。

要知道,即使我们和爸爸一起,也不得不站在柜台前点外卖,然后放在白色纸盘上用塑料勺子吃,用一根一头能够弯曲的塑料吸管吮吸放在绿白二色的纸杯里的香草混合饮料。就连在打赢了篮球比赛后,小多克·贝斯请大家喝可口可乐的时候,黑人球员也得站在一边用纸杯喝,而白人球员和啦啦队员们则坐在红色人造革的小隔间里用玻璃杯喝。取消种族隔离?我宁可关门,卡尔·达蒂斯曼曾发誓道。他是个模样古怪的人,长着童话里矮胖子汉普蒂·邓普蒂那样的脑袋和屁股,体重有四五百磅。他还经营着出租车业务,总是很友好,即使对黑人也一样。但是他不许我们坐在他的小隔间里,用他的盘子和银餐具吃饭,用我们油腻腻的厚嘴唇到处触碰他的玻璃杯。他宁可歇业,或者死掉。

一天,他坐在自己店里的小抽水马桶上的时候,心脏病发作了。他上气不接下气地尖叫着,手抓着胸口,爸爸和别的几个人试图把他抱起来,可是他被困在了那个窄小的空间里。他们给消防部门的救援队打电话。洛厄尔·泰勒和帕特·阿莫罗索来了。洛厄尔是黑人,是河对岸西港中学足球队的明星。他长得很像贝利[1],连脑袋的形状都一样。

---

[1] 贝利(1940—),巴西足球明星,在他的足球生涯中共进球1281个,带领巴西国家队在世界杯上三次夺冠(1958、1962、1970)。

他们锯呀锯呀锯，而救护车和救援队等在外面第三街上，堵住了通往镇停车场的车道。过了一会儿，达蒂斯曼的叫声和呻吟声变得越来越小。最后，他们揳进了几块二乘四的木块，才把他没有了生命的躯体拽了出来。那时，对达蒂斯曼来说，洛厄尔是不是黑人已经没有什么关系了。

也许达蒂斯曼从来都不知道，他视作当然的种族制度即将结束。在孩提时代，我想必曾经认为，这一制度和地心引力或交通信号灯一样是无可置疑的。我自己也不知道是什么时候有了不同认识的。

我早就知道我认识的阔人中，有人感到了伯特·威廉姆斯提到的那种不方便。但是种族隔离也有一些好处，比如妈妈准备好的、在去看她的妹妹洛蕾塔时在火车上吃的午餐。我们要坐五个小时的火车到帕克斯堡，在那里转长途汽车到州首府查尔斯顿。在餐车吃饭感到不舒服又有什么关系？我们的东西好吃多了。炸鸡、烤豆子、土豆沙拉……一本书、两副扑克牌……火车是否到站我一点也不在乎。我们在车厢里自己的地段唱歌、看书、嘴里嚼着吃的，为那些得不到这样的食物的人感到遗憾，和爸爸妈妈一起玩五百分、抓傻子或钓鱼，直到睡着为止。

事实很简单，那就是，皮德蒙特的民权时代到来得比较晚，虽然在我们的电视上出现得要早。我们能够从电视上看到别处发生的事情，但是游行和室内静坐示威距离我们和电视连续剧《阿莫斯和安迪》中的纯黑人世界———个充满了黑人律师、黑人法官、黑人护士、黑人医生的世界——同样遥远。

然而，撇开政治因素，我们渴望看到自己的形象，搜索电视节目寻找黑人的形象。当然，每个人都看体育节目，因为皮德蒙特是个体育大镇。进入棒球联合总会打全国联赛就像进入了天堂，人人都希望自己能够或者有个亲戚能够做到这一点。我们会日夜观看比赛，看不到的就从广播里听。人人都知道最新的比分、击球率、归功于击球员击球的跑垒得分数，以及偷垒得分数。人人都知道全国联赛的排名，谁还有机会赢得以及如何能赢得三角锦旗。人人都喜欢道奇队是因为有杰基·罗宾逊，正如人人都因为亚伯拉罕·林肯而仍然投共和党的票。心头挂念的是体育，心里装着的是体育。在吸引力上唯一能够和河谷相抗衡的只有全国联赛的棒球场。

我有一次听见詹姆斯·赫尔姆斯说："在有关技术方面，说句公道话，白人还是挺行的。但是在一对一的时候，那就是半斤八两了。乔·路易斯向他们证明了这一点。"我们迷恋于竞技体育，部分原因是这是我们唯一能够半斤八两地和白人竞争的时候。而白人似乎也和我们一样迷恋于种族间这种原始的对抗。我认为，他们取消了在职业竞技体育上存在了这么多年的种族隔离，就是为了利用窥探被禁止的接触所产生的刺激获利。50年代不同种族共同参与的体育比赛给人的感受，相当于70年代的种族通婚。除了体育节目，我们很少在电视上看到黑人。

……

第十二章 永恒

在那个8月，另一件值得记忆的事是一场触身式橄榄球比赛，比赛时我注意到自己的膝盖一阵剧痛。我决定最好还是从场上下来。

剧痛没有停止。我试着用弹性包扎物和外用涂剂、热敷和阿斯珀乳膏，活动膝盖和让膝盖休息，但是还是痛。我去了一个叫里弗斯的医生那儿，他说我拉伤了肌肉。我又去了他兄弟、另外一个里弗斯医生那儿，他说我拉伤了韧带。第一个里弗斯医生给了我一根拐杖，第二个给了我一副拐。到9月份开学的时候我还在用拐。会用彩色粉笔在黑板上画漂亮的植物和动物内部结构的麦高耶先生开始叫我瘸子和骗子。

有一天，我正在学校对面奥查德地区唯一的一家三明治店吃午餐。在沃蒂太太来到城里之前，这家店一直是实行种族隔离的。沃蒂太太是打字课的老师，大家在背后都叫她瓦图西[1]太太。她年轻，她漂亮，但是最重要的是，她是黑人。校长斯塔杰斯先生对那家店的经理说，如果多洛雷斯·沃蒂不能在那里进餐，老师就都不会在

---

1 瓦图西，是原住于布隆迪和卢旺达的民族，身材颀长。

那里进餐，于是那家店就不隔离了，就那么简单。

我独自坐在一张桌子旁，因为多数孩子回家去吃饭了。在皮德蒙特，人们并不热衷于在饭馆吃饭的念头。他们反正不欢迎我们，有色人在沿着公路开车、开过饭店、停在休息区在车里吃自带的午餐时会这样说（一种令人毛骨悚然的恐惧支配着我们：我们相信，如果我们到不欢迎我们的地方去吃饭，他们会在把食物端给我们之前往里面吐唾沫）。

但是现在我在这家新近取消了种族隔离的三明治店里，一个新体制的活生生的、津津有味地大嚼着的象征。马丁·路德·金来到了皮德蒙特。

我打量着体操老师霍钦斯太太，她有一个漂亮的鹰钩鼻，门牙间有一道可爱的缝。她自信、机灵，有大大的、令人感到温暖的笑容。她还穿短裙和紧身上衣，因此她是九年级男生喜爱的艺术品。我看着她把仍旧装在玻璃纸包装中的一包饼干捏碎，然后倒在她放着肉辣酱的碗里。这一招真巧妙，我想，她真聪明。我看着她吃那碗肉辣酱，她也任由我看着她，把勺子在唇间转动着，仿佛那碗肉辣酱是她最后的一餐，而我的眼睛是她最终的见证。

我快乐地一瘸一瘸地向学校走去。我们一点钟开会，我想占一个好位子。直到我走过游泳池之前，一切都很顺利。

在离游泳池的双开门三四英尺的地方，我一头扎进了一堵疼痛之墙。它仿佛平地耸起，从四面包围住我。我在疼痛里面，疼痛又在我的里面。我无法移到疼痛之外，无法摆脱它。这不像你使劲撞了肘部尺骨端的时候，疼得觉得自己会暂时失去知觉。也不像头撞在突出物上，或者扭了脚脖子，或者戳了脚指头。什么也不像。这种疼痛具有自己的强度，使我几乎看不见东西。左右、上下活动只能更增加疼痛。我步子迈了一半僵在了那里。

第一个走过来的是珀蒂·罗斯。珀蒂黑得像块石板，块头有我两个这么大，非常刻薄。我和别的人一样很怕他。但是就连珀蒂也意识到，这不是闹着玩的时候。他抓住另一个男孩，告诉我把他们俩当拐杖那样架着，他们会把我抬到学校去。他们数到三把我抬了起来。连珀蒂都被我的尖叫声吓坏了。他派人找来了校长。珀蒂·罗斯找斯塔杰斯先生就等于阿尔·卡彭召唤艾略特·内斯。我知道自己一定是病了。仿佛用了一个小时才把我放进了叫来的出租车的后座上。车子经过火车道的时候我又尖叫了起来，每一次的颠簸都像一台冲击式凿岩机在我身体深处钻孔。我害怕极了。

"是膝盖的韧带被拉伤了。"外科医生说，根本无视我的髋关节脱位的事实（我后来得知，我的病的症状之一——球窝关节脱位——是剧烈的膝痛）。于是他给我约好了时间打轻便石膏。

我被推进了手术室，放在了手术台上，外科医生开始用湿的石膏条把我的腿包起来，石膏条干了以后会像白水泥一样变成一个硬模。他一边包一边问我的功课，我想是为了时间好过一点吧。

"孩子，"他说，"听说你想当个医生。"

"是的，先生。"你和白人说话时永远要说"先生"——除非你想要表明一种态度。

"你选了许多理科的课程吗？"他想知道。

我说："是的，先生，我喜欢理科。"

"学得好吗?"

"是的,先生,我想是的。"

他说道:"告诉我,谁是消毒的创始人?"

"约瑟夫·利斯特。"

然后他又问谁发现了青霉素。

"亚历山大·弗莱明。"我答道。

"那DNA呢?"

"沃森和克里克。"

……

口头审查就这样进行着。我以为自己的回答会使他拍拍我的头。其实,这只坚定了他已经做出的医疗判断。

这就是为什么他让我站起来,坚持要我行走的原因。但是即使你有世上最良好的意愿,当你的球窝关节完全脱位的时候,有些事情你还是做不到的。所以毫不奇怪,关节切变,我痛苦地倒在了地上。我不是医生,但即便是我也想到了,事情有点不对头。

医生摇摇头,走向在走廊里等候着的我的母亲。"宝琳,"他声音和善但打趣地说,"那孩子一点毛病也没有。是身心失调引起的,因为我知道这种类型的人,问题是,你儿子是个过于要强的人。"

这个词的历史很有意思,1964年在皮德蒙特,这个词的意思和今天通常理解的不一样。那时,"过于要强"标志着一种病态:过度使用你天生的能力所造成的不幸后果。一个认为自己能够当医生的有色孩子——举例说——注定会崩溃的。

使痛苦减轻的是母亲的反应。你得了解,以前我从来都没有听到过我母亲和白人顶嘴。而医生，呃，医生是神圣的，他们的话就是圣典。

但这次不是了。医生说完他要说的话以后，宝琳·盖茨瞪了他片刻，然后宣布了她的决定。"把他的衣服拿来，收拾好他的包——我们到大学医疗中心去。"那地方在摩根城，离这里六十英里远。

对我来说，这并不是个好消息。我只知道，只有你快死的时候他们才会把你送到大学医疗中心去。我伤心欲绝。

但是结果证明妈妈是对的。而我也不会死去。那年我一共做了三次手术。第一次手术用一根金属钉把关节连接在一起，术后有六个星期我架着拐走路，比住院时还瘦了许多。回到学校时已经落下四五个星期的功课了。除了几何课，其他倒不是个大问题。反正我一直都怕几何课；我和三、四年级的学生一起上课，不能肯定自己究竟有多聪明。不要期望过高，不要张扬，注意观察一切。问题是我无法弄明白为什么 a 的平方加 b 的平方不能永远等于 c 的平方，一直到我意识到，字母 a、b 代表的是直角三角形的两条边，而 c 是直角三角形的弦。一旦明白了这一点，学习几何就成了我受教育期间最令人愉快的经历之一。我喜爱它的规律和逻辑；我喜爱做正式的验证。我喜爱学习它的原理和辅助定理。我喜爱能够在平面上看到三维结构。

等我们学习到关于 5-12-13 三角的这个单元时，医生认定他们打在我髋骨上的钢钉没有起到作用，我需要进行第二次手术把钢钉取出来，然后在 6 月份进行第三次手术。

第三次手术用了一个"杯状成型关节"——髋部的一个金属球——手术后我六个星期不能下床，被一套复杂的重量和滑轮系统搞得动弹不得,甚至不能做身体最简单的动作,解决身体的需要。这是六个星期的禁锢——以及床上便盆。也就是在这个时候,我第一次瞥见了一眼永恒。

永恒就是一个十四岁的孩子被捆在床上,被牵引和一套重量和滑轮系统固定在一个位置上,既不能向左也不能向右移动,抬身超不过四十五度,不能翻身,不能用洗手间……整整六个星期。四十二个漫长、炎热的日子。一千零八个小时。那只小小的蜂鸟不断在我的头脑里飞过来飞过去,在悬崖上磨它的喙。

整整六个星期,母亲每一天都要走上医院前的大山坡,从早上九点一直坐到晚上九点,陪着我,从允许她进门一直到被打发回家。我把时间都花在了和她争吵上。在医疗中心的山下有一家专为病人家属开的汽车旅馆,她在那儿租了一个小房间——我们根本承受不了这笔费用。

在每天的争吵中间,我都会坚持要她回皮德蒙特去——或者她会坚持说她要回皮德蒙特了。我认为,我们俩逐渐都意识到这成了某种例行公事。我不喜欢当病人,坚韧不是我的强项。我们在一切事情和任何事情上都会争论不休——甚至当时是几点钟都会争——但是争论使我不去想那套牵引系统。或许争论也帮助她摆脱困扰着她自己的阴暗情绪。

我在医院里学会了下象棋。医生会来和我下棋,特别是从菲律宾来的一个外科医生,一个棕色皮肤的男子,有波浪形的黑发。他会顺便来我这里,下两三步棋,到病房去巡视,然后又会和消失时同样突然地回转来。我喜欢和他在一起,喜欢我能够和他好好比试比试这个事实，至少在棋盘上。

在重新学会如何使用右腿所有萎缩了的肌肉以后，我必须学会走路。有一天，外科主治医生让我利用前一天安装起来的一套滑轮系统活动我的腿。在没有任何活动的六周以后，即使借助滑轮的帮助，抬腿也是极其痛苦的事。他摇摇头，说看起来早出院的希望不大，得等我重新训练好那些肌肉才行。

我吓坏了。我必须得下床。使用床上便盆，然后需要护理员擦净你的身子，这可不是多么有意思的事情。（护理员们对我的难堪处境和脆弱无助很敏感。其中的一个护理员有一天偶然提到卫生纸是在1859年发明的。对我来说，1859变成了一个关键的日期。B.T.P 和 A.T.P：有卫生纸之前和有卫生纸之后。这使我捉摸开了1859年以前人们的如厕习惯。就在弗雷德里克·道格拉斯于1842年发表他的重要演说之前，他使用卫生间时在忙活些什么？柏拉图呢？莎士比亚呢？谢卡·祖鲁呢？）

终于，外科医生要求我训练腿部肌肉的那天到来了。医生、实习医生和住院实习医生刚离开我的病房，我就决定再试一次我的腿部肌肉。简直痛得要命。我咬紧牙关再一次牵拉，这一次拉得很慢，非常慢，轻轻地但持续地牵拉，直到膝盖按要求达到四十五度的弯度。太痛了，我要求妈妈离开。我又开始牵拉，拉得更慢，然后又拉。我会休息片刻，自己按摩一下，然后再牵拉。等医生第二天来查房的时候，我已经能够轻松地想怎样牵拉腿就怎样牵拉了。嘿，大夫，我说，看看我！下一步是什么？

……

第二编

女人，女人

他们眼望上苍

导读

佐拉·尼尔·赫斯顿出生于1891年,在美国第一个没有一个白人的黑人小城伊顿维尔度过了无忧无虑的童年。母亲在1904年去世后,她离开了伊顿维尔,寄宿于各家亲戚之间,用她自己的话来说,她从"伊顿维尔的佐拉"变成了"一个黑人小姑娘",开始意识到了种族区别和种族歧视的存在。1918年至1924年赫斯顿就读于霍华德大学文学系,这期间她结识了许多黑人作家,开始进行创作。1925年她来到了20年代黑人文学的中心、哈莱姆黑人文艺复兴的发祥地纽约。她的作品开始在杂志上出现,她本人也成了哈莱姆文艺复兴运动中的活跃分子。1937年,赫斯顿写出了她最著名的小说《他们眼望上苍》。

《他们眼望上苍》出版后三年,理查德·赖特的《土生子》轰动美国文坛。《土生子》表现了种族歧视与经济压迫在底层黑人身上造成的心灵扭曲,赖特把主人公痛苦无望的内心世界展露在读者面前,清楚地表明他的言行、态度、价值观和命运都由他在美国社会中的地位所决定,社会对他的歧视造成了他的恐惧和仇恨,使他以个人暴力的方式发泄自己的仇恨。一时间,《土生子》式的抗议文学成了美国黑人文学的典范。在赖特看来,《他们眼望上苍》"没有主题,没有启示性,没有思想",赫斯顿则认为《土生子》中的黑人使读者感到他们的生活中只有压迫,是压迫下形成的畸形儿,是美国社会的"问题"。她作品中的黑人迥然不同于赖特的《土生子》,他们不仇视自己的黑皮肤,是和世界一切人种一样有自己的喜怒哀乐的正常人。赫斯顿相信黑人的生活同样是充实的,因此她在作品中反映了黑人的爱情、忠诚、欢乐、幽默、对生活的肯定态度,也反映了生活中必然会存在的不幸和悲剧。但是,在赖特作品风靡的年代,赫斯顿的作品被认为缺乏种族抗议和种族斗争的观点,受到冷落,直到女权运动高涨的70年代,才从尘封中脱出,受到应有的重视。当代著名的美国黑人女作家爱丽丝·沃克说赫斯顿是"一个伟大的作家。一个有勇气、有令人难以置信的幽默感的作家,所写的每一行里都有诗",并说,"对我来说,再也没有比这本书(《他们眼望上苍》)更为重要的书了"。美国黑人文学著名评论家芭芭拉·克里斯琴高度评价《他们眼望上苍》,指出"(它)是60和70年代黑人文学的先行者"。《诺顿美国黑人文选》将这部作品列为"哈莱姆文艺复兴时期最伟大的作品之一",现在它已成为美国大学里学习美国文学的经典作品之一,是研究美国黑人文学和女性文学的必读书。

经过了半个多世纪的风风雨雨,我们在今天回过头重新审视20世纪三四十年代的美国黑人文学作品时,比较容易摆脱当时偏狭的文学题材与审美观念的束缚。特别是从女性文学的角度来分析,可以清楚地看到今天美国黑人女作家致力探寻的黑人女性完整的生命价值问题,早在赫斯顿的作品里就有了相当强烈的表现。

《他们眼望上苍》是美国黑人文学中第一部充分展示黑人女子内心中女性意识觉醒的作品,在黑人文学中女性形象的创造上具有里程碑式的意义。小说通过女主人公珍妮和一个有六十英亩田产的中年黑人洛根、一个到建设中的黑人小城去开创新生活并成了这个小城的市长和首富的乔,以及一个无忧无虑、充满幻想、既无钱又无地位的黑人青年甜点心的三段婚姻,描写了反抗传统习俗的束缚、争取自己做人权利的珍妮的一生。

小说是以珍妮自述的方式展开的,开始和结束都在珍妮家的后廊上。甜点心死后珍妮回到伊顿维尔家中,儿时的好友费奥比来看望她,她就在后廊上对她讲述了自己一生追求实现生命意义的经历。在珍妮与费奥比的关系中,赫斯顿为我们展示了一个女性间相互支持的群体的雏形。不少当代美国黑人女作家,在自己的作品中对这种黑人妇女为了获取自身解放而相互鼓励和支持的姐妹群体的力量有更多的描写,寄予了更大的希望。费奥比用自己的关切爱护使心力交瘁的珍妮得到了慰藉，而珍妮则以自己对男权社会反叛的经历唤醒了费奥比的自我价值感。正是在表现女性对精神生活的独立追求上，《他们眼望上苍》开了黑人女性文学的先河，因此，说赫斯顿是当代黑人女性文学的先行者，她是受之无愧的。

赫斯顿小说的艺术特点之一是大量使用了美国黑人独特的民间口语表达方式和形象化的、诗一般语言。在翻译过程中译者力图保留作品的这些特点。但是赫斯顿所使用的语言中具有的音韵节奏，由于两种语言的巨大不同，在翻译过程中不可避免地有所流失，留下的是无奈与遗憾。

本选集选用了珍妮和三个丈夫生活的片段，反映出她在追求女性的尊严和独立过程中的经历和成长。

1

遥远的船上载着每个男人的希望。对有些人,船随潮涨而入港;对另一些人,船永远在地平线处行驶,既不从视线中消失也不靠岸,直到瞩望者无可奈何地移开了目光,他的梦在岁月的欺弄下破灭。这是男人的一生。

至于女人,她们忘掉一切不愿记起的事物,记住不愿忘掉的一切。梦便是真理,她们依此行动、做事。

因此故事的开始是一个女人,她埋葬了死者归来。死者并非是有朋友在枕边脚旁哀悼着因病魔缠身而死。她从透湿的、泡得肿胀的、暴死的人中归来;暴死者的眼睛睁得大大的,审视着天命。

人们全都看到她回来了,因为那是日落以后,太阳已经下山,但它的脚印尚留在天空。这正是在路旁的门廊上闲坐的时候,听消息、聊大天的时候。坐在这里的人们一整天都是没有舌头、没有耳朵、没有眼睛的任人差遣的牲口,让骡子和别的畜生占了自己的皮去。但现在,太阳和工头都不在了,他们的皮又感到有力了,是人皮了。他们成了语言和弱小事物的主宰。他们用嘴巴周游列国,他们评是断非。

看到这个女人回来时的样子,使他们想起过去积聚起的对她的妒忌,因此他们咀嚼着心头的记忆,津津有味地咽了下去。他们问的问题都是辛辣的宣言,他们的笑是杀人工具。这是群体酷刑。一种心态活灵活现。传言不胫而走，如歌曲中的和声般一致。

……

2

珍妮感到自己的生命像一棵枝叶繁茂的大树，有痛苦的事、欢乐的事，做了的事、未做的事。黎明与末日都在枝叶之中。

"我清楚地知道要告诉你些什么，可是很难知道从哪儿开始。

"我从来没有见过爸爸，要是看见他也不会认识他。我也没见过妈妈。在我懂事前好久她就离开了。我是姥姥养大的，是姥姥和她给干活的那家白人养大的。在后院里她有间房子，我就生在那里。主人是西佛罗里达有身份的白人，姓沃什伯恩，他们家有四个孙儿女，我们都在一起玩，因为在那儿谁都管我姥姥叫阿妈，所以我也一直这么叫她。阿妈总是在我们恶作剧的时候抓住我们，把每个孩子都打一顿，沃什伯恩夫人也和她一样。她们从来也没有错打过我们，看来那三个男孩子和我们两个女孩子是够招人生气的。

"我和那些白种孩子老在一起，结果到六岁我才知道自己不是白人。要不是因为有个人来照相，我还不会发现这一点。年纪最大的那个叫谢尔比的男孩子谁也没有问，就让他给我们照了一张。大概一个星期以后那人拿了相片来给沃什伯恩夫人看，并且问她要钱。她付了钱，然后把我们大家痛揍了一顿。

"当我们看相片时，每个人都被认了出来，除了一个站在伊丽诺身边的长头发的挺黑的小女孩外,一个也没剩下。我本该在这个地方的,可是我认不出那个黑孩子是我,因此便问道:'我在哪儿?我看不见自己。'

"大家全都大笑起来,连沃什伯恩先生都笑了。丈夫死后回到家里来的几个孩子的妈妈奈利小姐指着那个黑孩子说:'那就是你,字母表,你难道不认识自己吗?'

"那时候他们都管我叫字母表,因为有那么多人给我取了不同的名字。我盯着照片看了好久,看出那是我的衣服和头发,所以我就说:

"'啊!啊!我是黑人!'

"这时候他们都使劲笑了起来,可是在看照片以前,我以为自己和别人一样。

"我们快快活活地住在一起,直到学校的小朋友开始取笑我住在白人家的后院里。学校有个叫梅瑞拉的女孩,长着一头小卷发,每次她看着我就生气。沃什伯恩夫人总是用她孙女们不穿了的衣服打扮我,这些衣服比别的黑人小孩穿的要好,而且她总是给我头发上扎上绸发带,这往往激怒了梅瑞拉,所以她总找我的茬儿,还鼓动别的一些同学这样做。他们把我从游戏圈里推出去,说是他们不能和住在宅院里的人一起玩。后来他们又对我说,别因为自己的穿着而觉得了不起,因为他们的妈妈对他们说了猎狗追了我爸爸整整一夜的事,说因为他和我妈妈的事,沃什伯恩先生和警长派警犬跟踪我爸爸,要抓他。他们可没说人们后来看见他如何设法和妈妈取得联系好娶她。没有,他们根本没提这一段。他们把事情说得特别糟,好杀杀我的威风。他们甚至都不记得我爸爸叫什么名字,可却把警犬那部分熟记在心。阿妈不爱看我耷拉着脑袋,她盘算如果我们自己有房子,对我会好一些。她弄到了一块地和所需的一切,沃什伯恩夫人也送了好多东西,帮了她一把。"

费奥比如饥似渴地听着,这有助于珍妮讲述自己的故事。于是她不断回忆着童年时光,用轻柔、流畅的语言向好友叙述一切,而在屋子的周围夜色愈来愈浓。

她沉思片刻,认为自己懂事的生活是从阿妈家的大门口开始的。一个傍晚阿妈把她叫进屋,因为她发现珍妮听任约翰尼·泰勒在门柱旁亲吻她。

这是西佛罗里达一个春天的下午。这一天大半的时间珍妮都是在后院一棵开着花的梨树下度过的。三天来,她把在干杂活时忙里偷闲得来的每一分钟都消磨在那棵树下,也就是说,打从第一朵小花开放时起,她就在那儿。它呼唤她去到那儿凝视一个神秘的世界。从光秃的褐色茎干到亮晶晶的叶芽,从叶芽到雪白纯洁的花朵,这使她激动不已。怎么个激动法?为什么激动?如同遗忘在另一个世界的一首长笛曲被重新记起。什么曲子?如何记起的?为什么会记起?她听到的欢唱与耳朵无关。世间的幸福正喷出清香,在白天跟随着她,在睡梦中抚爱着她。它和引起她感官的注意又埋藏在她肉体中的其他模模糊糊感觉到的事情联系了起来。这时它们涌现出来,在她的意识之中潜探而行。

她仰面朝天躺在梨树下,沉醉在来访的蜜蜂低音的吟唱、金色的阳光和阵阵吹过的轻风之中,这时她听到了这一切的无声之声。她看见一只带着花粉的蜜蜂进入了一朵花的圣堂,成千的姊妹花萼躬身迎接这爱的拥抱，梨树从根到最细小的枝丫狂喜地战栗，凝聚在每一个花朵中，处处翻腾着喜悦。原来这就是婚姻！她是被召唤来观看一种启示的。这时珍妮感受到一阵痛苦，无情而甜蜜，使她浑身倦怠无力。

过了一会儿她从躺着的地方站了起来，走遍那一小片园子，寻求对那声音与预感的证实。她处处都找到了、看出了答案，除了对自己之外，她对一切造物都有自己的答案。她感到答案在寻找着自己，但是在什么地方？什么时候？用什么方式？她发现自己来到了厨房门外，便蹒跚地走了进去。屋子里苍蝇嗡嗡唱着乱飞，有婚有嫁。当她走到狭窄的门厅时，她想起姥姥头痛生病在家。姥姥横躺在床上睡着了，因此珍妮踮着脚尖走出了前门。啊！能做一棵开花的梨树——或随便什么开花的树多好啊！有亲吻它的蜜蜂歌唱着世界的开始。她十六岁了，她有光滑的叶子和绽开的花蕾，她想与生活抗争，但她似乎捕捉不住它。哪里有她的欢唱的蜜蜂？在前门及姥姥的房子里都没有答案。她从前门的台阶顶上尽可能地寻找这个世界，然后走到大门口倾身向路的两头凝望。望着，等待着，由于焦急而呼吸急促。她等待着世界的形成。

透过弥漫着花粉的空气，她看见一个光彩夺目的人从路上走来。在过去蒙昧状态下她知道他是又高又瘦的吊儿郎当的约翰尼·泰勒，那是在金黄的花粉赋予他的破衣烂衫以魅力并迷住了她的眼睛之前的事。

阿妈快醒的时候梦见自己听到了声音，声音在很远的地方，但一直不停，而且逐渐移近。是珍妮的声音。珍妮断断续续的低语声和一个男人的声音,她不太能听出这男人是谁。这使她一下子清醒过来,笔直地坐起身子,从窗子里向外张望,看到约翰尼·泰勒正以一吻伤害着她的珍妮。

"珍妮!"

老人的声音里没有命令和申斥,只有彻底的幻灭,这使珍妮有点相信阿妈没有看见她。于是她从梦境中脱出身来,走进房子里去。她的童年从此就结束了。

阿妈的头和脸看上去就像被风暴折断的一棵老树残留的树根。已经不再起作用的、古老的、力量的根基。珍妮用一块白布捆在姥姥额头周围,止热用的蓖麻叶已经蔫萎,变成了与老人不可分的一个部分。她的眼光没有穿透珍妮,而是扩散开来,把珍妮、房间和世界融合在一起来理解。

"珍妮,你是一个女人了,所以——"

"不,阿妈,不,我还算不得是女人呢。"

对珍妮说来,这个念头太新鲜、太沉重了。她把它赶走了。

阿妈闭上了眼睛,疲倦地、慢慢地点了许多下头之后才再次开口。

"是的,珍妮,你长成大人了,所以我还是把准备了好久的话告诉你吧。我要看到你马上结婚。"

"我?结婚?不,阿妈,不,太太!我懂什么丈夫不丈夫的?"

"亲爱的,我刚才看到的就足够了。我不愿意让像约翰尼·泰勒这样的穷光蛋黑人、只会卖弄嘴皮子的放肆小子拿你的身子擦脚。"

阿妈的话使珍妮在门柱旁的亲吻变得像雨后的粪堆。

"看着我,珍妮,别耷拉着脑袋坐在那里,看着你的老外婆!"

感情的尖刺开始割裂她的声音,"我并不想这样来和你谈话,实情是,我多次跪着恳求主不要使我的磨难过于沉重,以致无法承受。"

"阿妈,我只不过是——我没有想做什么坏事。"

"这正是使我担心的,你没有恶意,你甚至都不知道什么东西会伤害你。我老了,不可能永远给你引路,使你不受伤害,没有危险。我要看到你马上结婚。"

"这样突如其来地让我去和谁结婚?我谁也不认识。"

"主会提供的。主知道我这辈子受过磨难。很久以前有人向我提出要娶你,我没说什么,因为那不是我给你做出的安排,我要你在学校毕业,从更高的树丛里摘一颗更甜的浆果,但是看来你不是这么想的。"

"阿妈,是谁——谁向你提出要娶我?"

"洛根·基利克斯兄弟。而且他是个好人。"

"不,阿妈,不,太太!他老在这儿转悠就是这个原因吗?他看上去就像坟地里的骷髅。"

老人直起身,把脚放在地上,推开了脸上的蓖麻叶。

"这么说你不想体体面面地结婚,是吗?你就想今天和这个、明天和那个男人搂搂抱抱亲嘴胡来,是吗?你想和你妈妈一样让我伤心,是吗?我头发还没有白到那个分上,背也还没有弯到那个分上,会让你想干什么就干什么。"

洛根·基利克斯的形象亵渎了梨树,但珍妮不知道该怎样对阿妈表达这意思。她只是弓着身子冲地板噘嘴。

"珍妮。"

"是，太太。"

"我说话时你得回答，我为你吃了这么多苦，你甭给我坐在那儿噘嘴！"

她用力扇了珍妮一记耳光，逼她抬起头来，两人目光针锋相对。她抬手要打第二下时看见了从珍妮心底涌出、停留在眼中的两滴巨大的泪珠。她看到了那极度的痛苦及为忍住不哭而紧抿的双唇。她打消了打她的念头，把珍妮脸上的浓发撩开，站在那儿伤心，充满了爱怜，在心里为她们俩流泪。

"上姥姥这儿来，亲爱的，像从前那样坐在她怀里。你的老外婆不会伤害你一根毫毛，只要有办法，也不会让别人来伤害你。亲爱的，就我所知道的，白人是一切的主宰，也许在远处海洋中的什么地方黑人在掌权，但我们没看见，不知道。白人扔下担子叫黑人男人去挑，他挑了起来，因为不挑不行，可他不挑走，把担子交给了家里的女人。就我所知，黑女人在世界上是头骡子。我一直在祈祷希望你不会有同样的遭遇。上帝啊，上帝啊，上帝啊！"

老人把姑娘搂在自己干瘪的胸前，久久地坐在那儿摇着。珍妮的长腿从椅子扶手上垂下，长长的发辫低垂在另一侧摆动着。阿妈抱着哭泣中的姑娘的头，不停气地唱着一首祈祷赞美诗，半是呜咽半是吟唱。

"上帝怜悯我们吧！这么久都没有发生，但看来总会发生的。啊，耶稣基督！怜悯我们吧，耶稣基督！我尽了一切努力了。"

最后她们俩都平静了下来。

"珍妮，你让约翰尼·泰勒吻你，有多久了？"

"就这一回,阿妈,我根本不爱他,我这么做是因为——啊,我也不知道是因为什么。"

"感谢你,我主基督。"

"我再也不这么做了,阿妈,请你不要让我嫁给基利克斯先生。"

"宝贝儿,我让你要的不是洛根·基利克斯,而是要你得到保护。亲爱的,我不是正在变老,我已经老了。不久天使就会拿着剑在某个早上在这儿停下,我不知道在哪一天、哪一个时辰,但不会很久了。在你还是我怀抱中的婴儿的时候,我请求上帝允许我在世上待到你长大成人,他已经让我活着看到了这一天,现在我每天祈祷的是让这美好时光再延续几天,好让我看到你一生有了保障。"

"阿妈,求求你让我再稍稍等一等吧。"

"你别以为我不同情你,珍妮,因为我是同情你的,就算是我自己经受了生育之苦生下你,也不会比现在更爱你了。你妈妈是我生的,可事实是我爱你大大胜过爱你妈妈。不过,你要想到你不像大多数孩子那样,你没有爸爸,也可以说没有妈妈,她对你一点好处也没有。除了我你没有别的亲人了,而我老了,头朝向坟墓了,你还不能独自生活,想到你会给逼得走投无路,是很痛苦的一件事,你流下的每一滴眼泪都从我心里挤出一杯血来。我得在死以前尽量把你安排好。"

珍妮发出了一声呜咽的叹息,老人用手轻轻拍着安慰她作为回答。

"你知道,亲爱的,我们黑人是没有根的枝丫,所以生出许多古怪的事来。特别是你。我是在农奴制度下出生的,因此我不可能实现自己关于女人应成为什么人、做什么事的梦想。这是农奴制对人的一种压制。但是没有什么东西能阻止人怀有希望，不可能把人打击得消沉到丧失意愿的地步。我不愿被人用作干活的老牛和下崽的母猪，也不愿女儿这样。事情这样发生了，这绝不是我的意愿。我甚至仇恨你的出生。但我仍然说感谢上帝，我又有了一个机会。我想布道，大讲黑女人高高在上，可是没有我的讲道台。农奴解放时我怀里已抱着一个小女儿，于是我说我要拿一把扫帚和一个锅，为她在荒野中开出一条大路来。她将把我的感受说出来。但不知怎的，她在大路上迷了路，等我知道时你已经来到了世界上。因此当我在夜里照料你的时候，我说我要把想说的话留给你。珍妮，我等待很久了，不过只要你像我梦想的那样在高处站住脚，我所经受的一切都算不得什么了。"

阿妈坐在那儿像摇婴儿般摇着珍妮，回忆着，回忆着。脑海中的图景引发了感情，感情又从她心底拉出了一幕幕的活剧。

"那天早上，在离萨凡纳不远的一个大种植园里，一个人骑着马跑来说在1864年格兰特东征罗伯特·李时，谢尔曼[1]率领三个军攻进佐治亚州，占领了亚特兰大，给南军以粉碎性打击。罗伯特老爷的儿子在奇卡莫加打仗死去了。于是他一把抓过枪，骑上他最好的马，和其他的白头发男人及少年一起出发去把北方佬赶回田纳西州去。

"他们都在为骑着马出征的人欢呼、哭泣、高声喊叫。我什么也看不见，因为你妈妈出生才一个星期，我还躺在床上。但是不久他

---

[1] 谢尔曼（William Tecumseh Sherman, 1820—1891），美国内战时期的著名将领。

假装忘了东西，跑进我的木屋，最后一次让我把头发披散开来。他像平时那样把手埋在我的头发里，揪了揪我的大脚趾，便闪电般随众人走了。我听见大家向他最后高呼了一声，然后主人的宅子和农奴的住处就变得冷清和沉默起来。

"夜凉了以后女主人走进了我的门。她猛地把门推得大开，站在那里拿眼睛和整个的脸盯着我。就好像她过了一百年零一个月，一天也没在春天里生活过。她走近来俯视躺在床上的我。

"'阿妈，我来看看你的那个孩子。'

"我尽量不去感觉她脸上那股风，可是那风变得那么冷，我在被子里都快冻死了，所以我没能像我想的那样马上动作起来。但是我知道我不得不赶紧按她的吩咐去做。

"'你最好把被子从小孩身上掀开，快点！'她凶狠地对我说，'看来你不知道谁是这个种植园的女主人，夫人。不过我要让你知道知道。'

"那时我已经费力揭开了孩子的被子，她可以看见头和脸了。

"'黑鬼，你那孩子怎么会有灰眼睛黄头发？'她开始乱抽我的嘴巴。开始的那些巴掌我一点都没感觉到，因为我正忙着给孩子盖上被子，可最后一下抽得我脸像火烧。我心里涌起种种感情，多得不知该怎么办了，所以我没哭，什么也没有干。但是她不住地问我为什么我的孩子像白人。她问了可能有二十五或三十次，就像她自己也忍不住非这么说不可。因此我对她说：'我什么也不知道，只知道干让我干的事，因为我只不过是个黑鬼和奴隶。'

"这不仅没有如我所想的让她消气，看来她气更大了。不过我想她累了，没力气了，因为她没有再打我。她走到床脚，用手绢擦着手：'我不愿意在你身上弄脏了手，但明早头一件事就是监工把你带到鞭挞柱前，把你跪着捆在柱子上，再把你背上的黄皮打个皮开肉绽。用生皮鞭在光背上抽一百下，我要让他们打得你血顺着脚后跟流！我要亲自数数，要是把你打死了，损失归我。不管怎样，那个臭东西一满月我就把它远远卖掉。'

"她暴跳如雷地走了，把肃杀的严冬留给了我。我知道自己的身体还没有复原，但也不能顾及这一点了，在漆黑的夜里我尽可能地把婴儿包好，逃到河边沼泽地里。我知道那里满是有毒的水蛇和其他咬人的蛇，可我逃出来的那个地方更使我害怕。我白天黑夜都躲在沼泽地里，孩子刚要哭就给她奶吃，生怕有人听见她的哭声找到我。我不是说没有一两个朋友关心我，而且仁慈的主保佑我没被抓回去。我真不明白自己整天那样担惊受怕，孩子吃我的奶怎么会没有死。猫头鹰的叫声吓得我要死，天黑以后柏树的枝丫就开始蠕动起来，有两三次我还听见豹子在周围活动。但是我没有受到任何伤害，因为主明白是怎么回事。

"后来在一个晚上我听见大炮像雷一样轰鸣，一直响了一夜。第二天早上我看见远处有一艘船，四周一片喧嚣，于是我用青苔把利菲包好，把她牢牢放在树上，小心地向码头走去。那里的人全穿着蓝衣服，我听见人们说谢尔曼要到萨凡纳来迎接船只，我们这些农奴全都自由了。我跑回去抱起了孩子，向旁人打听了情况，找到了住的地方。

"可是过了很久南军才在里士满最后投降，那时亚特兰大的大钟敲响了,所有穿灰军服的人都得到穆尔特里去,把剑埋在地下来表示他们永远不再为奴隶制打仗了。这时我们知道我们是自由了。

"我谁也不嫁,尽管有成堆的机会,因为我不愿让人虐待我的孩子。因此我和一些好心的白人一起来到西佛罗里达这儿干活,好让利菲的路上洒满阳光。

"女主人帮我培养她,就像对你一样。到了有学校可上的时候我送她进了学校,指望她能成为一个老师。

"可是有一天她没有按时回家,我等了又等,可她一夜未归。我提了盏灯四处问人,可谁也没有看见她。第二天早上她爬了回来。看看她的样子!学校那老师把她在树林里藏了一夜,强奸了我的宝宝,天亮前跑了。

"她才十七岁,可出了这样的事!天哪!好像一切又重新出现在我眼前了。好久好久她才好了起来,到那时我们知道有了你了。生下你以后她喝上了烈性酒,常常在外面过夜,没有办法能让她留在这儿或别的什么地方,天知道现在她在哪里。她没有死,因为要是死了我会感觉到的,不过有的时候我真希望她已得到安息。

"珍妮,也许我没有能力为你做多少事,可是我已经尽了最大的努力了。我拼命积攒,买下了这一小块地,为的是你不用住在白人家的后院,在学校同学面前抬不起头来。当你还小的时候这些就够了,但是在你长大能懂事以后,我要你尊重自己,我不愿意别人往你脸上泼脏水,使你永远无精打采,想到白人或黑人男人也许会把你变作他们的痰盂,我没法平静地死去。你可怜可怜我吧,珍妮,轻轻地把我放下,我是一只有了裂纹的盘子。"

3

有的年份是提出问题的年份,有的则提供答案。珍妮不曾有机会去了解事物,因此她只能去问。婚姻能结束无配偶者那无边的寂寞吗?婚姻能像太阳造成白昼那样造成爱情吗?

在她到洛根·基利克斯以及他经常被提到的六十英亩土地那儿去生活之前的几天里,珍妮翻来覆去地询问自己。她一次又一次走到梨树下琢磨着、思索着,最后从阿妈的言谈和自己的推测中为自己求得了某种安慰。是的,婚后她将爱洛根,她看不出她怎么会爱上他,但既然阿妈和老人们都这么说,想必会是这样。夫妻永远是相爱的,婚姻就意味着这一点。就是这么回事。这念头使珍妮感到高兴,因为这样一来事情就不显得那么有害、那么糟腐了。她不会再感到寂寞。

一个星期六的晚上珍妮和洛根在阿妈的客厅里结了婚,有三个蛋糕、大盘大盘的炸兔肉和鸡。吃的东西丰富得很,由阿妈和沃什伯恩太太照料。但是没有人往洛根的车座上放东西使他们风风光光地回家。这是一个孤独的地方,像一个从来没有人去过的树林中央的一个树桩。房子里也没有任何情趣。不过珍妮还是走了进去,等待着爱情的开始。新月三度升起落下,她心里开始苦恼,于是她在做糕点的那天到沃什伯恩太太家去找阿妈。

阿妈高兴得满脸是笑,让她走到面板跟前好吻她。

"仁慈的上帝，亲爱的，看见我的孩子我可真高兴！进屋子里去让沃什伯恩太太知道你来了。唔，唔，唔！你那丈夫好吗？"

珍妮没有到沃什伯恩太太那儿去，也没说什么能和阿妈的高兴劲儿相称的话。她只是一屁股跌坐在一张椅子上，再不动弹。阿妈忙着做糕点，得意得眉飞色舞，一时什么也没有注意到。过了一会儿，她发现只有她自己在说话，于是便抬起头来看看珍妮。

"怎么啦，心肝？你今天早晨一点精神都没有。"

"啊，没什么，我来问你点事。"

老妇人显得很吃惊，然后大声笑了起来："可别告诉我你已经怀孕了，我看看，到星期六就是两个月零两个星期了。"

"没有，反正我觉得没有。"珍妮脸微微发红。

"这没有什么可害羞的，亲爱的，你是个结了婚的女人，和沃什伯恩太太或者别的人一样有合法的丈夫！"

"我没怀孕，我知道没有。"

"你和洛根闹别扭了？天哪，我要是知道那个满肚子草料、肝火旺盛的黑鬼已经打了我的宝贝！我要拿根棍子打得他流口水！"

"没，他连说都没说过要打我，他说他永远不打算恶意地用手碰一碰我。他觉得我需要多少劈柴就给我劈多少，然后都给我抱到厨房里头来。两个水桶总是满满的。"

"哼，别指望这些能坚持多久。当他这样对待你的时候，他不是在吻你的嘴，而是在吻你的脚，而吻脚不是男人的本性。吻嘴是平等的，因此是自然的，而当他们得屈身求爱时，他们很快就会直立起来的。"

"是的。"

"好吧,既然他待你这样,你为什么到我这儿来,脸拉得和我的胳膊一样长?"

"因为你告诉过我我会爱上他的,可是我没有。也许如果有人告诉我该怎么办,我能做得到。"

"大忙的日子你满嘴傻话跑到这里来,你有了一个一辈子可以依靠的靠山,这么大的保护,人人都得向你脱帽打招呼,叫你基利克斯太太,可你却跑来和我翻扯什么爱情。"

"可是阿妈,我有的时候也想要他,我不愿意总是他要我。"

"如果你没想要他,你就应该要。城里黑人中间只有你的客厅里有风琴,有一所买下来付清款的房子和紧靠大路的六十英亩土地,还有……上帝保佑!把咱们黑人妇女勾住的就是这个东西,这个爱情!就是它使咱们又拉又拽汗流浃背,从天没亮一直干到天黑。所以老人们说当个傻瓜不会要你的命,只不过让你出汗而已。我看你是想要个打扮得漂漂亮亮的花花公子,每次过马路时都得看看自己的皮鞋底会不会磨穿。你的钱足够买卖他们这种人的,事实上,你能买下他们后把他们送人。"

"我根本没在考虑这种人,可是我也没有把那片地放在心上。我可以每天把十英亩地扔到篱笆外面,都不会回头望一眼它们落到了哪里。对基利克斯先生我也有同样的感觉。有的人永远不招人爱,他就是其中的一个。"

"为什么?"

"因为我讨厌他脑袋那么长,两边又那么扁,还有脖子后面的一堆肥肉。"

"他的脑袋又不是他自己做的，你净说傻话。"

"我不管是谁做的，我不喜欢那活计。他肚子也太大，脚指甲像骡蹄子。天天晚上上床前连脚都不洗。他根本没有理由不洗，因为我把水给他都打好了。我情愿挨小钉子扎，也不愿意他睡在床上时翻身搅动空气。他甚至从来不提美好的事物。"

她开始哭了起来。

"我希望结婚给我甜蜜的东西，就像坐在梨树下遐想时那样。我……"

"你哭也没有用，珍妮，姥姥自己也走过不少条路，不过人就是要为这事那事哭的，最好还是听其自然吧。你年纪还轻，谁也不知道你死以前会发生些什么事，等等看吧，宝贝，你会改变主意的。"

阿妈神情严厉地把珍妮打发走了，但那天剩下的时间她干活越来越没精神。当她回到自己的小屋子里、不受打搅的时候，她跪了那么久，连她自己都忘了自己是跪着的了。她内心中有一个小湾，在那儿听到的声音和看到的景象形成了思想，语言又围着思想打转。可是思想的深处有着语言未能触及的地方，而在更深的地方还有思想尚未触及的未定形的感情的深渊。阿妈跪在衰老的双膝上再次进入到无限的可以感知的痛苦之中。到天快亮时她低声说道："上帝啊，你知道我的心，我已经做了能做的一切，其余的就在你了。"她艰难地拖起身子，沉重地倒在了床上。一个月以后她就死去了。

于是珍妮等过了一个开花的季节、一个茂绿的季节和一个橙红的季节。但当花粉再度把太阳镀成金色，并撒落到世间的时候，她开始在门外伫立,满怀期待。期待什么?她也不十分清楚。她气短,喘粗气。她知道一些人们从来没有告诉过她的事情,譬如树木和风的语言。她常常和掉落的籽粒说话,她说:"我希望你落在柔软的土地上。"因为她听到过籽粒在落下时对彼此这样说。她知道世界是在苍天这块蓝色的草场上转动的公马。她知道上帝每晚都把旧的世界摧毁,在天亮时建起一个新的世界。看着这个新的世界随着太阳的升起形成,从它灰色的尘雾中脱颖而出,实在是太美妙了。熟悉的人和事使她失望,因此她在门外徘徊,向大路的远方望去。现在她明白了,婚姻并不能造成爱情。珍妮的第一个梦消亡了,她成了一个妇人。

4

连一年都不到,珍妮就发现丈夫不再用诗一样好听的语言和她说话了。他不再惊叹她长长的黑发,不再抚弄它。六个月之前他对她说:"要是我能把劈柴运到院子里给你劈好,你也应该能把它们抱进厨房来。我第一个老婆从来没有要我劈过柴,她总是一把抓过斧子,像个男人一样劈得碎木片四飞。你真是给惯坏了。"

于是珍妮对他说:"你不依不饶,我也和你一样,你要是能坚持不劈柴、不把柴抱进来,我猜你没饭吃也能挺得住。请你原谅我这样说,基利克斯先生,不过我一根柴都不打算去劈。"

"啊,你知道我会给你劈柴的,即使你对我要多刻薄有多刻薄。

你姥姥和我已经把你惯坏了,看来我不得不继续惯下去了。"

不久的一个早晨,他把她从厨房叫到粮仓去,他已经把骡子套上鞍拴在大门口了。

"我说,小不点,帮我干点活,把土豆种给我切开。我得出去办点事。"

"上哪儿去?"

"到湖城去为买骡子的事找一个人。"

"你要两头骡子干吗?除非你打算换掉这一头。"

"不,今年我需要两头骡子,秋天土豆就值钱了,能带来大价钱。我打算用两张犁,我要去找的这个人有一头驯好的骡子,连女人都能使唤。"

洛根嘴里含着一团烟叶一动不动,像测量他感情的温度表。他观察着珍妮的脸,等她开口。

"所以我想不如去看一看。"他加了一句,咽口唾沫来打发时间。但珍妮只是说:"我会给你把土豆切好的。你什么时候回来?"

"说不准,大概天黑前后,路不近,特别是如果我回来的时候还要牵一头牲口的话。"

珍妮把屋子里的活干完了以后,便到粮仓里坐下切土豆。但春天来到了她心头,因此她把东西全搬到院子里一个能看得见大路的地方。中午的太阳漏过大栎树的树叶洒到她坐的地方,在地上画出了花边状的图形。她在那儿坐了很久,突然她听到路上传来口哨声。

这是一个城里人打扮、穿着入时的男人,帽子斜斜地戴着,这一带人是不会这样戴的。他的大衣搭在胳膊上,不过他并不需要一件大衣来显示他的穿着。衬衫配着那绸袖箍就够使人看花眼的了。他吹着口哨,擦擦脸上的汗,胸有成竹地走着。他肤色深褐,像海豹皮色,可他的举止在珍妮眼里就像沃什伯恩先生或那一类人。这样的一个人会是什么地方来的,又到什么地方去?他没有朝她这边看,也没朝别的地方看,他只是看着前方。于是珍妮跑到水泵旁,泵水时拼命猛推手把,这样一来发出了很大的声响,同时也使她满头浓发垂了下来。于是他停下脚步使劲看她,然后问她要口清凉的水喝。

珍妮继续泵着水,直到好好看清楚了这个男人才住手。他一面喝水一面友好地聊着。

他的名字叫乔·斯塔克斯,是的,从乔基来的乔·斯塔克斯。他一直都是给白人干活,存下了点钱——有三百块钱左右,是的,没错,就在他口袋里。不断地听别人说他们在佛罗里达这儿建了一个新州,他有点想去。不过在老地方他钱挣得不少。可是听说他们在建立一个黑人城,他明白这才是他想去的地方。他一直想成为一个能说了算的人,可在他老家那儿什么都是白人说了算,别处也一样,只有黑人自己正在建设的这个地方不这样。本来就应该这样,建成一切的人就该主宰一切。如果黑人想得意得意,那就让他们也去建设点什么吧。他很高兴自己已经把钱积攒好了,他打算在城市尚在婴儿期的时候到那儿去,他打算大宗买进。他的愿望一直是成为能说了算的人,可是他不得不活上快三十年才找到一个机会。珍妮的爹妈在哪儿?

"我猜他们死了,我对他们一无所知,因为是姥姥把我养大的。

她也死了。"

"她也死了!那么谁在照顾你这样一个小姑娘呢?"

"我结婚了。"

"你结婚了?你应该还在吃着奶呢。我敢打赌你还想吃糖奶头呢,是不是?"

"是的,我想吃的时候就自己做糖奶头嘬。也爱喝糖水。"

"我自己也爱喝甜水。多老也不会不爱喝冰凉的糖浆水。"

"我粮仓里有好多糖浆,甘蔗糖浆,你要是想——"

"你丈夫呢,嗯,小姐?"

"结婚以后我的名字是珍妮·梅·基利克斯,原来叫珍妮·梅·克劳弗德。我丈夫去买骡子了,好让我犁地,他留下我切土豆种。"

"你驾犁!你根本不该和犁打交道,就跟猪不该度假一样!你也不该切土豆种。像你这么漂亮的小娃娃天生就该坐在前廊上的摇椅里,扇扇扇子,吃别人特地给你种的土豆。"

珍妮大笑,从木桶里舀出两夸脱糖浆,乔·斯塔克斯压满一水桶清凉的水。他们坐在树下聊着。他正往南到佛罗里达的新区去,可是停下来聊聊没坏处。后来他觉得自己反正需要歇一歇,歇上一两个星期对他有好处。

此后他们每天都设法在大路对面栎木丛中相会,谈论着当他成为大人物时她坐享其成的日子。珍妮久久拿不定主意,因为他并不代表日出、花粉和开满鲜花的树木,但他渴望遥远的地平线,渴望改变与机遇。然而她仍踌躇着。对阿妈的记忆仍然十分强烈、有力。

"珍妮,如果你以为我的目的是引诱你跟我走了以后把你当一条狗对待，你就错了。我要你做我的妻子。"

"你这是真心的，乔？"

"从你答应和我结婚的那天起，我就一天也不会让咱们俩分开。我是一个有原则的人，你还从来不知道受到贵妇人般的对待是什么滋味，我要让你体会到这一点。像你有的时候那样叫我乔迪吧。"

"乔迪，"她向他微笑着，"可是如果——"

"让我来操心'如果'以及别的一切吧，明天早上太阳出来后不久，我在这条大路那头等你。你来跟我走，以后你一辈子都可以过你应该过的日子。吻吻我，摇摇头，你摇头的时候，满头浓发像天一下子亮了一样。"

当晚，珍妮躺在床上掂量着这件事。

"洛根，你睡着了吗？"

"我要是睡着了，你这一叫也把我叫醒了。"

"我正苦苦想着咱们的事呢，关于你和我的事。"

"是该想想了，从各方面考虑，有的时候你在这里主意也太大了。"

"考虑到什么，比方说？"

"考虑到你是在一个没顶的马车里出生的，你和你妈妈都是在白人的后院里出生和长大的。"

"你求阿妈要我嫁给你的时候可没说这些。"

"我以为对你好你会领情的，我以为能娶你，就能把你变成个像样的人。从你的所作所为来看，你以为自己是个白人吧。"

"要是我有一天会离开你逃跑呢？"

瞧，珍妮说出了他压抑在心中的恐惧。她很可能会逃跑的。这个念头使他身上产生了巨大的痛楚,但是他想最好还是一笑置之。

"我困了,珍妮,咱们别再谈了。没有多少男人会相信你的,他们了解你们家的人。"

"我可能会找到一个相信我的人,和他一起离开你。"

"呸!不会再有像我这样的傻瓜了。好多男人会对你笑,可他们不会去干活养活你,你走不远,也走不长,肚子就会伸出手来抓住脑子,你就会巴不得能回到这儿来。"

"除了咸猪肉和玉米面包,你眼睛里没有别的东西。"

"我困了,不想拿假如怎样把自己的肚肠愁得细成琴弦。"痛苦使他怀恨,他翻转身去假装睡着,她伤害了他,他希望自己使她也受到了伤害。

珍妮第二天早上和他同时起床,早饭只准备了一半他就在粮仓里吼了起来。

"珍妮,"洛根刺耳地喊道,"来帮我赶在太阳毒起来之前把这堆粪运走。你对这个地方一点也不关心,你整天在厨房里磨磨蹭蹭,有什么用。"

珍妮手里拿着平底锅,搅着玉米面团,走到门口向粮仓望去。潜伏中的太阳以鲜红的匕首威胁着世界,但粮仓四周的阴影是灰色的,看上去挺实在。手拿铁锨的洛根活像只用后腿站着正笨拙地跳舞的黑熊。

"你那儿用不着我帮忙,洛根,你干的是你的活,我干的是我的活。"

"没有专门是你干的活,我要你干什么你就得干什么。赶快,快着点。"

"我妈妈没告诉过我我是急急忙忙地生下来的,现在我为什么要赶快?反正你也不是为了这个在生气,你生气是因为我没因为你有那六十英亩地而卑躬屈膝。你和我结婚并没有抬举我,你要是觉得是抬举我了,我并不感激你。你生气是因为我对你说的这些话你自己心里早就明白。"

洛根扔下铁锨,朝屋子笨拙地走了两三步,又突然停住了。

"你今天早上少跟我顶嘴,珍妮,不然我要揍你一顿。我这是等于把你从白人的厨房里救了出来。让你体体面面地待在这儿,可是你却小看我!我要拿那把斧子进去劈了你!你最好还是住嘴!对你们家的人来说,我太老实、太苦累了,就是因为这你才不要我!"最后一句话是半抽泣半喊着说出来的:"我猜肯定有哪个下流黑鬼在朝着你笑,满嘴瞎话骗你,你这该死的不要脸的!"

珍妮没有搭腔,从门旁转过身去,不知怎的就在房子中央一动不动地站住了。她就这样站在那儿,不顺心的事翻腾出来,在心里体会着自己的感觉。震动平息些以后,她好好地把洛根的话想了想,并且把它和她听到、看到过的其他东西放在了一起。然后她把玉米面团往长柄平锅里一放,用手压平。她甚至不觉得生气。洛根因为她的妈妈、她的姥姥和她的感情而指责她,而这些是她无法改变的。锅里的咸肉该翻翻了,她把肉翻转推回锅里。咖啡壶里要加一点点冷水好沉淀。她用盘子把玉米饼翻过来,出声地笑了一下。她为什么要损失这么多的时间?突如其来的新鲜感和变化感向她袭来。珍妮急急走出大门转身向南。即使乔没有在那儿等着她,这一变化也必定会对她有好处。

早晨大路上的空气像件新衣服,这使她感觉到了系在腰间的围裙。她解开围裙,扔在路边矮树丛上继续往前走,一面摘下花朵做成一个花束。后来她来到乔·斯塔克斯和一辆雇来的马车等着她的地方。他十分严肃,扶她上马车坐在自己旁边的座位上。有他在那里,就像坐在高高的统治者的宝座上。从现在起直到死去,她的一切将洒满花粉与春光。她的花上会有一只蜜蜂。她从前的想法又触手可及了,但还得创造和使用适合于它的新的字眼。

"绿湾泉。"他对车夫说。像乔说过的那样,日落以前他们在那里结了婚,穿的是丝绸和羊毛的新衣服。

他们坐在公寓的门廊上,看着太阳落入大地的裂缝中,黑夜也是从这同一条裂缝中诞生的。

……

7

岁月使争斗之心从珍妮脸上完全消失了,有一段时间她以为也从她的灵魂中消失了。不论乔迪做了什么,她一句话也不说。她学会了怎样说一些话留一些话。她是大路上的车辙,内心具有充沛的生命力,但总被车轮死死地压着。有时她探向未来,想象着不同的生活,但她大半是生活在自己狭小的天地里,感情的波动像林中的树影,随着太阳而出没。她从乔迪处得到的只是金钱能买到的东西,她给出去的是她不珍惜的一切。

时而她会想到日出时的一条乡间大路,想着逃跑。逃向何处?逃向什么?于是她也想到三十五岁是两个十七岁了,一切都完全不同了。

"也许他没什么价值,"她告诫自己道,"但在我的嘴里他是个人物。非得这样不可,否则我的生活就没有了意义。我就撒谎说他是,要不然生活就只剩下一个店铺和一所房子了。"

她不看书,因此她并不知道自己是反映天地万物的一滴水,体现了人类企图从卑贱状态爬上没有痛苦的绝顶的努力。

有一天她坐在那里,看着自己的影子料理着店务,拜倒在乔迪面前,而真正的她一直坐在阴凉的树下,风吹拂着她的头发和衣服。这儿有人正从孤独中孕育出夏日风光。

这是第一次发生这样的情况,但不久以后就变得很寻常了,她也不再感到惊讶。它像一服麻醉剂,从某种意义上说这是好事,因为这使她顺从地接受一切,到了这种地步,她像土地一样漠然地接受一切。无论是尿液还是香水,土地同样无动于衷地把它们吸收掉。

有一天她注意到乔不是坐到椅子上,而是站在椅子前跌落下去。这使她从头到脚好好看了看他。乔不像原来那样年轻了,身上已经有什么东西死亡了。他再也站不直了,走路时腿弯着,脖子后面僵直,过去威风富态使人害怕的大肚子现在松松地耷拉着,像悬在腰上的重负,好像不再是他身体的一个部分。他的眼光也恍恍惚惚的了。

乔迪一定也注意到了这些,也许在珍妮之前老早他就看到了,而且怕她会看出来。因为他开始老是谈论她的年龄,好像他不愿意自己老了的时候她还年轻。他老是说:"你出去前应该披点什么在肩膀上,你已经不是一只出壳不到一年的小母鸡了,你现在是只老母鸡啦。"有一天他把她从槌球场叫了下来:"那是年轻人玩的,珍妮,你在那儿跳跳蹦蹦的,明天就该起不了床啦。"如果他想瞒骗她,那是打错了算盘,一生中她第一次看到一个人没有头盖骨、完全裸露的脑子,在他狡黠的想法从口腔隧道中冲出之前她早就看到它们在他脑中的凹凸处跑进跑出了。她知道他内心很痛苦,因此她一句话也不反驳随它过去。她只是拿出一些时间给他,等待着。

店里情况逐渐变得很糟。他的背越痛、肌肉越松、人越瘦,就越爱对珍妮发脾气,特别是在店里。在场的人越多,他越是拼命挖苦嘲笑珍妮的躯体,好把注意力从他自己身上移开。有一天,史蒂夫·密克逊要买嚼用烟草,珍妮没有切好。反正她特别讨厌那把切烟草的刀,用起来特别不灵便。她笨手笨脚地捣鼓着,切下去的地方离印子老远。密克逊并不在乎,他举着那块烟开玩笑地逗珍妮。

"你瞧,市长兄弟,看你太太干了什么。"烟块切得很滑稽,因此大家都笑了起来。"女人和刀子——不管什么样的刀子——总也搞不到一起。"大家善意地嘲笑了一阵子女人。

乔迪没有笑,他从店里当邮局用的那一侧匆匆走过来,拿过密克逊手里的那块板烟重切,齐齐地按印子切下,瞪着珍妮。

"老天!一个女人在店里一直待到和玛土撒拉[1]一样的年纪,可是连切块板烟这样的小事都还做不来!别站在那儿冲我转你的突眼珠,

---

[1] 玛土撒拉(Methuselah,本处拼作 Methusalem),《圣经·创世纪》中以诺之子,据传享年 969 岁。

看你屁股上的肉都快垂到膝盖弯上了。"

店里发出哄堂大笑，但大家脑筋一转停住了笑。如果你猛地一看这事很可笑，但仔细一想就变得很可怜了。就好像在挤满人的大街上，当一个女人没有注意的时候有人扯下了她的一部分衣服。而且珍妮走到屋子中间站下，直冲着乔迪的脸开了口，这是过去从来没有过的事。

"你别把我的长相和我干的活混在一起，乔迪，等你对我说完了怎么切板烟，那时你再告诉我我的屁股端正不端正。"

"你说什、什么，珍妮？你怕是疯了吧。"

"没有，我没有疯。"

"你准是疯了，说出这样的话来。"

"是你先开始揭开衣服说人的，不是我。"

"你怎么啦？你又不是个年轻姑娘，提提你的长相觉得受了侮辱。你不是个谈恋爱时的妙龄少女了，你是个快四十岁的老太婆了。"

"对了，我快四十岁了，可你已经五十了，为什么你不能有时候也谈谈这一点，而总是冲着我来？"

"珍妮，我就说了说你不再是个年轻姑娘了，你用得着生这么大的气吗？你这把年纪了，这儿没人想讨你做老婆。"

"我不再是个年轻姑娘了，可我也不是个老太婆。我估摸着自己看上去就是这个岁数，但是我浑身上下没有一处不是个女人，而且我知道这一点。这可比你强多了。你腆着大肚子在这里目空一切，自吹自擂，可是除了你的大嗓门外你一文不值。哼！说我显老！你扯下裤子看看就知道到了更年期啦！"

"天堂里的上帝啊!"山姆·华生惊讶得倒抽了一口气说,"你们今天可动真格的了。"

"你说什、什么?"乔质问道,希望自己的耳朵听错了。

"你听见她说的话了,你又不聋。"华生奚落道。

"我情愿挨小钉扎也不愿听人这样说我。"利奇·莫斯怜悯地说。

这时乔·斯塔克斯恍然大悟,他的虚荣心在汪汪出血。珍妮夺去了他认为自己具有的一切男人都珍视的男性吸引力的幻觉,这实在太可怕了。希伯来人第一个君王扫罗的女儿对大卫就是这样做的[1]。但珍妮走得更远,她在众男人面前打掉了他空空的盔甲,他们笑了,而且还将继续笑下去。此后当他炫耀自己的财富时,他们就不会把二者放在一起考虑了,他们将用羡慕的眼光看着东西而怜悯拥有这些东西的人。当他审案的时候也会是这样。像戴夫、兰姆和吉姆之流的饭桶也不会愿意和他交换位置,因为在别的男人眼里,有什么东西能为男人没有力度辩解呢?裤子破了裆的十六七岁的无礼年轻人嘴里说着低声下气的话,眼睛里也会对他流露出冷酷的怜悯。在生活中已经不再有什么可做的了,雄心大志毫无用处。还有珍妮那残酷的欺骗!做出那低三下四的样子来,而一直都在蔑视他!嘲笑

---

[1] 原文为"The thing that Saul's daughter had done to David":据《圣经》记载,扫罗(公元前11世纪)是古以色列第一代国王。大卫(公元前11世纪至公元前962年),古以色列第二代国王,在公元前1000年左右建立统一的以色列帝国。大卫早年曾在扫罗王宫中供职,并娶扫罗王之女米甲为妻。扫罗将女儿嫁给大卫,意在加害于他。但米甲设计保护大卫。据《旧约·撒母耳记下》,大卫王将耶和华的约柜抬进城里,米甲在窗户里观看,见大卫在耶和华面前踊跃跳舞,心里非常蔑视,并出言讽刺说:"以色列王今日在臣仆的婢女跟前露体,如同一个轻贱人无耻露体一样,有好大的荣耀啊!"两人的关系自此疏远。

他，现在又鼓动全市的人这样对待他。乔·斯塔克斯找不到话来表达这一切，但是他知道这种感受，因此他使出全身的力气狠揍珍妮，并把她从店里赶了出去。

19

……

当晚甜点心的病严重发作了两次，珍妮看到他脸上的表情变了。甜点心已不存在了，别的什么东西从他脸上向外窥视着。她决定天一亮就去找大夫。因此当甜点心从天亮前刚陷入的极不安稳的睡眠中醒来时，她已起床穿着停当了。当他看到她穿好衣服要出门时几乎咆哮了起来。

"你上哪儿去，珍妮？"

"找大夫，甜点心。你病得太厉害了，家中没有大夫不行。也许我们该送你去医院。"

"我哪个医院也不去，你仔细琢磨去吧。我看你是厌烦了，不愿意照料我了，我对你可不是这样的，我为你干事从来没有够的时候。"

"甜点心，你病了，总是曲解我的意思，我照料你永远也不会感到厌烦的，我就是害怕你病得太厉害了我照料不好你。我要你好起来，心肝，就是这个原因。"

他凶恶地看了她一眼，嗓子里咯咯直响。她看见他从床上坐起，转动着身子，以便能看清她的一举一动。她开始对甜点心身上的这个陌生的东西感到害怕。因此当他到院子里去上厕所时,她赶紧去看手枪是否上好了子弹。这是一把能装六粒子弹的枪,其中三个弹膛中有子弹。她动手卸下子弹,但又怕他打开枪膛时会发现她知道了他的秘密。这可能促使他混乱的脑子采取行动。要是那个药来了就好了!她把旋转弹膛倒转了回去,这样即使他真向她开枪,也要响三下以后才射得出子弹来。至少她能预先得到警告,她就可以跑开或及时把枪夺下。反正甜点心是不会伤害她的,他只是妒忌,要吓唬吓唬她。她就待在厨房里,和平时一样,一点也没露出她知道的样子。等他好了以后他们会觉得好笑的。不过她找出了那盒子弹,把子弹倒了出来。干脆把那支步枪从床头挡板后面拿出来吧,她退出子弹放在围裙口袋里,把步枪放在厨房的一个角落里,藏在炉子背后几乎是不容易看见的地方。他真要动起刀子来她可以跑得脱。当然她是过于大惊小怪了,但小心没坏处。她不应该让可怜的生着病的甜点心做出什么他以后发现了自己的所作所为会急疯了的事。

她看见他奇怪地一跳一跳地从厕所走出来,头左右摇摆,可笑地紧咬着牙关。这太可怕了!拿着那药的西门斯大夫在哪里?她很高兴自己在这里照料他,要是人家看见她的甜点心处在这样的境地,会对他做出十分恶劣的事来的,会把甜点心当只疯狗,世上谁也不会对他表示仁慈。他只需要大夫带上那药来就行了。他一句话也没说就进到屋子里面,事实上,他似乎没有注意到她在那里,重重地倒在床上睡了。当他突然用冰冷古怪的声音对她说话的时候,珍妮正站在炉子旁洗碗碟。

"珍妮,为什么你不能再和我在一张床上睡觉了?"

"甜点心,大夫让你自己一个人睡的,你不记得他昨天对你说的这话了吗?"

"为什么你情愿睡地铺也不愿和我一起睡在床上?"这时珍妮看见在他那只垂在身体一侧的手里拿着手枪,"回答我的话。"

"甜点心,甜点心,心肝!去躺下!只要大夫说行,我会非常高兴地和你一起睡的。去再躺下吧。大夫马上就要拿新的药来了。"

"珍妮,我为了使你幸福什么罪都受了,现在你这样对待我真让我伤心。"

手枪摇摇晃晃地却又很快地举起对着珍妮的胸口。她注意到即使在他精神狂乱之时他瞄得也很准。也许他只不过是瞄准她吓唬吓唬她的,如此而已。

手枪咔嗒响了一下,珍妮的手本能地伸向身后拿出了步枪。这一定会把他吓住的。要是大夫马上来就好了!要是能有人来就好了!手枪第二次的咔嗒声使珍妮明白,甜点心狂乱的脑子促使他要杀人,于是她熟练地打开枪膛,上了子弹。

"甜点心,放下手枪回到床上去!"手枪无力地在他手中晃动着,这时珍妮向他喝道。

他靠在门旁侧壁上稳住身子,珍妮想要冲上去抓住他的胳膊,但她看见了他迅速瞄准的动作,听到了枪的咔嗒声。她看见他眼中凶恶的神情,简直吓疯了,就像那次在大水中一样。她在疯狂的希望与恐惧之中举起了步枪的枪口。希望他会看见步枪后跑开,为自己的生命安全而恐惧。但是,如果甜点心还会考虑到后果的话,他也就不会举着枪站在那里了。他不知道害怕,不知道步枪,他什么也不知道了。就仿佛指着他的枪是珍妮的手指头一样，他丝毫也没有多加注意。她看到他在把手枪举平瞄准的时候全身绷得紧紧的。他身上的恶魔就是要杀人，而珍妮是他看到的唯一活物。

手枪和步枪声几乎同时响起，手枪声稍后一些，听起来像步枪的回声。手枪子弹钻进珍妮头顶上方的搁梁时，甜点心弯缩下身子。珍妮看到了他脸上的表情，跳上前去，他则向前扑倒在她怀里。她正要帮他抬起身来时，他的牙齿咬进了她的上臂。他们就这样一起倒在地上。珍妮挣扎着坐起来，用尽方法把胳膊从死去的甜点心的牙关中弄出来。

这是永劫不复的一刻。一分钟之前，她只不过是一个为保全自己的生命而搏斗的、被吓坏了的人。现在，甜点心的头在她的怀里，她自己成了祭品。她是多么希望他能活着，而他却死了。没有哪个时刻是永存不逝的，但她却有为之哭泣的权利。珍妮把他的头紧抱在胸口哭泣着，无言地感谢他给了她机会钟情地祈祷。她必须紧紧地拥抱他，因为很快他就会离去，她必须最后再对他诉说一次。这时痛苦在黑暗中降临了。

......

时时刻刻

导读

  1952年出生的美国作家迈克尔·坎宁安于1999年出版了小说《时时刻刻》，获得了当年的普利策奖。2002年该书被好莱坞搬上了银幕。三位当红影星分别饰演了三位女主人公：梅丽尔·斯特里普饰克拉丽莎·沃恩，妮可·基德曼饰伍尔夫，茱莉安娜·摩尔饰劳拉·布朗，影片获得了美国电影金球奖。

  这是一部采用分角色叙述的作品。在多数分角色叙述的小说中，人物活动在共同的时间范围内，从各自的视角反映触及他们的生活和心灵的事件，以增加小说的深度和广度。而在《时时刻刻》中，三个人物生活在跨度几近一个世纪的三个不同的时代，活动在相隔万里的三个不同的地方，而且一个是生活中的真实人物伍尔夫，两个是作者虚构的人物。作者描写了她们各自生活中的一天：1923年，伍尔夫在英国伦敦郊区小城里士满，开始构思小说《达洛维夫人》；1949年，劳拉在美国洛杉矶，开始阅读《达洛维夫人》；20世纪末，克拉丽莎在纽约，正在筹办一个晚会。把劳拉和伍尔夫联系起来的，是小说《达洛维夫人》,把克拉丽莎和伍尔夫联系起来的,是克拉丽莎的名字和情人理查德给她的绰号"达洛维夫人",而作者直到小说结尾处,才使读者恍然大悟,是什么联系起了劳拉和克拉丽莎。小说《达洛维夫人》是《时时刻刻》三条叙述主线的联结点,也是漫长的一个世纪中女性生活状况的参照点。评论家理查德·埃德是这样评价坎宁安的创作手法的:作者"创造出了复杂而极具美感的小说手法。它是一个万花筒,四个闪闪发光而又完全不同的部分——两个虚构人物的生活,一个真实作家的生活和她的作品相互结合、分离,以连续不断变化着的、令人吃惊的、触发联想的图形滚滚发展"。

《时时刻刻》中克拉丽莎和劳拉的一天和《达洛维夫人》中克拉丽莎的一天一样,中心事件都是准备当天的晚会,劳拉是为丈夫准备家庭生日晚会,克拉丽莎是为理查德的获奖准备庆祝晚会。坎宁安也和伍尔夫一样,通过人物一天的所作所为、回忆和联想,勾画出她们的心理和此前生活经历的线条。读后除了感觉到作者小说结构上构思的巧妙之外,给人留下更深印象的是坎宁安对当今女性生存状态的探讨。书中的女子交织在物质的富足和精神的压抑之中,力图为自己创造出有意义的生活。

《时时刻刻》通过人物的回忆,表现出的故事情节引人入胜,是一部很有可读性的小说。本选集中选用了三个女性各自的开篇,目的是希望读者生出"欲知后事如何,且听下回分解"的愿望。

序幕

她匆匆走出住处，对于当时的天气来说，她身上穿的大衣太厚了。这是一九四一年。又一场战争已经打响。她给莱昂纳德留了一张字条，也给瓦妮莎留了一张。她坚定地向那条河走去，很清楚自己要做什么，但即使在此刻，看到丘陵、草地、教堂、三三两两散布着的羊儿，白色中闪着一丝硫黄色，在逐渐变得昏暗的天空下吃草，这景象几乎使她分了心。她停下脚步，注视着羊儿和天空，然后继续前行。身后隐约传来低低的声音，轰炸机在空中发出低沉的嗡嗡声，虽然她寻找飞机，但是没有看见。她走过农场上的一个工人的身边（他的名字是约翰吗？），他是个强壮的人，小脑袋，穿了一件土豆色的背心，正在清理流经柳树林的沟渠。他抬头看了看她，点点头，便又低头看着棕褐色的水。她在走向河边的路上经过他的身边的时候，心想他能在柳树林中清理沟渠，是多么成功，多么幸运。她自己失败了。她根本不是个作家，说真的，她只不过是个有天赋的怪癖者。昨夜雨后残留的水坑中映照出片片天空。她的鞋子稍稍陷进了柔软的土里。她失败了，现在那些声音又出现了，模糊地喃喃着，就在她的视线范围之外,就在她的身后,在这里,不对,一转过身去它们就跑到别处去了。声音回来了,毫无疑问,头痛正在来临,那无论她是什么都会将她压碎取而代之的便是头痛。头痛正在来临,好像轰炸机又出现在空中了(究竟是不是她自己想象出来的?)。她来到了堤岸,爬了上去,然后下到河边。上游有个钓鱼的人,离得很远,他不会注意到她的吧,会吗?她开始寻找一块石头。她迅速而有条不紊地寻找着,仿佛是按照想要成功就必须一丝不苟地遵循的方子在做。她挑选了一块和猪头骨的形状及大小差不多的石头。即使在她把石头拿起来,使劲塞进大衣的一个口袋里的时候(毛皮领子蹭得她的脖子痒痒的),她仍情不自禁地注意到石头冰冷的白垩感和它的颜色,一种泛白的棕色,带有绿色的斑点。她紧靠河边站着,河水拍打着河岸,将泥地上小小的不平整的地方灌满了清澈的河水,看起来和那条像大路一样牢实的、从此岸持续延伸到彼岸的黄褐色的、斑驳的东西似乎简直是两种完全不同的物质。她迈步向前。她没有脱去鞋子。水很冷,但是还没有冷到难以忍受的地步。她停了下来,站在没膝深的冷水里。她想到了莱昂纳德。她想到了他的手和他的胡子,他嘴巴四周的深深的皱纹。她想到了瓦妮莎,想到了孩子们,想到了薇塔[1]和艾塞尔:这么多的人。他们都失败了,不是吗?她突然为他们感到了巨大的遗憾。她想象自己转过身子,把石头从口袋里拿出来,回到家里去。也许她还来得及把字条销毁掉。她可以继续生活下去;她可以完成这最后的仁慈之举。站在没膝深的流动

---

[1] 薇塔,即维多利亚·萨克维尔·韦斯特(1892—1962),弗吉尼亚·伍尔夫的好友,伍尔夫的小说《奥兰多》的创作灵感得益于二人的亲密友谊。

着的水中,她决定不这样做。声音出现了,头痛正在来临,如果她重新把自己置于莱昂纳德和瓦妮莎的关爱之下,他们不会再放开她的,是吧?她决定坚持要他们放开她。她笨拙地蹚着水(河底是黏糊糊的淤泥)往河心走,直到水没了腰。她看了一眼上游的钓鱼人,他穿着一件红色的短上衣,没有看见她。河流黄色的水面(在这么近的地方看,颜色更黄而不那么发褐)脏兮兮地映出了天空。那么,这里就是真实的感知的最后时刻了,一个穿着红上衣在钓鱼的男人,以及一片映现在不透明的水面上的天空。她几乎身不由己地(对她来说,她感到身不由己)往前一迈或一绊,石头将她拽进了水里。然而,片刻间,仿佛就像什么事都没有一样;就像又一次的失败;只不过是她很容易就能够游出去的冷飕飕的水而已;然而,水流包围住了她,以这样突然的、汹涌的力量攫住了她,感觉就像一个强壮的男子从河底升起,抓住了她的腿,抱在胸口,有种亲切的感觉。

一个多小时以后,她的丈夫从花园回到屋子里。"夫人出去了,"女仆说,一面在拍松一只破旧的枕头,羽绒四下飞散,"她说她一会儿就回来。"

莱昂纳德上楼到起居室去听新闻广播。他在桌子上发现了一只蓝色的信封,收信人是他。里面有一封信。

最亲爱的,
我确信自己又要精神失常了:
我感到我们无法再一次
经受这样可怕的时刻了。

而且这一次我不会恢复了。我开始

产生幻听,精神无法集中。

因此我要做一件看来最应该做的事情。你

给予了我

可能获得的最大幸福。

任何人做得到的,你在一切方面

都做到了。在这可怕的疾病来到之前,

没有哪两个人能够比我们更幸福了。我不再能够

和它斗争了,我知道自己

毁了你的生活,没有我你就

能够工作。我知道你会的。

你看,我甚至连这封信都写不好了。我

无法读书。我想说的是,

我生活中所有的幸福都是你给予的。

你一直对我无比耐心,对我

太好了。我想说——

这谁都知道。如果有人能够

拯救我,那个人就是你。

除了对你的善良确信无疑之外,

一切都从我脑子里消失了。我

不能再继续毁掉你的生活了。没有哪两个人

能够比我们更幸福了。

莱昂纳德急忙跑出房间,奔下楼去。他对女仆说:"我想伍尔夫太太出事了。我想她可能要自杀。她往哪儿去了?你有没有看见她离开屋子?"

女仆惊恐万分,开始哭了起来。莱昂纳德冲到外面,往河边跑去。他经过教堂和羊群,经过了柳树林。在河岸上他没有看见别人,只有一个穿红上衣的男人在钓鱼。

水流很快将她带走。她好像在飞,一个奇异的人形,胳膊张开,头发飘动,毛皮大衣的后下摆在身后起伏翻腾。她沉甸甸地穿过道道带微粒的褐色光线漂浮着。她没有漂多远。脚(鞋子已经掉了)时而碰到河底,这时就会激起一片混浊的污泥,布满了黑黑的烂叶,在她漂远已经看不见以后,这些污泥烂叶仍然几乎一动不动地竖立在水中。一条条黑绿色的水草缠在她的头发里和大衣的毛皮上,她的眼睛有一会儿被厚厚的一簇水草蒙住了,水草最后终于散开,不断扭绞、松开,在再度扭绞中漂走。

她最终被索斯伊思的那座桥的桥桩挡住,停了下来。水流挤压她,不断拨弄她,但她被稳稳地挤在桥粗矮的四方支柱的底座部分,背对着河,脸贴着石头。她蜷曲在那里,一只胳膊弯在胸前,另一只漂浮在臀部突起处的上方。离她上方一定距离处是明亮的、微波荡漾的水面。波动着的水面上映现出白色的、云层密布的天空,乌鸦的黑色剪影在上面交叉飞越。小汽车和大卡车在桥上隆隆驶过。一个和母亲一起过桥的小男孩,最多只有三岁,在栏杆旁停住,蹲下身子,把手里拿着的棍子往栏杆的石板之间捅,好让棍子掉到河里去。他的母亲催促他往前走,可是他就是要在那里待一会儿,望着棍子被水流带走。

这就是第二次世界大战初期的一天的情景：桥上的男孩和他的母亲，水面上漂动的棍子，河底弗吉尼亚的身体，仿佛她在梦想着水面、棍子、男孩和他的母亲、天空和乌鸦。一辆草绿色的卡车在桥上驶过，车上满是穿军装的士兵，他们朝着刚刚扔掉棍子的男孩招手。他也招手回应。他要求母亲抱起他来，好让他更好地看到士兵，他们也能更好地看见他。这一切都进入了桥内，在桥的木头和石块间回响，进入了弗吉尼亚的体内。她的被挤压在桥桩上的半边脸吸纳进了所有的一切：卡车和士兵，母亲和孩子。

达洛维夫人

  还得去买花。克拉丽莎装出恼怒的样子（虽然她喜爱这种跑腿的差事），留下萨莉打扫卫生间，跑了出去，答应半个小时就回来。

  这里是纽约市。现在是二十世纪末。

  打开门厅的门，六月的早晨是这样晴朗，明净如洗，克拉丽莎不由得在门槛旁停了下来，就像她会在游泳池旁停下来，注视淡蓝色的池水轻拍瓷砖，清澈明亮的阳光织成的网在池水的蓝色深处波动。仿佛在泳池边上站着，她暂时延缓了那纵身一跳，那迅速包围她的一层冰凉的膜，那浸没在水中时纯粹的震动。纽约，喧嚣的、在无情的衰老中落入无底深渊的纽约，总会出现几个像这样的夏日早晨；它们显示新生命的力量，坚定不移地涌入每一个地方，以至几乎到了可笑的地步，就像一个承受着无尽的、骇人听闻的粗暴对待的卡通人物，却总是毫发无伤地出现，准备承受更多的灾难。在这个六月里，生长在西第十街两旁满是狗屎和被弃的包装纸的四方形树坑里的树木，已经重又长出了绿嫩的小树叶。隔壁老太太的总是放满了插在泥土里的、褪了色的红色塑料天竺葵的窗口花坛里，重新又长出了一棵离群的蒲公英。

能够在一个六月的早晨活着，富足，享受着几乎有点说不过去的眷顾，只有一件简单的跑腿活要干，这令人多么兴奋，多么震惊啊。她，克拉丽莎·沃恩，一个平常的人（在这个年龄，还干吗要费劲去否认这一点呢？），要去买花，要举办晚会。当克拉丽莎走出门厅时，她的鞋子接触到了红褐色的、点缀着云母的第一级砂石台阶。她五十二岁，仅仅五十二岁，身体好得几乎反常。她的感觉和十八岁时在维尔弗里特[1]的那天一模一样，那时她走出玻璃门，进入一个和今天非常相像的日子，清新，几乎是恼人的晴朗，充满了勃勃生机。蜻蜓在香蒲间飞来飞去。空气中弥漫着草香，水晶兰的芬芳使草香更为浓烈。理查德跟在她后面走出来，把一只手放在她的肩上，说道："嗨，你好，达洛维夫人。"达洛维夫人这个名字是理查德的主意——是一个晚上喝醉了以后在宿舍里抛出来的别出心裁的想法，他向她断言，沃恩这个姓对她不合适。他说，她应该以文学中一个伟大的人物命名，她主张叫伊莎贝尔·阿切尔[2]或者安娜·卡列尼娜，理查德坚持说达洛维夫人是独一无二的、明显无疑的选择。一个理由是她自己已经存在的名字，这是个明显得无法忽视的标志，而且，尤为重要的是命运这个更大的问题。她，克拉丽莎，显然不会命中注定去缔结灾难性的婚姻——伊莎贝尔·阿切尔的结局，或者倒在火车的车轮之下——安娜·卡列尼娜的结局。她注定会具有魅力，富

---

1 维尔弗里特，美国新罕布什尔州曼彻斯特市一镇名。
2 伊莎贝尔·阿切尔，美国作家亨利·詹姆斯的小说《一位女士的画像》中的女主人公。

足发达。因此现在和以后就都是达洛维夫人了。"很美，不是吗？"那个早晨达洛维夫人对理查德说。他答道："美是个妓女，我更喜欢钱。"他偏爱风趣的妙语。克拉丽莎作为他们之中最年轻的一个，唯一的女人，感到自己能够来点多愁善感的情绪。如果是六月末，她和理查德就会是情人了。那时候，理查德离开路易斯的床就有几乎整整的一个月了（路易斯，幻想中的农家小伙，目光懒散的活生生的肉欲的化身），就会到她的床上来了。

"唔，我碰巧喜欢美。"她说道。她把他的手从自己的肩膀上拿开，咬了他的食指尖一口，比她意想的狠了一点。她十八岁，刚改了名字。她可以想干什么就干什么。

克拉丽莎走下台阶，走在买花的路上的时候，她的鞋子发出轻柔的砂纸般的声音。对于理查德的有悖情理的既交好运（"美国文学中一个极度痛苦的、先知先觉的声音"）同时又重病缠身（你根本就没有 T 淋巴细胞，我们一个也查不出来），她为什么没有感到更多的忧郁？她怎么啦？她爱理查德，她不断想到他，但是也许她对这样的一天的爱要稍许更多一点。她爱一个普通夏日早晨的西第十街。她感到像个淫荡的寡妇，在黑色面纱下是新近漂染了的头发，眼睛放在为丈夫守灵者中合适的男人身上。在路易斯、理查德和克拉丽莎三个人之中，克拉丽莎一向是心肠最硬的，最容易发生浪漫故事。她忍受这方面的取笑已经有三十几年了；很久以前她就决定不再去在意这些，去享受她自己的放浪不羁的感情回应，如理查德所说，这种回应往往会和一个令人特别恼怒的早熟的小孩的回应同样刻薄而可爱。她知道，像理查德这样的诗人，会严厉地度过这个同样的早晨，对它加以剪辑，将偶尔出现的丑陋连同偶尔出现的美一并去除；从那些连栋旧砖房、庄重而结构复杂的石质圣公会教堂、遛自己的杰克·拉塞尔小型犬（在第五大道上突然到处都是这些活跃的、有着弓形腿的小狗）的瘦削的中年男子背后，寻求经济和历史的真理，而与此同时，她，克拉丽莎，只是不加判断地欣赏那些房子、教堂、男人和狗。这很幼稚，她知道。缺少锋芒。如果她公开表示出来（现在，在她这个年纪），她的这种喜好会将她打入容易上当的傻瓜和笨蛋、带着音响吉他的基督徒，或者为了换得糊口而同意表现温顺的妻子这类人的王国之中。可是，这种不加区别的爱在她的感受中完全是严肃认真的，仿佛世界上的一切都是一个巨大的、神秘莫测的意向的一部分，世界上的一切都有着自己秘密的名字，这是一个无法用语言表达的名字，而仅仅是事物本身的景象和给人的感受。她认为这坚定不移的强烈迷恋就是自己的灵魂（一个令人尴尬的、多愁善感的词，可是又有什么别的叫法吗？）；可以想象得到，是身体死亡以后可能继续存在的那个部分。这些克拉丽莎从来没有对任何人说过。她不喜欢滔滔不绝或叽叽喳喳。她只是对于明显的美的表现发出惊呼，而且即使那时也设法表现出成年人的某种克制。"美是个妓女，"她有时这样说，"我更喜欢钱。"

今晚她要举办自己的晚会。她要使自己公寓的房间里放满食物和鲜花，挤满了风趣的、有权势的人。在晚会上她要护卫好理查德，不让他过于劳累，然后护送他到城外去领奖。

她挺了挺身子，站在第八街和第五大道的拐角处等绿灯。"就是她。"威利·巴斯心里想，有的早晨他经过她的身边，就在这附近。

这个老美人，老嬉皮士，头发还是很长，而且不顾一切地是灰白色，穿着牛仔裤和男式棉布衬衫，脚上是双某种民族式样的（印度的？中美洲的？）浅口便鞋，出来进行她晨间的巡游。她仍然有点性感；有某种吉卜赛人放荡不羁的、好女巫式的魅力；然而今天早晨她却是一副可悲的样子，穿着大衬衫和奇异的鞋子这么直挺挺地站着，抗拒着重力的吸引力，一只雌性的猛犸象，沥青已经没膝，在挣扎的间隙小憩，笨重而骄傲地站着，一副几乎是无动于衷的样子，装作在打量对岸等待着她的嫩草，而其实她已经开始明确地知道，天黑以后豺狼出现时自己仍然会在这里，独自被困于此。她耐心地等着绿灯。二十五年前她想必是非常引人注目的；必定有男人在她的怀里幸福地死去。威利·巴斯能够解读一张脸的历史，能够了解那些现在已经年老的人曾经一度年轻过，他对自己的这种能力感到骄傲。变灯了，他继续前行。

……

伍尔夫夫人

达洛维夫人说了点什么（是什么？），自己买来了花。

伦敦的郊区。一九二三年。

弗吉尼亚醒了。无疑，这可以是另一种开头，让克拉丽莎在六月的一天出去买花，而不是士兵大步迈进到白厅去献花圈。但是，这样开头恰当吗？是不是有点太一般了？弗吉尼亚静静地躺在床上，很快又睡着了，快得她自己都不知道又重新进入了梦乡。突然，她似乎不是在自己的床上，而是在一座公园里；一座碧绿得令人难以置信的公园，层层叠翠——一种柏拉图式纯精神的公园的景象，既朴实无华又充满神秘，和所有的公园一样，意味着当裹着披巾的老妇人在板条长凳上打盹的时候，某种生机勃勃而又古老的、某种既非善良又无恶意的、只有在延续中感到欢欣狂喜的力量，将农场和草地、森林和公园织成一个绿色的世界。弗吉尼亚几乎没有走就穿过了公园；她是一片有感知无形体的羽毛，飘过公园。公园向她展示了它的一排排百合和牡丹，它两旁种着奶白色玫瑰的条条砾石小径。在一个清澈的池塘边立着一尊少女的石雕像，她若有所思地凝视着池水，雕像在风雨的侵蚀下已经变得平滑。弗吉尼亚仿佛在一层厚厚的空气的推动下穿过公园,她已经开始明白,在这座公园下面有着另一座公园,一座阴间的公园,比这座公园更奇妙、更可怕。它是这里的草坪和树木生长的根源所在。这正是公园的真谛,绝不仅仅像美这么简单。现在她看得见人了:一个华裔男子正弯腰从草地上拾起什么,一个小姑娘在等着。在前面,在一圈新翻过的土地上,一个女人在唱歌。

弗吉尼亚又一次醒来。她在这儿,在霍格思宅自己的卧室里。灰暗的光线充满了整个房间,是柔和的青灰色;它带着灰白色的、流动着的生命映在她的床罩上。它给绿色的墙壁抹上一层银色。她梦中出现了一座公园,也出现了她新书里的一句话——是什么来着?花,和花有关的什么,还是和公园有关的什么?是有个人在唱歌吗?不是,想不起那个句子了,不过没有关系,真的,因为她仍然保持着它留下的感觉。她知道自己可以起身写作了。

她从床上起来,走进了浴室。莱昂纳德已经起床,可能已经在工作了。她在浴室里洗了脸。她不直接往挂在洗脸池上方的椭圆形的镜子里面看。她意识到自己映照在镜子里的动作,但是不允许自己去看。镜子很危险;有时它会让她看到表现出来的那和她的身体相匹配的忧郁神态,和她有相同的外形,但是站在后面,用猪一般的眼睛望着她,悄无声息地呼出发潮的气息。她洗了脸,没有照镜子,今天早晨绝不照,有工作在等着她,她急切地要加入进去,就和她会急切地要加入楼下已经开始了的聚会一样,一个无疑会充满了风趣的妙语和美,但同时也充满了比风趣的妙语和美更为美好的东西:

某种神秘又金灿灿的东西；当丝绸的裙裾沙沙地擦过光洁的地板、人们在音乐掩盖下低诉秘密的时候，会闪现出深邃的赞美的火花，赞美生命本身的火花。她，弗吉尼亚，会是一个穿着新衣服的小姑娘，就要下楼去参加聚会，就要出现在楼梯上，精神饱满，充满了希望。不，她绝不照镜子。她洗完了脸。

她在浴室里结束了梳洗，来到清晨幽暗宁静的大厅里。她穿着浅蓝色的晨衣。黑夜仍然停留在这里。即使到处杂乱堆放着文件书籍，有色彩鲜亮的坐垫和波斯地毯，霍格思宅里也总是夜色朦胧的。宅子本身并不黑，但是它仿佛是在黑暗的背景下被照亮的，即使当清晨微弱的阳光从窗帘间照射进来，汽车和马车在帕拉代斯路上隆隆驶过时，也是如此。

弗吉尼亚在餐厅给自己倒了一杯咖啡，轻轻走下楼去，但是她没有到厨房去找内利。今天早晨，她想直接开始工作，而不去冒和内利打交道、听她抱怨的风险。今天可能是个好日子，需要小心对待。弗吉尼亚端着咖啡杯，使杯子在小碟子上保持平稳，走进了印刷间。莱昂纳德坐在办公桌前看校样。太早了，拉尔夫或玛乔里还没有来。

莱昂纳德抬头看看她，一时间脸上还带有看校样时的愠怒。这是她既信赖又惧怕的表情，在浓密的眉毛下他的眼睛放着光，深不可测，嘴角向下撇着，显现出一种责备的神情，严厉但丝毫也不任性或浅薄——那是一个全知而感到厌倦的神明的不悦，希望人类表现得最好，心里却明白不能有过高的期望。他面对所有的书面作品都是这副表情，包括她的作品，尤其是她的作品。但是他看着她的时候，这神情几乎立刻就消失了，而代之以一个丈夫的更为温和亲切的面容，这是在她身体最糟的时间里悉心照料使她得以康复的丈夫，不要求她做她做不到的事情的丈夫，每天上午十一点钟的时候劝她喝一杯牛奶、有的时候还达到了目的的丈夫。

　　……

布朗太太

达洛维夫人说她自己去买花。

因为露西的工作已经给安排好了。要把门从铰链上卸下来;朗普尔迈耶公司的工人要来。再说,克拉丽莎·达洛维心里想,这是一个多么美好的早晨啊——清新得像专门为海滩上的孩子们准备的似的。

洛杉矶。一九四九年。

劳拉·布朗试图忘掉自己的存在。不对,这不确切——她是想通过进入一个相对应的世界而保全自己。她把书面朝下放在胸口。她已经感到她的卧室(不对,是他们的卧室)里住的人更多了,也更真实了,因为一个叫作达洛维夫人的人物正在去买花的路上。劳拉瞥了一眼床头柜上的钟。已经早就过了七点了。她为什么买这只钟,这个难看的东西,绿色的四方钟面嵌在长方形的黑胶木石棺里——她怎么可能会觉得它好看呢?她不应该允许自己看书,尤其是今天早晨;不应该在丹的生日这天看书。她应该已经下了床,冲完淋浴,穿好衣裳,在给丹和里奇准备早餐。她能够听到他们在楼下,她的丈夫做着自己的早餐，照料着里奇。她应该在那里，不是吗？她应该穿着新晨衣站在炉灶前，讲些简单的、鼓励的话。但是，几分钟前她睁开眼睛的时候（已经七点多了！）——当她一半还停留在梦境中的时候，远处某种机器有节奏地震动着，像一个巨大的机械心脏持续地怦怦跳动，仿佛越来越近——她感到周围一片阴湿，是那种茫茫然不知所在的感觉，她知道今天会是艰难的一天。她知道，在她住宅的房间里，会很难产生对自己的信心，当她看到床头柜上的那本新书，是放在昨晚刚看完的书上面的，便不假思索地伸手去拿，仿佛一天唯一而明显的第一个任务就是看书，是对付从睡眠过渡到责任的唯一切实可行的方式。因为她怀孕了，可以容许她有这些小毛病。目前她可以恣意看书，赖在床上不起来，无缘无故地哭闹发火。

没有做早餐，但她会弥补这一点，她会给丹烤制一块完美的生日蛋糕；把那块好桌布熨烫出来；在餐桌中央放上一束巨大的花束（玫瑰花？），周围放满礼物。这应该能够补偿了，是吧？

她再看一页。就一页，好使自己平静下来，明确自己的处境，然后就起床。

……

劳拉下了床。这是六月的一个炎热的、光照强烈的早晨。她能够听见丈夫在楼下走动的声音。平底锅的金属盖子轻触着锅沿。她从那把新换过衬垫的椅子上拿起水绿色的雪尼尔花绒晨衣，椅子露了出来，低矮厚实，围着褶边，表面毛糙的浅橙色织物的衬垫被绳子和浅橙色的纽扣呈菱形固定。在六月早晨的高温中，一下子拿走了晨衣，那把用醒目的织物做了新衬垫的椅子似乎惊奇地发现，自己原来只不过是一把椅子而已。

她刷完牙,梳好头,开始走下楼去。在还剩几个梯级的地方她停了下来,侧耳倾听,等待着;她再度被一种梦幻般的感情所控制(好像越来越厉害了),仿佛自己站在舞台旁的侧厅里,马上就要登台,在一场戏里演出,但是她穿的服装不恰当,排练也不充分。她心想,她这是怎么了。在厨房里的是她的丈夫,这个是她的小儿子。丈夫和孩子要求于她的仅仅是她在场,当然,还有她的爱。她控制住了想悄悄回到楼上、回到床上去看书的愿望。她控制住了自己听到丈夫声音时产生的气恼,他在对里奇说着关于餐巾的什么话(为什么他的声音有时使她想起刮擦马铃薯的声音?)。她走下最后三个梯级,穿过狭窄的门厅,走进了厨房。

她想着她打算烘烤的蛋糕,她要去买的花。她想着在礼物包围中的玫瑰花。

第三编 现代主义文学一瞥：弗吉尼亚·伍尔夫

导读

　　一般的读者觉得英国著名女作家伍尔夫的作品情节不吸引人，读起来没有什么味道。其实，一旦读进去了，就会感到她的作品很值得玩味，反映了她对生活及现实的独特看法。她眼中真正的生活、真正的现实是人的精神世界，这是个变动不已的、未知的、不受拘束的、明亮的光环。她感到用传统的现实主义手法进行创作不能捕捉住这真正的生活，只能反映事物的外部，反映不了事物复杂多变的本质。她全部的创作活动就是在探索一种手段，以求最好地表达她所理解的这种生活，这种真正的现实。她认为作家必须站在作品中不同人物各自的立场上去观察、倾听、思考，把所得到的印象、情绪、心境、氛围重新组织，再现出生活与现实的精神和实质。伍尔夫从个人的感受出发探索生活的价值，这使得她的作品带上了强烈的内向性，逐渐发展成了一种灵活多变的、印象主义的、重表现思维不重表现行动的创作风格。

　　这次进入选集的《雅各布之屋》《达洛维夫人》和《到灯塔去》充

分反映了伍尔夫作品的风格和特点。这三部都是意识流小说,如果说还有传统意义上的故事情节的话,那么情节也是简单得一句话就可以说完。对于这样的作品,我们应怎样去阅读它们呢?

《雅各布之屋》是伍尔夫第一部开始采用意识流手法创作的实验作品。她不顾事件发生的时间顺序,在描写事物时如电影中镜头般迅速化出化入,贯穿整个作品的是作者的观察和思索。伍尔夫不断变化叙述的角度,甚至创造了一些主要作用只是为了叙述他们对雅各布的印象的人物。雅各布的一生,从童年到离家去剑桥大学读书,到在伦敦有自己房间的独立生活,到他短暂的法国和希腊之行,以及最后在战争中阵亡,都是通过他留在亲友心目中的各种不同印象,以及他的内心活动反映出来的。他一生留下的具体的、可触摸的痕迹只有他在伦敦独自生活时所住的那个房间,里面有他的私人用品,这些遗物又在认识他的人的心中引发对他的回忆。读者在阅读时感到仿佛在翻阅主人公的一本相册,出现在眼前的是一幕幕生活的横断面,没有引言、没有结语,始终捕捉不住人物的性格和特点,使人感到一种朦胧的神秘。作者在环境的描写中往往蕴涵着象征意义,往往用评论点出寓意,用人物对事物的观察表现主题。一些评论家指出,在这样一部散文诗般优美却又含义晦涩的作品中,充满了对英国教育文化结构的辛辣抨击,它使年轻人充满了尚武思想,变成心甘情愿的战争牺牲品;揭示了古老的所谓知识至上的最高学府如何生产着一代又一代傲视众生的权力和特权的接班人。

《达洛维夫人》的结构框架是女主人公克拉丽莎·达洛维生活中的一天,这一天的主要活动是她在家中举行的晚会,以及为此所做的准备。但是在读者面前展现的却是她的一生、她的性格和她和家人、朋友的关系。三十多年前的旧情人彼德的出现勾起了她对自己少女时代的回忆,眼前的事物使她思索自己目前的处境、老年的来临带来的对死亡的恐惧、客人的到来引起的对人际恩怨的回顾。除了克拉丽莎外,作者对彼德和在战争刺激下精神失常而自杀的塞普蒂默斯的内心世界也作了深层次的探索。通过每个人物自己的回忆、联想、希望、幻灭,作者超越了时空的限制,进出于人物的内心世界。伍尔夫时而停留在某个人物身上,随着人物的意识活动在时间上任意前后跳跃;时而停留在时间的一点上,从一个人物跳跃到另一个人物身上,展示出在同一时间不同空间人物的不同活动和思想。当作者探索一个人物的内心活动时,往往不时用各种方式暗示是谁的内心活动,以免读者在人物自由联想的过程中失去了线索;而当她的笔要从一个人物转到另一个人物身上时,她往往用伦敦大本钟报时的钟声先把读者带回现实之中,然后再转到另一个人的意识中去。在对人物纷繁的意识的表现中,读者能够感觉到一条贯穿其中的主线，那就是作者对当时英国统治阶级的审视。她活灵活现地写出了统治阶级的愚昧，充满了粗暴的男性至上观念和对王室及帝国的盲目崇拜和效忠。这样的一种社会氛围使一些受害者绝望自杀，另一些寻求安逸，放弃了追求。

《到灯塔去》由三个部分组成。第一部分"窗"描写的是拉姆齐教授一家和几个朋友在海滨度假生活中的一个下午和晚上，年幼的詹姆斯期盼着能够到海上的灯塔去，画家莉莉·布里斯科在画拉姆齐夫人和小詹姆斯，人们或交集，或分散，中心是聚在一起的晚餐。第二部分"岁月流逝"用淡淡的几个镜头和回忆，展现了这所别墅因主人在战时未能来度假而逐渐破败下来，而在此期间，拉姆齐家中夫人及长女先后去世，长子也在战争中阵亡。第三部分"灯塔"讲的是十年以后拉姆齐先生和小儿子詹姆斯、女儿卡姆乘小船去到了灯塔，实现了十年前詹姆斯的愿望；画家莉莉·布里斯科终于完成了十年前开始而因找不到感觉停顿下来的那幅画。

表面看来，这部小说就像有钱有闲的中产阶级懒散的消夏生活，充满了没有起点也没有结尾的社交闲谈、人们对生活中一些人和事的反映以及由此而生的联想。没有惊人的事件，没有太多的活动，平平淡淡。所反映的生活现实，用小说中不止一次出现的譬喻来形容，很像坐在一列疾驶的火车中的人向窗外看去时的感觉，他看见人群、景物在窗外闪过，目光刹那间停留在某处，似乎感到看见了什么，但旋即消失得无影无踪。小说中的情节具有强烈的象征意义，如莉莉作画，到灯塔去等，但象征的究竟是什么，亦即小说反映的主题思想是什么，评论家也是见仁见智，莫衷一是。阿诺德·凯特尔在《英国小说导论》

中提到伍尔夫这部作品时说:"要想恰当地说出《到灯塔去》表现的是什么是极其困难的。许多评论家使用了'象征'这个字眼,但看来在究竟什么象征着什么上,他们之间极少有共同看法。"

以灯塔为例:有的评论家认为,灯塔"既是个独特的存在,又是不断变化中的历史的一个部分。从某种意义上说,到达灯塔意味着和自我以外的真实世界接触,放弃自我的独特性,接受客观的现实"。也有人认为,拉姆齐夫妇对现实的不同理解在灯塔身上达到了一致:一方面灯塔是建立在光秃的岩石上的坚实的物质存在,这代表拉姆齐先生的理性和物质的现实;另一方面从灯塔内发出的闪光象征着拉姆齐夫人所代表的精神的现实,这是生活的本质。作者在这部小说中确实是通过拉姆齐夫妇表现了两种现实观,而且力图寻求二者结合的可能。

自伍尔夫一九一五年发表《远航》以来,读者和评论界对她的认识经历了一个发展的过程。早期主要认为她是一个反传统的先锋派作家,以意识流手法和创作技巧上的创新见长。在她逝世五十年后,她的日记和文集全部出齐。这大量"新作"的涌现,将伍尔夫的研究推入了高潮。各路评论家都在伍尔夫的研究上大显身手。

心理传记派、心理分析学派、马克思主义文论派、女性主义评论家、从作品的社会政治性进行分析的研究者、从现代主义创作手法入手的分析家已经用今天存在的各种文学理论、从一切角度对伍尔夫的作品进行了全面的诠释,为读者深入了解这些难懂的作品提供了方便。

心理传记派评论家如鱼得水。如梅法姆在《弗吉尼亚·伍尔夫:文学生平》中强调她创作的创新试验,认为她的每一部作品都反映一种不同的技巧和形式的创新,而她的每一个尝试都是为了寻找一种反映意识和生活的新方法。她整个的创作生涯是一系列企图解释生活的永无穷尽的努力。他认为伍尔夫受到自己性格的不同方面、自己的不同信念和不同功力的影响和驱使，因此会时而重墨于人物的内心世界，时而描绘使人物处于特定心态中的社会文化等外部因素。她本人是重重矛盾的混合体，体现在作品中就构成了这样一些特点的共存：既不切实际又物质主义，既有神秘主义又有政治性，既是诗人又是社会批评家，既重事实又重幻想。

有的评论家则从社会政治角度分析她的作品，如亚历克斯·兹沃德林在一九八六年出版的《弗吉尼亚·伍尔夫和现实世界》一书中，就挑战了认为伍尔夫的作品没有政治性、不关心社会问题的观点。他认为伍尔夫一生对社会权力结构和运作极感兴趣，并受到改革这个权力关系的愿望的驱使，是位社会批评家和改革者。她相信人的个体经历是在社会现实中形成的，她力图在作品中反映这一形成的过程。不仅在她的女权主义的文章中有强烈的社会性，兹沃德林认为她所有的小说都具有这个特点，而对她本人心理的探究和对她作品中人物主观意识流动的超常兴趣使人们忽略了她作品中这方面的丰富内容。他认为伍尔夫作品中所反映的社会问题决不是性别歧视所能够涵盖的。他在书中详细分析了伍尔夫作品中的社会内容，研究她创作每一部作品时的社会历史特点，他认为不如此则无法理解作品的真正意义。

马克思义评论家对伍尔夫的阶级态度的分析评论集中在《达洛维夫人》上。最早的一篇文章是威廉·燕朴逊的《作为政治讽刺文学的〈达洛维夫人〉》。燕朴逊认为伍尔夫对统治阶层和对他们持批评态度的人都有着一定的同情，表现在对达洛维夫人晚会上的权贵既讽刺又羡慕的描述上。到一九七零年，特里·伊格尔顿在《流放与逃亡：现代文学研究》中进一步发展了这一论点，他认为伍尔夫通过彼德·沃尔什这个人物反映了对社会的批评，但同时又把他表现成一个乖僻的人。小说对英国上层阶级的生活和社会习俗既批评又支持。伊格尔顿分析伍尔夫既意识到阶级存在的问题，又保有上层阶级的文化贵族的精神追求，因此不可能对社会问题持明确的批判态度。她所代表的是这样的一个阶层：它一方面偏离统治阶级的价值观，但又依附于它，以保持自己有钱有闲的精神贵族的生活。在她的小说中也必然会反映出这种和上层阶级既有偏离又有认同的特点。霍桑在一九七五年出版的《弗吉尼亚·伍尔夫的〈达洛维夫人〉：异化的研究》中指出，作者对外部世界特别是她圈子以外人们的劳动和生活的了解是片面的，因此虽然有时能看到社会弊端，却无法为她身处矛盾中的人物找到出路。

　　对伍尔夫作品的评价决不是一篇导读能够做到的，只希望能帮助读者充分利用作者给我们留下的巨大的赏析空间，去欣赏这位重要的英国女作家的具有代表性的三部作品。

　　希望选段能够帮助读者体会伍尔夫作品的魅力。

雅各布之屋

一

"所以,当然啦,"贝蒂·弗兰德斯写道,一面把脚跟更使劲地往沙子里踩,"没别的办法,只能离开。"

浅蓝色的墨水从她的金笔尖上慢慢地漾出,把停顿号洇成一片模糊;因为她把笔停在了那儿,目光凝滞,泪水渐渐涌满了双眼。整个海湾微微颤抖着,灯塔在摇摆。她产生了幻觉,感到康纳先生小游艇的桅杆像被太阳晒软的蜡烛一样弯着。她迅速眨了眨眼睛。事故是可怕的事情。她又眨了眨眼睛。桅杆是直的,海浪很规则,灯塔笔直地耸立着;但是墨水污迹扩散开了。

"没别的办法,只能离开。"她读着。

"哎,要是雅各布不想玩的话"(她的大儿子阿切尔的影子落在了信纸上,影子在沙滩上呈现出蓝色,她觉得有些凉意——已经是9月3号了),"要是雅各布不想玩的话"——这片污迹真讨厌!时候一定不早了。

"那个烦人的小家伙在哪儿?"她问道,"我看不见他。你跑去找到他。让他马上到这儿来。""不过幸运的是,"她不去注意那句号,草草写道,"一切似乎都满意地安排好了,虽然我们都挤得像木桶里的鲱鱼一样,而且被迫要忍受那辆儿童车,女房东自然不允许……"

贝蒂·弗兰德斯写给巴富特上尉的信就这样的——长达数页,沾着泪痕。斯卡巴勒离康沃尔七百英里:巴富特上尉在斯卡巴勒,西布鲁克已不在人世。眼泪使她花园中的大丽花像起伏的红色波浪;使温室在她眼中闪烁;使厨房里的刀子闪闪发亮;使教区长的妻子贾维斯太太在教堂里,当赞美诗的乐声奏起,弗兰德斯太太的头低低地俯在小儿子们的头上时,心中想道,婚姻是个堡垒,寡妇则独自在无遮拦的田野里飘零,捡起几块石头,拾起几根金色的稻草,孤独,得不到保护,可怜的人们。弗兰德斯太太守寡已经两年了。

"雅——各布!雅——各布!"阿切尔高声喊道。

"斯卡巴勒。"弗兰德斯太太在信封上写上地址,并在下面画上一道粗线,这是她的故乡,是宇宙的中心。可是邮票呢?她在提包里翻找,然后提起提包来包口向下,然后在怀里乱找,劲头十足,使得戴着巴拿马草帽的查尔斯·斯蒂尔举着画笔停了下来。

画笔像只什么被激怒的昆虫的触角,明显地颤动着。瞧那个女人动了起来——还真要站起来——讨厌!他在画布上匆匆抹上一笔紫黑色。因为景色需要。颜色太暗淡了——深浅不一的灰色融入淡紫色,一颗星或一只白色的海鸥就这样悬在空中——和往常一样,太暗淡了。评论家会说画太暗淡了,因为他是个无名之辈,展出不引人注目,他在表链上挂着个十字架,女房东的孩子都很喜欢他,如果女房东喜欢他的画他是很高兴的——她们常常对他的画很感兴趣。

"雅——各布！雅——各布！"阿切尔高声喊道。

声音吵得他生气，可是他又喜欢孩子，斯蒂尔神经质地揪扯着调色板上的拳曲着的黑色的小画笔毛。

"我看见你弟弟了——我看见你弟弟了。"当阿切尔拖着小铲子慢吞吞地经过他，并且不高兴地瞪着他这个戴眼镜的老先生的时候，他说道。

"在那边——在那块大岩石的边上。"斯蒂尔叼着画笔咕哝道，他两眼仍盯着贝蒂·弗兰德斯的后背，一面往外挤赭黄色的颜料。

"雅——各布！雅——各布！"阿切尔高声喊道，接着又慢吞吞地往前走去。

这声音里有着一种特别的悲哀。听起来像是超脱了躯体，超脱了感情，进入世界之中，孤单而得不到任何反响，撞碎在了岩石之上。

斯蒂尔皱着眉头；但是黑色的效果很使他高兴——正是那个色调把其余的画面结合成了一个整体。"啊，人到五十岁还能学画画呢！那是橙红色……"他找到了恰到好处的色彩，便抬起头来，却惊恐地看到一层云团笼罩在了海湾上空。

弗兰德斯太太站了起来，左右拍打着外衣上的沙子，然后拿起了黑遮阳伞。

那块岩石呈褐色或者更确切地说是黑色，是那种从沙滩上兀地耸起的、坚固的、给人以原始感觉的岩石。波浪状层层叠叠的贝壳使岩石表面十分粗糙，缕缕干海藻散布其间，一个小男孩必须把腿迈得开开的，而且还得有点英雄的感觉，才能攀到岩顶。

但是在岩石的顶上有一个满是水的坑，坑底是细沙；坑边粘着一团黏糊糊的水母和一些贻贝。一条鱼蹿过水面。黄褐色水藻的边缘漂动着,一只壳子呈乳白色的螃蟹爬了出来——

"啊,一只大螃蟹。"雅各布喃喃道——

并且开始用柔弱的脚在坑底细沙上爬行。好啦!雅各布把手猛地伸进水里。螃蟹凉凉的,非常轻。可是水里满是沙子了,因此雅各布匆匆往下爬,他把提桶举在身前正要往下跳时,突然看见一个大块头男人和女人并排直挺挺地躺在下面,他们的脸红得厉害。

一个大块头男人和女人(这是潮水涨得早的日子)一动不动地并排躺在那里,头枕在手绢上,离海水只有几英尺,两三只海鸥优雅地沿着涌向海滩的波浪飞翔,在他们靴子附近停落下来。

枕在印花大手绢上的大红脸向上瞪着雅各布。雅各布向下瞪着他们。雅各布十分小心地拿着提桶,然后不慌不忙地跳了下去,先是若无其事地小跑着,但随着海浪的白色泡沫向他涌来,他越跑越快,并且不得不转来转去地躲开涌来的海水,海鸥在他面前飞起,飘然飞开去,在稍远处再次落下。一个大个子黑人妇女坐在沙滩上。他向她跑去。

"阿奶!阿奶!"他哭喊道,在每一阵喘息的顶点抽搭着喊出声来。

海浪涌过她的四周。那是一块岩石,布满了海藻,一压就发出噗噗声。他迷路了。

他站在那儿。他的脸镇静了下来。他正要大喊时,突然在悬崖脚下、在发黑的树枝和稻草下面,他看见了一个完整的头骨——也许是牛的头骨,也许是一个上头还有牙齿的头骨。他抽泣着但同时又心不在焉地越跑越远，直到把头骨抱在怀里时为止。

"他在那儿呢！"弗兰德斯太太叫道，她几秒钟就走过整个海滩绕到岩石这边来了。"他拿的是什么东西？放下，雅各布！马上扔掉！我就知道是个让人讨厌的东西。你为什么没有和我们在一起？淘气的孩子！现在把那东西放下。你们俩都跟我来。"她说着一下转过身来，一只手拉着阿切尔，另一只手摸索着找雅各布的胳膊，但是雅各布低头一躲拾起了羊颌骨，颌骨已经松开了。

弗兰德斯太太甩动着手提包，紧抓住遮阳伞，牵着阿切尔的手，嘴里讲着使可怜的柯瑙先生失去了一只眼睛的那场火药爆炸的故事，急匆匆地沿那条陡峭的小径走去，心底深处始终感觉到有种埋藏着的不安。

在沙滩上离那对恋人不远的地方躺着缺了颌骨的羊头骨。它干净、洁白，风吹沙磨，在整个康沃尔的海岸上，没有别的地方有比它更少被污染的骨头了。海冬青将会穿过它的眼窝长出，它将变成粉末，或是在一个晴朗的日子，一个高尔夫球手在击球时会打散的一小堆土——不，但不是在租住的房子里，弗兰德斯太太想道。带着年幼的孩子到这么远的地方来，是个伟大的试验。没有男人来帮助弄那辆儿童车。而且雅各布是那么难对付，小小年纪就已经那么偏了。

"把它扔了，亲爱的，扔了。"他们走上大路时她说道，但是雅各布从她身边扭开了。起风了，她抽出别帽子的别针，看着大海，把别针重新别好。起风了。海浪显出了那种风暴前的不安，就像是一个有生命的东西，烦躁不宁，等待着鞭子落到身上。渔船倾斜得一侧齐着水面。一道淡黄色的光柱掠过深紫色的海面，然后又关闭了。灯塔点燃了。"快走。"贝蒂·弗兰德斯说。太阳照在他们的脸上，给从树篱中颤动着伸出来的巨大的黑莓镀上一层金色，阿切尔在走过时使劲要想把黑莓都摘下来。

"别磨蹭，孩子们。你们没有干净衣服可换了。"贝蒂说着拉着他们跟上自己，她怀着忧虑的感情看着展现在眼前的如此艳丽的大地，花园里的温室突现出闪闪的光芒，时而黄色时而黑色不断变换，在火红的夕阳下这色彩的惊人的不稳定性和活力使贝蒂深感激动，使她想到了责任和危险。她紧紧抓住阿切尔的手。她缓慢沉重地往山上走去。

"我要你们记住的是什么？"她问道。

"我不知道。"阿切尔说。

"哦，我也不知道。"贝蒂幽默而简单地说，谁能够否认，当这种脑子的空白在和丰足、常识、迷信、任意性、片刻间惊人的大胆、幽默，以及多愁善感结合在一起的时候——谁能够否认，在这些方面任何一个女人都要比任何一个男人美好？

嗯，首先，贝蒂·弗兰德斯就是这样。

她的手已放在花园的大门上。

"肉！"她惊呼道，把门闩扳了下来。

她把肉给忘了。

窗口站着丽贝卡。

皮尔斯太太的前屋之空落，在夜里十点钟的时候，当桌子中间放着一盏明亮的油灯时充分暴露了出来。刺目的灯光照进花园里，直切过草坪，照亮了一个小孩的提桶和一丛紫菀，落到树篱上。弗兰德斯太太把针线活留在了桌子上。那儿是她的大轴白线和钢丝架眼镜，她的针盒，她的绕在一张旧明信片上的棕色绒线。那儿是宽叶香蒲和《海滨》杂志；孩子们靴子上带进来的沙子仍留在地毯上。一只长脚双翅昆虫从屋角窜到屋角，撞上了灯罩。风把雨吹得直扫过窗前，穿过光柱时闪着银光。一片孤叶急速地、持续不断地拍打着窗玻璃。海上刮起了飓风。

阿切尔睡不着。

弗兰德斯太太弯身对着他。"想一想仙女，"贝蒂·弗兰德斯说，"想一想那些可爱的、可爱的小鸟回到了窝里。现在闭上眼睛，想象老鸟妈妈嘴里叼着一条小虫。现在翻过身去闭上眼睛，"她喃喃说道，"闭上眼睛。"

这所出租屋里似乎充满了水的汩汩流动声和冲涌声；水窖的水在外溢；水发出噗噗声、吱吱声在管道里流动，沿窗户流下。

"那些水怎么回事都冲进来了？"阿切尔喃喃问道。

"只是在放掉洗澡水。"弗兰德斯太太说。

门外什么东西"啪"的一响。

"我说，那条汽船不会沉吗？"阿切尔说着睁开了眼睛。

"当然不会，"弗兰德斯太太说，"船长早就上床睡觉了。闭上眼睛，想一想在花丛下熟睡的仙女。"

"我以为他永远也不会睡着了——多大的风暴呀。"她轻声对丽贝卡说，丽贝卡在隔壁的小房间里正弯身坐在一盏酒精灯下。门外风声呼啸，但酒精灯的小火苗静静地燃烧着，旁边立着一本书，挡住光线不会射到摇篮里。

"他奶吃得好吗?"弗兰德斯太太低声问道,丽贝卡点点头,走到摇篮旁把被子往下拉了拉,弗兰德斯太太弯下身子担心地看着婴儿,孩子睡着了,但皱着眉头。窗子在晃动,丽贝卡像只猫一样蹑手蹑脚地走过去把窗子揳紧。两个女人隔着酒精灯低声说话,永无休止地密谋策划着有关哄婴儿和弄干净奶瓶的事情,这时狂风在门外怒号,时而猛地扭扯着那廉价的门扣栓。

两个人都回头看看那摇篮。她们的嘴唇都微微噘着。弗兰德斯太太走到了摇篮旁。

"没醒吧?"丽贝卡低声问道,一面看着摇篮。

弗兰德斯太太点点头。

"晚安,丽贝卡。"弗兰德斯太太轻轻说道,丽贝卡称她为夫人,虽然她们是共同策划有关哄婴儿和弄干净奶瓶的密谋者。

弗兰德斯太太刚才没有熄掉前屋的灯。那儿有她的眼镜、她的针线活,还有一封盖着斯卡巴勒邮戳的信。她也没有拉上窗帘。

灯光照亮了一小片草坪;落在孩子的画着一道金圈的绿色提桶上,落在旁边的猛烈摆动着的紫菀丛上。因为狂风正横扫过海岸,猛烈地撞击着山丘,又突然猛地从自己的背上蹿起阵阵暴风。风是怎样遍扫了山谷中的那座小城啊!在狂怒的风中,灯光显得怎样的闪动颤抖啊,港口的灯光,高处卧室窗子里的灯光!风推动着滚滚的黑色海浪,疾驶过大西洋,把轮船上空的星星一会儿猛地扯向这边,一会儿又猛地扯向那边。

屋子的前客厅里传来咔嗒一声。皮尔斯先生熄灯了。花园消失了。只不过是黑黑的一片。雨下遍了每一寸土地。每一片草叶都被雨打得弯了下去。眼皮也会被雨打得紧闭不动。如果仰面躺在那里，你什么也看不见，看见的只是一片混乱——不断翻卷的云团，以及黑暗中带点黄和黄绿色的什么东西。

前面卧室里的男孩子们把毯子踢到了一边，躺在一层被单下面。夜里很热，闷热潮湿。阿切尔摊开着睡在那里，一只胳膊伸在枕头上。他满脸通红。当沉重的窗帘被吹开一条缝的时候，他翻了个身，半睁开了眼睛。风还真吹动了五斗柜上的罩布，放进来了一点亮光，因此可以看到五斗柜清晰的边缘，笔直向上，直到一块白色的突出物。镜子里映出一道银光。

雅各布睡着在靠门的另外一张床上，睡得很熟，一点知觉也没有。那个带着黄色大牙齿的羊颌骨躺在他的脚旁。他把它踢到了床的铁栏杆边上。

凌晨风势减弱后，外面雨下得更猛了，直直地倾盆而下。紫菀被打得贴在了地上。孩子的提桶里一半已经装满了雨水；那只壳子呈乳白色的螃蟹在桶底慢慢绕圈爬动，试图用它那柔弱的脚爬上陡直的桶壁；它试了跌下，一而再地试了又试。

二

……

"弗兰德斯太太五分钟前刚刚出去，上尉。"丽贝卡说。巴富特上尉在扶手椅里坐下来等她。他把胳膊肘放在扶手上，一只手放在另一只手上面，伸直那条瘸腿，将有橡皮包头的手杖放在腿边，一动不动地坐在那里。他身上有着某种刻板的东西。他思考吗？也许一再想到的是同样的思想。但是这些是"好"思想、有趣的思想吗？他是个有脾气的人；顽强，忠实。女人们会感到："这儿有着法律。这儿有着秩序。因此我们必须珍视这个男人。夜里他总在驾驶舱里。"于是，在递给他一杯茶或不论什么时，眼前便会产生沉船和灾难的景象，所有的乘客从各自的船舱中跌跌撞撞地出来，而船长就在这里，他身上与风暴般配的粗呢上装扣得整整齐齐，除了风暴什么也无法将他征服。"然而我有灵魂，"当巴富特上尉突然用一块红色印花大手帕擤鼻涕的时候，贾维斯太太会这样想，"正是男人的愚蠢才是造成风暴的原因，这风暴是他的也是我的……"当上尉顺便到她家来看望他们而赫伯特不在家，他几乎一声不响地坐在她家的扶手椅里待上两三个小时的时候，贾维斯太太会这样想。但是贝蒂·弗兰德斯想的可不是这些。

"啊，上尉，"弗兰德斯太太闯进客厅，说道，"我不得不去追巴克公司的工人……我希望丽贝卡……我希望雅各布……"

她上气不接下气，但一点也不感到不安，当她放下从送油工那儿买的壁炉刷时，她说真热，把窗子开得更大了一些，把椅罩拉拉直，拾起一本书，仿佛她非常自信，非常喜欢上尉，并且比他年轻许多许多岁。真的，系着蓝色围裙的她看上去不超过三十五岁。他则五十好几了。

她两只手在桌上移动着。当贝蒂喋喋不休地说话时，上尉左右转动着头，发出小小的声音，十分悠闲自在——已经过去二十年了。

"哦,"他终于说道,"我收到波尔盖特先生的信了。"

波尔盖特先生说他只能建议把一个男孩送到大学去。

"弗洛伊德先生在剑桥大学……不,是在牛津大学……噢,反正是在这两个学校里的一个。"弗兰德斯太太说。

她向窗外看去。小小的窗户,丁香花和花园的绿色映现在她的眼睛中。

"阿切尔学习不错,"她说,"我收到了麦克斯维尔上尉写的一份很好的报告。"

"我把这封信留给你,好给雅各布看。"上尉说,一面笨拙地把信放回信封中。

"雅各布照例在鼓捣他的蝴蝶,"弗兰德斯太太不高兴地说,但是她吃惊地突然想到,"自然,这个星期板球比赛就开始了。"

"爱德华·詹金森已经递交了辞职申请了。"巴富特上尉说。

"那么你将参加竞选市议员了?"弗兰德斯太太直视着上尉的脸,大声说道。

"哦,差不多吧。"巴富特上尉说,一面把身子更深地安顿在椅子里。

因此,雅各布·弗兰德斯在一九〇六年十月进了剑桥大学。

三

"这一节不是吸烟车厢。"当车门打开,一个身材魁梧的年轻人跳进来时，诺曼太太紧张而无力地抗议道。他似乎没有听见她的话。火车一直要到剑桥才停下，而这里她独自和一个年轻男人一起关在一节火车车厢里。

她按了一下化妆用品箱的弹簧，确定了香水瓶和从米迪处借来的那本小说都放在顺手的地方（那个年轻人正背对着她站着把包放在行李架上）。她将用右手扔香水瓶，她打定主意，用左手拉警报锁。她五十岁了，有个上大学的儿子。可是，事实是男人是危险的。她读了半栏报纸，然后偷偷越过报纸上沿看了一眼，好用一贯可靠的、检验外貌的办法来决定自己是否安全的问题……她很想主动把报纸给他看。但是青年人读《晨邮报》吗？她看看他在读什么——《每日电讯报》。

注意到他的袜子（松垮垮的），领带（很寒酸）后，她又一次把目光移到他的脸上。她仔细琢磨他的嘴。嘴唇闭着，眼睛朝下，因为他在看报。一切很坚定有力，然而年轻、冷淡，缺乏对周围事物的意识——至于说把人打翻嘛！不会，不会，不会！她向窗外看去，脸上现在出现了微笑，然后又回转来，因为他没有注意到她。严肃，缺乏对周围事物的意识……现在他抬起了眼睛，眼光越过她……不知怎的，他独自和一个老太太在一起，显得这样格格不入……于是他把眼睛——蓝色的眼睛——盯在风景上。她想道，他没有意识到她在场。可是这一节不是吸烟车厢并不是她的过错——如果他心里有这个意思的话。

没有人看到别人的真正面貌，更别说是一个在铁路车厢里坐在陌生的年轻男人对面的老太太了。他们看到一个整体——他们看到各种各样的东西——他们看到自己……诺曼太太这时读了三页诺里斯[1]的一本小说。她应不应该对这个年轻人说（他毕竟只有自己儿子的年龄）："你要是想抽烟尽管抽，不用管我。"不，他似乎根本没有注意她的在场……她不想打搅他。

不过，既然在她这个年纪她仍然注意到了他的冷淡，想来他在某些方面总有点——至少对她来说——像她自己的儿子那样正派、英俊、有趣、出众、魁梧？你总得尽力把事情转述好呀。反正，这个年轻人正是雅各布·弗兰德斯，十九岁。别打算一眼看清一个人的性格。你必须领会暗示而不是依据具体说了什么，甚至也不完全是做了什么——比如，当火车进站时，弗兰德斯先生一下打开了门，替她把化妆用品箱拿了出去，一面说，其实是很腼腆地咕哝道："让我来。"他还真笨手笨脚不知所措呢。

"谁……"这位夫人见到儿子时问，但是因为月台上拥挤着许多人，而雅各布已经走了，她就没有把话说完。由于这儿是剑桥，由于她只在这儿过一个周末，由于她从早到晚在街上、在桌旁看见的全是年轻男人，她完全忘记了火车上同路人的情景，就像一枚被小孩扔进了如愿井中的弯曲的别针，在水中迅速旋转后就永远消失了踪影。

……

从在大院就能听得见的碗碟碰撞声来判断，三一学院的侍者们一定是像洗牌一样地在把瓷盘子移来移去。不过，雅各布的房间是

---

[1] 诺里斯（1870—1902），美国作家。

在内维尔院，在顶层，因此到达他的房门口时人们都有点喘不上气来，可是他不在房间里。想来是在食堂里吃饭。远不到午夜内维尔院就会很黑了，只有对面的柱子永远会是白的，还有喷泉。大门给人的感觉很奇特，像在浅绿色上装饰的花边。即使在窗旁你也能听见杯盘声，以及就餐者嗡嗡的谈话声，餐厅里灯火通明，弹簧门开关时发出轻柔的砰砰声。有些人来得很晚。

雅各布的房间里有一张圆桌和两把矮椅子。壁炉台上，一只罐子里插着黄色的旗子；一张他母亲的照片；社团的带有小小新月形突起、盾形纹章和名称缩写的卡片；笔记和烟斗；桌子上放着画出红色页边的文章——无疑是一篇论文——《历史是由伟大人物的传记构成的吗？》房间里书籍够多的，法文书很少，不过任何稍有价值的人都按自己兴之所至以极度的热情读自己想读的书。比如说，威灵顿公爵[1]的传记、斯宾诺莎[2]、狄更斯的作品、《仙后》[3]、一本书页间夹着压得薄如丝绸的罂粟花瓣的希腊文词典、所有的伊丽莎白一世时代作家的作品。他的拖鞋简直寒碜得不像样子，像一只被烧毁到水线的船帮。然而他房间里有希腊大师的相片和乔舒亚爵士的金属版画——一切都很有英国味。还有简·奥斯汀的作品，也许是为了表

---

1 威灵顿公爵（1769—1852），英国著名军事家和政治家，在滑铁卢击败拿破仑，滑铁卢战役后任首相。
2 斯宾诺莎（1632—1677），17世纪荷兰哲学家，唯理性主义者，哲学史上最完善的形而上学体系之一的创建人。他的著名作品是《伦理学》。
3 《仙后》，斯宾塞（1552—1599）的长篇寓言诗，斯宾塞被认为是英国文艺复兴的先驱之一。

示对另一个人的标准的尊重而放上去的。卡莱尔[1]的书是奖品。有关于文艺复兴时期意大利画家的书籍,一本《马的疾病手册》,以及所有常见的教科书。空气在无人的空房间里也无精打采,只是把窗帘吹起,罐子里的花动了动。虽然没有人坐在里面,柳条椅的一根纤维却吱嘎直响。

老先生微斜着走下台阶(雅各布坐在窗子凹进处的凳子上和杜兰特说话;他吸着烟,杜兰特在看地图),手背在身后,黑色长袍飘起,在墙壁附近脚步不稳地趔趄了一下;然后,上楼进了自己的房间。后来又过来一个,抬起手称赞柱子、大门、天空;又一个,步履轻快,沾沾自喜。每个人都走上了一道楼梯;黑黑的窗户有三个亮起了灯。

如果在剑桥上空有灯光的话,那必定是从三个这样的房间里照射出来的:这里是希腊学,那里是自然科学,一层是哲学。可怜的老哈克斯泰布连路都走不直了,索普威斯这二十年来哪天晚上都在称赞天空;而考恩仍然对同样的故事咯咯发笑。知识之灯并不简单,也不纯洁或壮丽非凡,因为如果你看见他们在它的光照之下(无论是墙上的罗塞蒂[2]的画像,还是凡·高的复制品,无论钵子里放的是紫丁香还是陈旧的烟斗),他们看上去多么像教士!多么像你去观景和吃上一块特殊的蛋糕的郊区!"我们是这块蛋糕的唯一供应者。"然后你回伦敦去,因为款待已经结束。

老哈克斯泰布教授像时钟般精确地换了衣服,坐进了自己的椅

---

1 卡莱尔(1795—1881),苏格兰散文作家和历史学家,著有《法国革命》《宪章运动》等作品。
2 罗塞蒂(1828—1882),英国诗人、画家。

子里，装满了烟斗，选好了报纸，把两只脚交叉放好，取下了眼镜。他脸上所有的肌肉这时都垂了下来，仿佛被拿掉了支撑物。然而，把地下铁路车厢里整个一排座位上的人脑袋里的东西都掏空，老哈克斯泰布的脑袋也能够全部装得下。现在，当他的眼睛沿印刷的字移动时，在他大脑的走廊里行进着的是什么样的队伍啊，步伐整齐迅速，并随着队列的前进不断有新的人流加入进来，直到整个的大厅、穹顶，不论你把它叫作什么的地方，都充满了思想。这样的大检阅不会在任何别的大脑里进行。然而有时他在那儿一坐就是几个小时，手紧抓着椅子扶手，像个被困的人死抓着东西不放，然后，就因为他的鸡眼痛了起来，或者可能是痛风，他是怎样地诅咒啊，天哪，听听他谈钱吧，拿出他的皮钱包，连最小的银币都斤斤计较，像个爱撒谎的老村妇那样鬼祟和多疑。奇怪的麻痹和枯竭——出色的启发。那巨大的前额安详地制服一切，有时你可能会幻想，在他睡着时，或在夜深人静的时候，他头枕石头得意扬扬地躺在那里。

与此同时，索普威斯从壁炉前以一种古怪的、轻快的步子走过来，把巧克力蛋糕切开。一直到半夜或更晚的时候都有大学生在他的房间里，有时多达十二个，有时三四个；但是他们进来或出去时都没有人站起来；索普威斯继续他的谈话。谈话，谈话，谈话——好像一切都可以拿来谈——灵魂本身如薄薄的银盘滑过嘴唇，像银子、像月光在年轻人头脑中融化。啊，他们在遥远的地方会记得它，深陷于无聊中时会回顾它，再回来重新振作自己。

"哦，我真没有想到！是老查克。亲爱的小伙子，日子过得怎么样？"可怜的小查克，失败的外省佬，他真名叫斯坦豪斯，但是，当然索普威斯叫他的外号使他回忆起了一切,一切,"我永远不可能成就的一切——"是的,尽管第二天索普威斯买报纸赶早班火车时感到一切显得很幼稚、荒唐;巧克力蛋糕,年轻人。索普威斯把事情总结了一下。不,不全如此。他要把儿子送到那儿去。他要节省下每一个便士好把儿子送到那儿去。索普威斯继续他的谈话,把笨拙的讲话中硬邦邦的纤维编织起来——年轻人脱口说出的内容——编在自己平整的花环四周,露出鲜明的一面,青枝绿叶,尖利的刺,果断的男子气概。他醉心于此。确实,对于索普威斯来说,男人什么都可以说,也许一直说到老,说到死去,灭顶,那时银盘会发出空洞的声音,题词读来有点太简单,旧标记看上去太完美,而且印痕永远是同样的——一个希腊男孩的头像。但是他仍然会表示敬意。一个女人,当直觉感知到教士的存在时,将会不由自主地加以蔑视。

考恩,伊拉斯谟·考恩,正在独自品饮葡萄酒,或者说和一个对完全相同的一段时间与他有共同记忆的、脸色红润的小个子男人在品饮葡萄酒。他品饮葡萄酒。讲述他的故事,面前没有书就随口吟诵着拉丁文,维吉尔[1]和卡图卢斯[2],仿佛语言在他唇上是美酒。只是——有时这念头会攫住他——如果诗人大步走了进来怎么办?"这就是我的形象吗?"他可能会指着这胖胖的男人这样问,毕竟此人的大脑是维吉尔在我们中间的代表,尽管他的身体吃得过胖;至于说武器、蜜蜂,甚至犁,考恩在国外旅行时口袋里放着一本法文小说,膝盖上盖一条小毯子,回到家里后感到无比欣慰,他重又回到他的

---

[1] 维吉尔(公元前70—公元前19),古罗马最伟大的诗人。
[2] 卡图卢斯(约公元前84—约公元前54),古罗马杰出的抒情诗人。

位置,他的专业,在他小巧的镜子里继续保持维吉尔的形象,一切都包围在关于三一学院的教师们的好听的故事和葡萄酒的红色光束之中。但是语言在他唇上是美酒。维吉尔在任何别的地方都不可能听到同样的东西。尽管当老昂费尔贝小姐沿康河边学院的后院漫步时相当悦耳地、调子还挺准地为他唱歌,她却总是在来到克莱尔桥时遇到这个问题:"可是如果我去见他,该穿什么衣服呢?"——然后在她沿大道向纽纳姆方向走去时,她听任自己的想象力玩弄着书上从来没有写过的男人和女人相会时的细节。因此听她讲课的人远不及考恩课上的人多,她本来可能会讲出来以阐明课文的东西总是给落掉了。总之,让教师面对被教授者的形象,镜子就会碎掉。但是考恩品饮着他的葡萄酒,他的兴奋得意劲头过去了,不再代表维吉尔,而是建设者、评估人、检查员;在人名之间画上线,在门的上方挂上名单。如果光芒能够照射的话,这就是它必须穿透的结构——所有这些语言的光芒,汉语和俄语,波斯语和阿拉伯语;象征和修辞的光芒;历史的光芒;已认知的事物和将要被认知的事物的光芒。

因此如果在夜晚,在辽阔大海的汹涌波涛之上,你看见水面上一片朦胧,一个灯火通明的城市,就连天空也被照得发白,就像这时仍有人在进餐或洗盘子的三一学院的上空一样,那就是这个光芒之所在——剑桥的光芒。

"咱们到西米恩的房间去吧。"雅各布说,于是他们卷起了地图,他们已经把一切都解决了。

大院四周都已亮起了灯光,光线落在鹅卵石路上,托出片片暗黑的草地和一株株雏菊花。年轻人现在已经回到了自己的房间里。

天知道他们在干些什么。能够像这样砰地落下的会是什么东西？一个年轻人俯在窗台上的泡沫材料做的花箱上，叫住了另一个匆匆走过的年轻人，他们不断上楼下楼，直到大院带上了一种满当当的样子，像充满了蜜蜂的蜂巢，满载着财宝回巢的蜜蜂，昏昏欲睡，发出嗡嗡声，突然唱了起来。《月光奏鸣曲》得到了华尔兹的应答。

《月光奏鸣曲》不停地叮咚演奏，华尔兹戛然而止。虽然年轻人仍旧进进出出，他们仿佛是走去赴约。不时会传来砰的一声，好像什么沉重的家具突然自己倒了下来，而不是由于晚餐后大家熙熙攘攘所致。想来家具倒下时年轻人会从书本上抬起眼睛来。他们在看书吗？毫无疑问周围的气氛使人有一种专心致志的感觉。在灰墙的后面坐着这么多年轻人，有些无疑是在看书，看杂志，看廉价小说，这是没有疑问的；也许腿跷在椅子的扶手上，一面吸着烟；摊开在桌子上写着，脑袋则随着钢笔的移动转圈子——这都是些单纯的年轻人，他们将会——不过没有必要想到他们变老；另一些人在吃糖；这边他们在拳击；还有，哦，霍金斯先生一定是突然气极了，才会猛地打开窗子喊叫道："约——瑟夫！约——瑟夫！"然后他使劲拼命跑过大院，这时一个上年纪的人，系着绿围裙，拿着好大一摞白铁皮盖子，犹豫了片刻，保持好平衡后继续往前走去。不过这是个插曲。有些年轻人在读书，他们躺在浅扶手椅里，拿书的样子好像手里拿着什么能够看透他们的东西。他们来自中部地区的小城，是牧师的儿子，都在苦恼之中。别的一些人阅读济慈[1]。那些多卷集的长篇史

---

[1] 济慈（1795—1821），英国诗人，为19世纪最伟大的诗人之一。

书——为了了解神圣罗马帝国,而这是必需的,肯定现在有人开始在从头看。那是专心致志的一部分,虽然在一个炎热的春夜这会很危险——也许,在门会随时打开、雅各布出现的情况下过分专心于单本书、具体篇章上会很危险;或者说理查德·博纳米,他不再读济慈,开始用一张旧报纸做粉红色长纸捻,身子向前弯着,不再是一副急切满足的样子,而几乎变得很凶。为什么?也许只因为济慈很年轻就死了——你也想写诗和恋爱——啊,畜生!真难透了。不过毕竟要是在隔壁楼道的那个大房间里就不那么难了,那儿有两个、三个、五个年轻人都确信这一点——就是说确信其残忍,以及是与非之间的明确分界。那儿有一张沙发,几张椅子,一个方桌,因为窗子开着,你可以看见他们是怎么坐着的——这儿伸出腿,那儿一个人团在沙发的角落里;还有,想来有个人站在壁炉围栏旁说话,你看不见他。总之,两脚分开跨坐在椅子上、吃着放在长盒子里的枣子的雅各布突然大声笑了起来。回答来自沙发角上;他把烟斗举在半空中,然后放回了原处。雅各布转过身来。对于那一点他有话要说,尽管桌旁那个健壮的红头发小伙子慢吞吞地摇着头,似乎在否认;然后他拿出了单开小刀,把刀尖一次又一次地扎进桌子上的一个木节疤里,似乎在肯定壁炉围栏旁的那个声音说的是实话——这一点雅各布无法否认。或许,在他把枣核排放好了以后他对此可能找到什么话说——确实他张开了嘴——只是突然爆发出了一阵大笑声。

笑声消失在空中。它几乎没能传到站在、伸展在院子对面的教堂旁的人们的耳朵里。笑声消失了,只能看到手臂的挥动和身体的动作,在房间里显示着某种事态的轮廓。是争论?打赌划船比赛的结果？根本不是这么回事？在那间幽暗的房间里，手臂和身体的动作显示的是什么？

离开窗子一两步以外什么也没有，有的只是围成一圈的房子——直立的烟囱，水平的房顶；也许，对于一个五月之夜，砖头和建筑物太多了点。这时你的眼前会出现土耳其光秃秃的山丘——清晰的线条，干枯的土地，鲜艳的花朵，以及光着腿站在溪流中在石头上捶洗亚麻织物的女人背上的色彩。溪水在她们脚踝四周形成许多圈圈。但是在剑桥夜色的层层包裹和覆盖下，这一切都不可能清晰地透现出来。甚至连时钟的敲击声都被捂压得低沉沉的，仿佛由某个虔诚的人在布道坛发出的吟诵声；仿佛一代代的饱学之士听到过去的这一个小时从他们的队伍中滚滚而过，为了供世人使用，带着他们的祝福将这已是柔和古老的声音传播了出来。

年轻人是为了接受这个来自过去的礼物才来到窗前，站立在那儿，向外看着院子对面的吗？那是雅各布。他站在那儿吸烟斗的时候，时钟最后一击的声音轻柔地缭绕着他。也许曾经有过争论。他显得很满足，实际上显得神气活现。在他站在那儿的时候这表情产生了一点变化，钟声传递给了他（有可能）一种对古老的建筑和时间的感觉。他自己是个后继者，然后明天，以及朋友们。想到他们，他似乎怀着绝对的信心和愉快打了个哈欠，伸了伸懒腰。

与此同时，在他身后，他们那无论是否通过争论所构成的形态，虽坚硬却只是昙花一现，比起教堂里的深色石头来就像玻璃一样的精神形态，已被撞得粉碎，年轻人从椅子里和沙发角落里站起身来，在房间里乱哄哄地走来走去，东撞西碰，一个把另一个猛挤到卧室门上，门吃不住劲，两个人都摔进了门里。然后剩下雅各布，坐在浅扶手椅里，是只有他单独和马沙姆在这里吗？还是安德森？西米恩？啊，是西米恩。其余的人全都走了。

"……尤利安[1]……"他们之中是哪一个说起他，并低声咕哝其他有关的话的？但是大约午夜时分有时会刮起一阵大风，就像一个隐蔽的身影突然醒来；这阵风现在正扑动着吹过三一学院，刮起看不见的树叶，使一切变得模糊不清。"尤利安"——然后是风。榆树枝丫扫向空中，船帆被吹得鼓起，旧双桅帆船猛烈地上下颠簸，炎热的印度洋上灰色的波涛狂暴地翻腾，然后一切又归于平静。

结果是，如果那位戴面纱的女士穿过三一学院的院子，这时她便会再次觉得懒洋洋的，围着各种装饰织物把头倚在柱子上。

"不知怎的这好像挺重要。"

这低低的声音是西米恩的。

回答他的声音更低。烟斗在壁炉台上清晰的敲击声压过了回答声。也许，雅各布只是"哼"了一声，或者什么话也没有说。确实，听不见那些字。有的是当一个人的心灵在另一个人的心灵上打下不可磨灭的印记时的那种亲密感，一种精神上的快速反应。

"喔，看来你是研究过这个题目的了。"雅各布说着站起来，走到西米恩的椅子旁站住。他平衡了一下身体，他有点摇晃。他显得非常之快活，假如西米恩开口说话，好像他的愉快就会漫溢出来沿四周流下。

---

[1] 尤利安（约 331—363），罗马皇帝。

西米恩没有说话。雅各布继续站在那里。但是亲密感——房间里充满了亲密感，像一潭水，静止、深沉。无须动作或语言，它柔和地升起，漫过一切，用珍珠的光泽安慰、点燃和覆盖着心灵，因此如果你谈到剑桥的灯光在照耀，就不仅仅是语言。而是罗马皇帝尤利安。

但雅各布离开了。他嘟哝了一声晚安。他走到院子里。他把上衣胸口的扣子扣好。他回到自己的房间去，因为只有他一个人在那一刻步行回房间去，他的脚步声很响，身影显得十分突出。他的脚步声的回音从教堂、从宿舍楼、从图书馆传过来，仿佛古老的石头带着威严的权威发出回响："年轻人——年轻人——年轻人——回自己的房间。"

……

八

大约九点半，雅各布离开住处，他关门砰砰响，别的门也砰砰响，买报纸，上公共汽车，或者，如果天气允许，就和别人一样步行。低着头，一张书桌、一个电话机、绿皮面装订的书、电灯。……"要加煤吗，先生？"……"你的茶，先生。"……谈论足球，冲的家伙，丑角们；六点半，办公室的听差拿来《星报》；格雷旅店的白嘴鸦飞过头顶；雾中的树枝又细又脆；时而，越过隆隆的车辆声可以听到一个声音高喊着："裁决——裁决——获胜者——获胜者。"信在筐里堆积起来，雅各布在信上签上名字，每天晚上他从衣架上拿下大衣的时候，他大脑里有某条新肌肉疲劳过度。

然后，有时下一盘象棋，或者到邦德街看电影，或者和博纳米挽着胳膊走一段长长的路回家，呼吸新鲜空气，沉思着前进，仰着头。世界真是壮观，早升的月亮挂在尖顶上等你赞美，海鸥高高飞翔，纳尔逊耸立在圆柱上眺望着地平线，而世界是我们的航船。

与此同时，可怜的贝蒂·弗兰德斯的信，因为只赶上了第二班邮件，现在正躺在过厅的桌子上——可怜的贝蒂·弗兰德斯像所有的母亲一样，写下了儿子的全名雅各布·艾伦·弗兰德斯先生，墨水颜色很浅，用得很多，显示出在斯卡巴勒地方的母亲们如何在下午茶的杯盘清除后，坐在壁炉前，两只脚放在壁炉围栏上草草书写，不管写什么，却永远、永远也无法写出——也许这样的话——不要和坏女人搞在一起，一定要做个好孩子；穿上你的厚衬衫，而且回来，回来，回到我的身边来。

但是她没有说这些。"你还记得老沃尔格莱夫小姐吗，你得百日咳的时候她对你那么好的那个人？"她写道："她还是死了，真可怜。你要是写封信来他们会高兴的。埃伦来了，我们一起去购物，过得很快活。老茅斯腿脚很不灵便了，我们只能让他上最最小的小山。我都不知道拖了多久了，去找亚当森先生了。他说必须拔掉三颗牙齿。这个季节天气太暖和了，梨树都发芽了。贾维斯太太告诉我——"弗兰德斯太太喜欢贾维斯太太，提到她时总是说，在这么个安静的小地方太委屈她了，尽管她从来不听她不满的抱怨，在她说完后告诉她（抬起头来，抿一下线头，或者摘下眼镜）用一点泥炭包在蝴蝶花根上可以保护它们不受冻，帕罗特店里的亚麻织物大减价是在下个星期二,"一定记住了。"——弗兰德斯太太确切地知道贾维斯太太的感情;如果你能够年复一年地读她关于贾维斯太太的信,那将会多么有意思——女人的未发表的作品,坐在壁炉旁用过量浅色墨水写成,火焰把墨迹烤干,因为吸墨纸旧得尽是洞,钢笔尖裂了,又不下水。然后是巴富特上尉。她称他为"上尉",谈到他时很坦率,然而从来都不会毫无保留。上尉在为她打听加菲特的那一英亩地,建议她养鸡,肯定能赚钱;或者得了坐骨神经痛;或者巴富特太太几个星期都出不了门;或者上尉说情况看上去不妙,指的是政治方面,因为正如雅各布所知,有的时候夜渐深时上尉会谈起爱尔兰或者印度,那时弗兰德斯太太就会陷入沉思,想到她的弟弟莫特,多年来一直杳无音信——是让土著人抓走了,还是他乘的船沉了——海军部会告诉她实情吗?——上尉敲掉烟斗里的烟灰,正如雅各布熟悉的那样,起身准备离开,僵直地伸手拾起弗兰德斯太太滚到椅子底下的毛线球。关于养鸡场的谈论一再出现,这个女人即使在五十岁的时候内心仍充满冲动,在她模糊的未来的设计中有着大群的来亨鸡、交趾支那鸡、奥尔平顿鸡,就像雅各布也在她模糊的轮廓中。但是她和雅各布一样有力量,精神饱满,精力充沛,在宅子里上下奔忙,责骂丽贝卡。

信躺在过厅的桌子上,晚上弗洛林达回来的时候拿了上去,一面吻着雅各布,把信放在了桌子上,雅各布看见信上的笔迹,听任它留在灯下饼干筒和烟丝盒之间。他们走进卧室,随手关上了门。

客厅既不懂也不关心发生的事。门是关着的,认为木头发出吱嘎声的时候,除了表示老鼠在忙碌或木头干燥之外还有什么别的意味，是幼稚的。这些老房子完全是砖木结构，浸透了人的汗水，粒结着人的污垢。但是如果躺在饼干筒旁的浅蓝色信封具有母亲的感情的话，那么心就会被那轻微的吱嘎声、那突然的骚动撕碎。在门后是那猥亵之物，那令人惊恐的存在，恐怖会像在死亡之际或生育婴儿之时那样向她袭来。也许冲进去面对一切比坐在前室里听着那轻微的吱嘎声、那突然的骚动要好一些，因为她的心肿胀着，被痛苦穿透。我的儿子，我的儿子——她会这样呼喊，以遮盖她想象中他和弗洛林达一起伸展着躺在那里的样子，在一个有三个子女、住在斯卡巴勒的女人身上，这是无法辩解的，缺乏理性的。责任在弗洛林达身上。真的，如果门开了，这一对走出来的话，弗兰德斯太太定会扑到弗洛林达的身上——只是先出来的是雅各布，穿着晨衣，亲切，一副权威的样子。他绝顶健康，像刚刚到外面呼吸过新鲜空气的婴儿，眼睛如流水般清亮。弗洛林达跟在他后面，慢吞吞地伸着懒腰，打着一点哈欠，在镜子前整理头发——雅各布则在读母亲的信。

……

十一

……

"雅各布的信真像他这个人。"贾维斯太太折起信纸，说道。

"确实他似乎过得……"弗兰德斯太太说着停了下来，因为她正在裁剪一件裙装,必须把纸样拉直,"……非常开心。"

贾维斯太太想到了巴黎。她身后的窗子是开着的,因为那是个暖和的夜晚,一个无风的夜晚,月亮似乎有些阴沉,苹果树一动不动地矗立着。

"我从不怜悯死者。"贾维斯太太说,一面稍稍移动了一下背靠着的垫子,握起两只手放在脑后。贝蒂·弗兰德斯没有听见她的话,因为她的剪子在桌上发出了很大的声音。

"他们安息了,"贾维斯太太说,"而我们却把日子一天天消磨在干些不知道为什么要干的、毫无必要的傻事上。"

村子里的人不喜欢贾维斯太太。

"你从来没有在晚上这个时候散过步吗?"她问弗兰德斯太太。

"确实是暖和,太好了。"弗兰德斯太太说。

然而她已经多年没有在晚饭后打开果园的门,到多兹山上去过了。

"地完全是干的。"当她们关上果园的门踏上草地时贾维斯太太说。

"我不想走远,"贝蒂·弗兰德斯说,"是的,雅各布要在星期三离开巴黎。"

"三个孩子中雅各布一直是我的朋友。"贾维斯太太说。

"好了,亲爱的,我不再往前走了。"弗兰德斯太太说道。她们已经爬上了黑暗中的小山,来到了古罗马营地。

防御土墙耸起在她们脚下——就是那道围绕着营地或坟墓的光滑的土圈。贝蒂·弗兰德斯在那儿丢失过多少缝衣针啊!还有她的石榴石胸针。

"有的时候看得比现在清楚多了。"贾维斯太太站在埂上说道。天上没有云,但是在海面上、在高沼地里弥漫着一层朦胧的薄雾。斯卡巴勒的灯光闪烁着,仿佛一个戴着钻石项链的女人在或左或右地转动着她的头。

"多么寂静啊!"贾维斯太太说。

弗兰德斯太太用脚尖蹭着草皮,想着她的石榴石胸针。

贾维斯太太发现今晚很难把心思集中在自己身上。夜是如此平静。没有一丝风,没有任何东西在追赶、飞舞、奔逃。黑色的影子一动不动地簇拥在银色的高沼地上。荆豆丛静静地站立着。贾维斯太太也并没有在想着上帝。当然,在她们身后有一座教堂。教堂的钟敲响了十下。钟声传到荆豆丛了吗,荆棘树听到钟声了吗?

弗兰德斯太太正俯下身去拾起一块卵石。贾维斯太太想道,有的时候人是能够找到东西的,但是在这样朦胧的月色下,除了白骨和小块的白垩外,根本不可能看到任何东西。

"雅各布用自己的钱买的,后来我带帕克先生到这里来看景色,一定是滑掉了——"弗兰德斯太太喃喃道。

白骨会动吗,锈蚀的剑呢?弗兰德斯太太那两个半便士的胸针永远就成了这丰富的积聚的一部分了吗?如果所有的幽灵都密集在这个土圈中和弗兰德斯太太交往,她难道不会显得完全符合她的地位:一个正在发福的、活生生的英国主妇?

报一刻钟的钟声敲响了。

当教堂的钟每一刻钟敲响一次时,微弱的声波消失在挺直的荆豆和山楂枝条之间。

高沼地一动不动地以自己宽阔的背脊接受着这一声明："现在是整点一刻了。"但是除了一根荆棘的微微颤动之外，高沼地没有做出回答。

然而即使在这样的光线之下，仍能看清墓碑上的铭文，简洁的声音在说："我是伯萨·拉克""我是汤姆·盖奇"。他们说他们是哪一天死去的，《新约全书》非常骄傲、非常有力地为他们说了些什么话，或者给他们以安慰。

高沼地也接受了这一切。

月光如一篇苍白的书页落在教堂的墙上，照亮了壁龛里跪着的一家人，以及在一七八〇年为教区中那位救济穷人、笃信上帝的乡绅安放的碑石——这样，那有节奏的声音沿大理石名卷读下去，仿佛它能够将自己强加在岁月和旷野之上。

这时，一只狐狸从荆豆丛背后偷偷钻了出来。

经常，即使在晚上，教堂里也似乎挤满了人。靠背长凳破旧而油腻，教士的黑色长袍放在应放的位置上，赞美诗集在搁架上。这是一艘全体船员都已就位的船只。船骨紧绷以容纳所有的死者和生者，庄稼汉、木匠、猎狐的绅士和浑身泥土与白兰地气味的农场主。他们的语言交织在一起，发出清晰明确的字词，永远把时间和高沼地宽阔的背脊切割分裂开来。悲叹、信念和挽歌，绝望和胜利，但是绝大多数是通情达理和极度的漠然，五百年来这一切随时会轻蔑地越窗而去。

然而，当贾维斯太太向高沼地走去时，她说道："多么安静啊！"中午时很安静，除非打猎者散布其上；下午很安静，除了游荡的羊群；

夜里高沼地是绝对的安静。

一枚石榴石胸针掉在了荒原的草丛里。一只狐狸轻轻地走动。一片叶子竖着翻转过来。五十岁的贾维斯太太在朦胧的月色下的古罗马营地休息。

"……再说,"弗兰德斯太太直起腰来说道,"我从来都没有喜欢过帕克先生。"

"我也是。"贾维斯太太说。她们开始走回家去。

但是她们的声音在古罗马营地上飘动了片刻。月光什么也没有破坏。高沼地接受了一切。只要他的墓碑继续存在,汤姆·盖奇就在大声呼叫。古罗马人的遗骨保存得很好。贝蒂·弗兰德斯的织补针也很安全,她的胸针也如此。有时在中午,在阳光之下,高沼地似乎像个保护者一样储存着这些小小的珍宝。但是在午夜时,没有人说话或策马疾驶,荆棘树一动不动,这时用问题——什么?为什么?——来烦恼高沼地将是愚蠢的。

不管怎样,教堂的钟敲响了十二点。

……

十三

……

公共汽车在查令十字路口站停下,在它后面塞满了公共汽车、运货车、小汽车,因为有一个队伍举着旗子正走过白厅,一些老年人正艰难地从狮子滑溜溜的爪子之间下来,他们刚才在那儿宣布自己的信仰、高声歌唱、不时从歌谱上抬起眼睛望着天空,现在他们行进在金色字母写出的他们的信条后面时眼睛仍然望着天空。

交通停止了,太阳没有了微风来将它喷洒,变得几乎太热了。但队伍过完了,旗子在经过白厅后在远处闪着光,车辆恢复通行,不稳地移动,旋即进入持续平滑的轰鸣,转过鸡距街的拐角,扫过政府办公大楼和骑马者的雕像,沿白厅而下,到像拴在一起的灰色舰队般的砖石建筑的刺一般的尖顶,然后是威斯敏斯特教堂上的大钟。

大本钟敲了五下;纳尔逊[1]接受了对他的致意。海军部的电报线震颤着传来了遥远的信息。有一个声音不断地说着,总理们和总督们在德国国会大厦发言了。拉合尔上场了,说国王在旅行;在米兰发生了暴乱;说维也纳谣言四起;说驻君士坦丁堡的大使面见了苏丹;舰队停泊在直布罗陀。那声音继续着,当白厅的办事员(蒂莫西·杜兰特是其中之一)倾听、译解、记录时,他们的脸上留下了声音无情的严重性的印记。文件越积越多,上面写着德国皇帝说的话、有关稻田的数据、成百上千的工人的咆哮,他们在背街小巷策划煽动暴乱,或聚集在加尔各答的集市里或在阿尔巴尼亚的高地上集结军事力量,那儿山是土黄色的,白骨横陈。

那声音在一间摆着许多沉重的桌子的四方形的安静的房间里清

---

[1] 纳尔逊(1758—1805),英国海军上将、民族英雄,在特拉法尔加一战中击败拿破仑,自己也牺牲了。他的铜像耸立在伦敦特拉法尔加广场上。此处指纳尔逊铜像。

楚地说着,一个年长的男人在打字机打出的纸页的空白处做笔记,他的银柄雨伞靠在书柜旁。

他的脑袋——光秃、红色的微血管清晰可见、看上去很空虚——代表了那座建筑物里所有的人的脑袋。他的有着一双亲切的灰白色眼睛的脑袋载着知识的重负穿过马路,把知识摆在同样载着重负而来的同事面前。然后这十六位先生拿起钢笔,或者在椅子里厌倦地转动着身子,判决历史应该这样或那样发展。他们的脸上表明他们果断地下了决心要强使印度的王公和德国的皇帝、集市里的窃窃私语、在白厅里可以清楚地看到的阿尔巴尼亚高地上穿短褶裙的农民的秘密集会,都和谐一致起来,要控制事件的发展进程。

当游行队伍举着旗子经过白厅,空气中充满了口哨声和各种冲击震动时,皮特和查塔姆、伯克和格莱斯顿以瞪视着的大理石的眼睛左右环顾,他们那种永恒的平静的神态也许为生者羡慕。何况,那十六个人之中有的在闹消化不良;有一个就在那一刻弄裂了眼镜的镜片;另一个明天要到格拉斯哥去讲演。总而言之,他们都太红润、太胖、太苍白或太瘦,不适于像这些大理石脑袋当年那样处理历史的发展进程。

在海军部他的小房间里正要去查阅一本蓝皮书的蒂莫西·杜兰特在窗前停留了片刻,注意到捆在灯柱上的标语牌。

打字员之一的托马斯小姐对她的朋友说,如果内阁会议再开下去,她就要误了和男朋友在欢乐酒吧外的约会了。

蒂莫西·杜兰特胳膊下夹着蓝皮书回来时注意到街角有一小群人,他们密集在一起,仿佛其中一个人知道些什么;另外的人挤在他周围、抬头看看、低头望望、沿街瞅瞅。他知道的是什么?

蒂莫西把蓝皮书放在面前,仔细读着财政部传阅的一份收集信息的文件。他的同事、也是办事员的克劳利先生把一封信插在了插扦上。

雅各布从海德公园的椅子上站起身来,把票撕得粉碎,离开了那儿。

"怎样的日落啊!"弗兰德斯太太给在新加坡的阿切尔的信中写道,"你简直无法下回到屋子里去的决心,"她写道,"似乎连浪费一刹那的时间都是邪恶的。"

雅各布离开时,肯辛顿宫的长窗被映照得火一样红;一群野鸭飞过蛇形湖;树木黑黢黢地、壮丽地衬托在天空下。

"雅各布,"弗兰德斯太太写道,夕阳的红辉照在信纸上,"在惬意的旅行之后现在正在刻苦努力呢……"

"德国皇帝,"遥远的声音在白厅中说,"接见了我。"

"我认识那张脸——"安德鲁·弗洛伊德牧师从皮卡迪里卡特店里走出来时说,"可是究竟是谁?——"他看着雅各布,转过身来看着他,但是不能肯定——

"啊,是雅各布·弗兰德斯!"刹那间他想了起来。

可是他多么高大,多么不做作,一个多么好的青年人。

"我给过他拜伦的作品。"安德鲁·弗洛伊德沉思道,雅各布过马路时他开始向前走去;但是他犹豫了一下,那个瞬间过去了,失去了机会。

另外一支队伍没有打旗子,挡住了去长英亩的路。坐有佩戴着紫水晶的年长有钱的贵妇和插着康乃馨的绅士的四轮马车截住了出租马车,汽车掉转方向,里面穿白色背心的疲倦的男人懒洋洋地靠着,他们正在回到地处普特尼和温布尔顿、有着灌木丛和台球房的家里去。

两个手摇风琴师在路边演奏,从奥尔德里奇出来的臀部标着白色记号的马匹叉开腿就要横穿马路,被敏捷地给猛拉了回来。

杜兰特太太和沃特利先生一起坐在汽车里,心里很焦急,怕错过了序曲。

但是沃特利先生总是那么温文尔雅,总是能赶上序曲,他扣上手套,赞赏着克拉拉小姐。

"在剧院里度过这样的一个晚上真是太遗憾了!"杜兰特太太看到在长英亩里马车制造厂的窗子全都映着火红的夕阳时说道。

"想一想你的高沼地!"沃特利先生对克拉拉说。

"哦!可是克拉拉更喜欢这个。"杜兰特太太大笑道。

"我也不知道——真的。"克拉拉说,一面看着火红的窗子。她突然一震。

她看见了雅各布。

"是谁?"杜兰特太太向前探着身子,厉声问道。

可是她谁也没有看见。

在歌剧院的拱门下,肥大的脸和瘦小的脸、涂了粉的脸和多毛的脸,在夕阳下全都同样泛着红光;在巨大的发出幽暗的樱草色的吊灯的刺激下,在荡妇、鲜红的颜色和豪华的仪式的刺激下,有些女士有一会儿工夫向附近热气腾腾的卧室里看进去,那里面披散着头发的女人把身子探向窗外，那里面女孩子——女童——（长穿衣镜使女人们悬浮在那里）却必须跟上，不能把路堵住。

克拉拉的高沼地很不错。腓尼基人在他们堆积的灰石块下睡觉；旧矿的烟囱赤裸裸地突立着；早出的蛾子在石南的花铃上留下了污痕；从脚下远远的地方传来了车轮在路面上摩擦的轧轧声；海浪的叹息声显得轻柔、坚持、永不停息。

帕斯柯太太站在她的菜园里，用手遮住射进眼睛的光，看着远处的大海。两艘轮船和一艘帆船对面开过；在海湾里海鸥不断飞落到一根圆木上，再高高飞起，再回到圆木上，有些乘着海浪来到水边，停留在那儿，直到月光把一切变成了白色。

帕斯柯太太早已回到了屋子里。

但是红色的光仍照在帕台农神庙的圆柱上，编织着长袜、有时把一个孩子叫过来给他捉掉头上的小虫子的希腊妇女们快活得像发情期的灰沙燕，争吵着、责骂着、给婴儿喂奶，直到比雷埃夫斯的船舰的炮声终止了这一切。

这声音传播开去，然后伴随着阵阵爆炸声穿过了岛屿之间的海峡。

黑暗像一把刀在希腊落下。

"炮声？"贝蒂·弗兰德斯半睡半醒地说，她下了床走到窗前，窗子周围装饰着黑色的叶子。

"这么远不可能是，"她心里想，"是大海的涛声。"

她又一次听到了遥远的沉闷的声音，好像是夜间活动的女人在拍打巨大的地毯。莫特牺牲了，西布鲁克死了；她的儿子们在为国战斗。但是那些鸡安全吗?楼下是有人在走动吗?是丽贝卡又牙痛了?不。夜间活动的女人们在拍打巨大的地毯。她的母鸡在栖木上微微地动了动。

十四

"他什么也没收拾,"博纳米惊奇地说,"什么也没有安排。所有的信都到处乱放着,谁都能够读。他是怎么想的?他以为他还会回来吗?"他站在雅各布房间的正中间沉思着。

十八世纪有它的特点。这些房子大概是一百五十年前盖的。房间美观匀称,天花板很高;在上门框的木头上雕着一朵玫瑰花或一个公羊的头骨。就连墙上漆成山莓色的嵌板也有自己的特点。

博纳米拿起一张购买猎鞭的账单。

"这好像已经付过钱了。"他说。

有桑德拉给他的信。

杜兰特太太正带一批人到格林尼治去。

罗克斯比尔伯爵夫人盼着这份愉快。……

空屋子里的空气也是无精打采的,只是把窗帘吹得鼓起来,花瓶里的花微微一动。尽管没有人坐,柳条扶手椅的一根条却发出吱吱的响声。

博纳米穿过屋子走到窗前。皮克福德的运货车沿街开去。公共汽车在莫迪路口堵在了一起。发动机颤动着,赶运货马车的人刹住了车,猛劲拉住马。一个刺耳的、悲惨的声音喊了些难懂的话。然后突然所有的树叶似乎都挺了起来。

"雅各布!雅各布!"博纳米站在窗口呼喊道。树叶又垂下了头。

"到处都是这样一片混乱!"贝蒂·弗兰德斯一把推开卧室的门大声说道。

博纳米从窗前转过身子。

"我该怎么处理这个,博纳米先生?"

她伸出的手里拿着雅各布的一双旧鞋子。

达洛维夫人

一

达洛维夫人说她自己去买花。

因为露西的工作已经给安排好了。要把门从铰链上卸下来；朗普尔迈耶公司的工人要来。再说，克拉丽莎·达洛维心里想，这是一个多么美好的早晨啊——清新得像专门为海滩上的孩子们准备的似的。

多么有意思！多么突然的行动！就像从前在伯顿时，当铰链轻轻吱扭一响（她现在仍能听到这声音），落地长窗被她猛地推开，她一下子冲到户外，就似乎总有这种感觉。那是清早的空气，多么清新，多么宁静，当然比这里沉寂；像海浪的轻拍，像海浪的轻吻，清凉袭人，然而（对于像当时她那样一个十八岁的姑娘来说）十分肃穆。那时她站在打开的窗前，觉得有什么可怕的事情会发生；她看着鲜花，看着烟雾缭绕的树木和飞上飞下的白嘴鸦；她站在那儿看着，直到彼得·沃尔什说："在菜地里想心事吗？"——是这样说的吧？——"比起花椰菜来,我更喜欢人。"——是这样说的吧?他一定是在有一天早上吃早饭时她出去到平台上时说的——彼得·沃尔什。他最近就要从印度回来了,六月或七月,她记不清了,因为他的信枯燥得要命;他说的话倒让人记得;他的眼睛,他的小折刀,他的笑容,他的坏脾气,当千百万桩事情全都从记忆中消失之后——多么奇怪啊!——却仍记得关于卷心菜之类的几句话。

她站在马路边上微微挺了挺身子,等待德特纳尔公司的货车开过去。斯克罗普·珀维斯认为她是一个可爱的女人(他了解她,正如你了解住在威斯敏斯特区你隔壁的人那样);她有点像只小鸟,一只樫鸟,蓝绿色,轻盈活泼,虽然她已经年过五十,而且从生病以后变得非常苍白。她像只鸟那样站在那儿,根本没有看见他,身子挺得直直的准备过马路。

由于在威斯敏斯特住了——有多少年了?二十多年了——克拉丽莎确信,即便在车流之中,或夜里醒来之时,你都会感到一种特殊的静寂或肃穆;一种难以言传的停顿;大本钟敲响前的悬心等待(但那可能是她的心脏的缘故,人们说是流感影响了她的心脏)。听!深沉的钟声响了起来。先是预报,音调悦耳;然后是报时,势不可当。一圈圈深沉的音波消失在空气之中。在穿过维多利亚街时她心里想,我们是多么愚蠢啊。因为只有上帝才知道为什么人这样热爱生活,这样看待生活,想象生活是什么样子,在自己周围建构生活、推倒、再时时刻刻重新加以创造;但即使是穿着最邋遢的女人,坐在门口石阶上的最沮丧忧愁的人(酗酒是他们堕落的原因)也同样如此;正因为这个原因——他们热爱生活——她相信议会的法令也不起作用。

在人们的眼光中,在轻松的、沉重的、艰难的步态中;在轰鸣和喧嚣声中;马车、汽车、公共汽车、货车、身前身后挂着广告牌蹒跚着摇摇晃晃前行的广告夫、铜管乐队、手摇风琴;在胜利的欢庆声、铃儿的叮咚声和头顶上飞过的飞机的奇特的尖啸声中,有着她热爱的一切:生活、伦敦、六月的这个时刻。

因为现在是六月中旬。战争已经结束了,只有像福克斯克洛伏特太太那样的人除外,她昨晚在大使馆异常忧伤,因为她那个可爱的儿子牺牲了,现在那古老的庄园宅第就要由堂兄弟继承了;还有贝克斯伯罗夫人,他们说她在主持义卖市场的开幕式时,手里还拿着报告她最心爱的儿子约翰牺牲消息的电报;但战争终究是结束了,谢天谢地——结束了。现在是六月了。国王和王后都在白金汉宫里。尽管时辰还早,到处都已能听到飞奔的马蹄的嘚嘚声、板球拍的轻击声;洛兹伦敦大板球场、阿斯科特赛马场、原来的旅游胜地拉内拉赫以及其他所有的地方,都被笼罩在一片轻柔的细网般的灰蓝色的晨雾之中,随着白天渐渐过去,这张网将散开,草坪和场地上会出现欢腾的小马,前蹄刚一落地又立刻腾起;旋转着的小伙子,穿着透明薄纱衫的欢笑的姑娘,她们即使现在,在通宵跳舞之后,还在牵着可笑的毛茸茸的小狗出来跑上一会儿;就在现在这样早的时候,谨慎的上了年纪的有钱的贵妇们已经坐着自己的汽车,匆匆去干她们神秘的事情。店老板们正在橱窗里忙个不停,把他们的人造宝石和钻石以及漂亮的海绿色的旧胸针放在十八世纪的底座里,以吸引美国佬(不过她得节约,不要轻率地给伊丽莎白买东西),她自己也怀着荒唐而始终不渝的激情热爱着这一切,她是这种生活的一部分,因为她的先辈们曾在几代乔治王朝中做过廷臣,她自己今晚就要珠光宝气地举行宴会。但是一走进公园,那寂静是多么奇怪啊!那薄雾,那嗡嗡声,那缓缓游动的快乐的鸭子们,那走起来一摇一摆的长着喉袋的水鸟;而背朝着政府大楼迎面走过来的、再得体不过地提着一只印有皇家纹章的公文递送箱的人,除了休·惠特布莱德还会是谁呢,她的老朋友休——那令人钦佩的休!

"早上好啊,克拉丽莎!"休很随便地说,因为他们从小就认识。

"你上哪儿去?"

"我喜欢在伦敦走走,"达洛维夫人说,"真的,比在乡间散步好。"

他们刚到伦敦——不幸的是——是来看医生的。别人来这里是看电影、观赏歌剧、带女儿出门看看,而惠特布莱德家的人却是来"看医生"的。不知道有多少次克拉丽莎到疗养院去看望伊芙琳·惠特布莱德。"伊芙琳又病了吗?""伊芙琳身体很不舒服。"休说,同时噘了噘嘴,挺了挺他那衣冠楚楚、很有男性风度、极端俊美、装扮完美的身躯(他几乎总是穿得过于考究,不过想来也不得不如此,他在宫廷里有着一官半职),示意他的妻子有点内科的疾患,并不严重,作为一个老朋友,不用让他具体说明克拉丽莎·达洛维也是知道的。啊,是的,当然她知道,多讨厌的病,她感到了一种姐妹般的感情,同时又奇怪地对自己头上戴的帽子感到不自然。是不是因为这帽子不适合清早戴?因为当休匆忙地向前走去,煞有介事地抬抬他的帽子,要她相信她像个十八岁的小姑娘,保证他当然会参加她今晚的宴会,伊芙琳坚决要他去,只是他可能要晚一点,因为他得先带吉姆的一个儿子去参加宫里的晚会。每当这种时候,她在休的身边总觉得自己有点不像样子,像个中学生。但是她喜爱他,一方面固然是因为从来就认识他,另外她确实也觉得休自有他好的地方,虽说理查德几乎被他气得发疯,至于彼得·沃尔什,他直到今天也不能原谅她喜欢休这件事。

她仍然记得在伯顿的一幕幕往事——彼得怒气冲天;休当然在哪方面也不是他的对手,但也并不是如彼得所说的那样完全是个白痴;不仅仅是理发师用的木制假头。当他的老母亲要他放弃射猎或带她到巴斯去的时候,休二话不说地做了;他真的一点也不自私,至于像彼得那样说他没心肝、没脑子,只有一个英国绅士的派头和教养,那些只不过是她亲爱的彼得脾气最糟时说出来的话;他会令人难以忍受;他会让人觉得无法相处;但是在这样一个清晨能和他在一起散步却是十分愉快的事。

(六月催发了树上的每一片叶子。皮姆里科区的母亲们在给婴儿喂奶。电文消息不断从舰队街传往海军部。热闹的阿灵顿街和皮卡迪里大街似乎使公园里的空气也变热了,树叶被充满非凡活力的气浪托起,热切而明亮;克拉丽莎深爱这非凡的活力。去跳舞、去骑马,她热爱这一切。)

他们可能分别了几百年了,她和彼得;她从不写信,他的信也干巴巴的;但是她突然会有这个念头,如果他现在和我在一起,他会说些什么?——有些日子,有些景象会使她平静地想到他,不再有过去的怨恨;这也许是对人关爱的回报吧;在一个晴朗的早上,在圣詹姆斯公园的中央,往事回到了她心头——真的重回心头。但是彼得——无论天气多好,无论树木、草地和穿粉红色衣服的小女孩多可爱——彼得一概视而不见。如果她让他戴上眼镜,他就会戴上眼镜,他会去看。他永远感兴趣的是世界的状况;瓦格纳[1]的音乐、蒲伯[2]的诗歌、人的性格,还有她自己灵魂中的缺点。他是怎样地责骂她啊!他们的争论是多么激烈啊!她会嫁给一个首相,站在楼梯顶上;他称她是个完美的女主人(为此她在卧室里哭了一场),他说她具有成为完美的女主人的一切内在素质。

因此她会发现自己在圣詹姆斯公园仍旧在和他争论,仍旧企图证明她不和他结婚是对的——确实是对的。因为在婚姻中,对于一天又一天同住在一所房子里的两个人来说,必须有一点自由,有一点独立;这些理查德给了她,她也给予了理查德。(比如说,今天早上他在哪里?在个什么委员会吧,她从来不问。)但是和彼得在一起什么都得相互知晓,什么都得仔细探究。实在让人受不了,而当在小花园喷泉边发生了那一幕后,她不得不和他分手,否则会毁了他们,两个人都会毁掉,她对此确信无疑。虽然多年来她一直忍受着利箭钻心般的悲伤和痛苦。后来在一次音乐会上有个人告诉她,他和在去印度的船上认识的一个女人结了婚,那一刻的震惊至今难忘!她永远也忘不了这一切!冷酷、无情、假正经,彼得曾这样责备她。她永远也无法理解他是多么关爱她。但想来那些印度女人是理解的——那些愚蠢、漂亮、轻浮的傻瓜。而她是在白白浪费自己的同情,因为他要她相信他相当幸福——非常幸福,尽管他们俩谈到过的事他一件也没有做;他整个的一生是个失败。直到现在她仍很生气。

---

[1] 瓦格纳(1813—1883),德国作曲家,主要从事歌剧创作。
[2] 蒲伯(1688—1744),英国诗人。

她来到了公园的门口。她站立了片刻,看着皮卡迪里大街上的公共汽车。

她现在不愿对世界上任何人说长道短,说他们这样或那样。她感到自己非常年轻,同时又说不出的苍老。她像把刀子穿透一切事物,同时又是个局外的旁观者。在她看着出租车的时候,总有一种自己是远远地独自在海上的感觉;她始终感到活在世上,即使是一天,也充满了许多危险。倒并不是她觉得自己有多么聪明,或者有多么不一般。她想象不出来自己是怎么靠着丹尼尔斯小姐教给他们的那点零星知识过了大半辈子的。她什么也不懂,不会外语、不懂历史,现在除了躺在床上读读回忆录,她几乎什么书也不看。但是对于她来说眼前的一切极其引人入胜,所有的一切,包括过往的出租车辆。她不愿议论彼得,她不愿议论自己,我这样,我那样。

她唯一的天分是几乎能凭直觉了解人,她心里想着,一面继续往前走。如果你把她和另外一个人放在同一间房间里,她会像猫一样警觉,噌地弓起背;或者会像猫一样愉快地发出呜呜声。德文希尔公爵府、巴斯伯爵府、那座装饰着瓷制白鹦鹉的府邸,她都曾看见过它们灯火辉煌的时候;她也记得西尔维亚、弗雷德、莎利·西顿——这么多的人,通宵达旦地跳舞;运货马车沉重缓慢地经过,向市场驶去,以及驱车穿过公园回家。她记得有一次把一枚一先令的硬币扔进了公园的蛇形湖里。但是人人都会记得过去的事;而她热爱的是此时、此地、眼前的一切;出租车里的胖女人。那么,这重要吗?她在向邦德街走去时自问,她的生命最终必定会完全停止,这重要吗?没有她而这一切必将继续存在下去;她感到怨恨吗?抑或,相信死亡使一切完全终结，不也令人感到安慰吗？但在伦敦的大街上，不知怎的，在这儿那儿，经历了沧桑岁月，她幸存了下来，彼得幸存了下来，生活在彼此心中，她坚信自己是家乡树木的一部分；是那座难看的、杂草丛生破败不堪的宅子的一部分；是她从未曾得见的人们的一部分。她像一层薄雾，铺展在她最熟悉的人们之间，他们像她看到的树木托起薄雾一般用自己的枝丫将她托起，但她的生活、她自己，伸展得是这样遥远。但是，当她往哈查兹书店的橱窗里看去时，她在梦想着什么呢？她想追忆的是什么？在她读着摊开的书页上的诗句：

不要再怕炎炎骄阳，

也不要害怕寒冬肆虐。[1]

心中出现的是什么样的乡间白色黎明的意象？这个世界的最新经历使他们所有人、所有的男人和女人心中溢满泪水。泪水和悲哀，勇气和忍耐，一种极度正直和坚毅的态度。比如说，想一想她最敬佩的那位女性，贝克斯伯罗夫人主持义卖市场开幕式的情景吧。

这里有乔罗克斯的《野游和欢宴》[2]；有《肥皂海绵》[3]和阿斯奎斯

---

[1] 见莎士比亚《辛白林》，第四幕第二场中的一首挽歌。
[2] 乔罗克斯的《野游和欢宴》，最初是英国体育记者罗伯特·瑟蒂斯（1805—1864）为《新体育》所写的以名叫乔罗克斯的一个伦敦佬为主人公的滑稽故事，后于1838年收集成册出版，名为《野游和欢宴》。
[3] 《肥皂海绵》，罗伯特·瑟蒂斯1853年出版的《海绵先生游历》一书的简称，其主人公的名字叫肥皂海绵。

夫人[1]的《回忆录》及《尼日利亚大型猎物射捕记》,全都打开着陈列在那里。那儿有那么多的书;可是似乎没有一本非常适合带给疗养院里的伊芙琳·惠特布莱德。没有什么书可以用来让她高兴,可以使那个干瘪得难以形容的瘦小女人在克拉丽莎进门的时候露出哪怕片刻的亲切表情,然后再坐下来开始关于妇女病的漫无止境的谈话。她是多么希望这样啊——当她进门时人们脸上现出高兴的神情,克拉丽莎想着,转身重新向邦德街走去,心里很气恼,因为做事情非得找点别的原因是很愚蠢的。她宁愿自己是个像理查德那样的人,他们做事情完全是为了自己,而她呢,她在等着过马路时心里想,一半的时候她做事不只是为了去做这些事,而是为了让别人这样或那样想。她知道,这样做愚蠢之极(警察现在举起了手),因为谁也不会上当,哪怕是一秒钟的工夫。啊,如果她能重新从头生活一次多好!她想道,一面踏上了人行道,甚至连长相都会不同呢!

首先她会像贝克斯伯罗夫人那样肤色微黑,有着像起皱的皮子般的皮肤和美丽的眼睛。她会像贝克斯伯罗夫人那样动作缓慢庄重;个头大;像男人那样对政治感兴趣;拥有一幢乡间宅邸;非常高贵,非常真诚。而她自己有的却是像豌豆秆般瘦小的身材;像鸟脸般可笑的小尖脸。确实,她姿态优美,手和脚很好看,衣着考究,尽管花在上面的钱并不多。但是现在她常常感到她的这个躯体(她驻足观看一幅荷兰画),这个具有其一切功能的躯体似乎变得不存在了——根本不存在了。她有种最奇怪的感觉,感到自己是个隐身人,无人

---

[1] 阿斯奎斯夫人(1864—1945),英国作家。

能见,无人能知;现在不再有结婚,不再有生儿育女,有的只是和街上的人群一起,令人惊异地、相当庄严地沿邦德街行进,自己作为达洛维夫人;甚至也不再是克拉丽莎。这是理查德·达洛维夫人的感觉。

邦德街令她着迷。商业旺季里清晨时分的邦德街,它那飘扬的旗帜,它的商店,没有铺排,没有炫耀,一匹粗花呢陈列在她父亲五十年间一直在那儿买套装的商店里,几粒珍珠;放在冰块上的大马哈鱼。

"就是这样。"她看着鱼店自语。"就是这样。"她重复道,在手套店门前停了下来,在战前,你可以在这里买到几乎完美的手套。她的老叔叔威廉从前常说,可以从鞋子和手套看出一个淑女来。在战争中间一天早上他死在了床上。他曾说:"我活够了。"手套和鞋子,她特别钟情于手套;但是她的女儿,她的伊丽莎白,却对两样都没有任何兴趣。

没有任何兴趣,她心想,继续沿邦德街走下去,到每次她开晚会给她留花的一家店里去。伊丽莎白真正最爱的是她的狗。今天早上整座房子里都有一股柏油味儿。不过,可怜的小狗小灰总比基尔曼小姐好一点;就算狗瘟、柏油及诸如此类的东西也比坐在密不透气的卧室里端着本祈祷书强!她几乎要说,什么都比这强。但是也可能这只是一个阶段,如理查德所说的那样,是所有的女孩子都要经历的。可能是爱上谁了。但为什么是基尔曼小姐呢?当然她的遭遇很不幸;应该考虑到这一点,理查德说她很能干,具有历史头脑。总之她们形影不离,而伊丽莎白,她的亲生女儿,竟然去行了圣餐礼;

她如何穿着、如何对待来吃午饭的客人，她倒一点也不在乎，因为经验告诉她，宗教狂热使人变得冷漠（为之奋斗的事业也是如此）；在感情上麻木不仁，因为基尔曼小姐为俄国人什么都愿意干，她为奥地利人忍饥挨饿，但是在个人的事上却给人巨大的折磨，她是这样麻木，老穿件绿色防水布外衣。她一年又一年地穿着那件外衣；她总是出汗；她只要在屋子里待上五分钟就必定让你感到她的优越，你的低劣；感到她是多么贫穷，你是多么富有；她如何住在贫民窟里，没有靠垫或床或小地毯或任何别的东西，她的灵魂带着深深插入其中的抱怨锈住了，她在战争期间被学校开除了——可怜的满腹怨恨的不幸的人！因为人们恨的不是她，而是她代表的想法，毫无疑问这想法里面包含了许多不是基尔曼小姐的东西；她变成了人们夜间与之斗争的幽灵之一；那种叉开两腿跨在我们身上，吸去我们一半生命之血的幽灵之一，是统治者和暴君之一；因为无疑如果再掷一次骰子的话，假如是黑色而不是白色占上风，她会喜欢基尔曼小姐的！但是不会在今生。不可能。

但是她觉得很焦躁不安，让这样一个残忍的魔鬼在她心中搅动！她在她的灵魂、这片枝繁叶茂的森林的深处听到了树枝断裂的噼啪声，感到魔蹄的践踏；再不能感到充分的满足或安全，因为任何时候这恶魔、这仇恨都会搅动起来，特别是在她病后，使她感到受到刮擦、脊柱受损，给她肉体的痛苦，而且使她从美、友谊、健康、被爱和使家庭赏心悦目中获得的一切乐趣产生动摇、震颤、扭曲，仿佛真的有一个魔鬼在挖她的根，仿佛她整个心满意足的盔甲都只不过是自恋而已！这样的仇恨！

胡扯，胡扯！她对自己呼喊道，一面推开马尔伯里花店的转门。

挺直修长的身子，轻盈地走上前去，立刻受到了有着纽扣般小圆脸的皮姆小姐的欢迎，她的两只手总是通红，好像老是和花一起泡在冷水里似的。

到处都是鲜花：翠雀花、香豌豆花、一束束丁香花；有康乃馨，许许多多的康乃馨。那儿有玫瑰，有蝴蝶花。哦，有许多花——因此当她站在那儿和皮姆小姐说话时，同时呼吸着带有泥土气息的花园的馨香。皮姆得到过她的帮助，认为她很和善亲切，她多年前是很和善亲切的；非常和善亲切，但今年她显老了一些，她半闭着眼睛，头在蝴蝶花、玫瑰花和一丛丛上下摆动的丁香花间转来转去，在大街上的喧嚣之后尽情地闻吸这醉人的芳香，这沁人的清凉。然后她睁开了眼睛，玫瑰花显得多么清新啊，就像刚从洗衣房出来的叠放在柳条托盘中带花边的亚麻织物；红色的康乃馨浓郁端庄，高抬着头；所有的香豌豆花都在盆中伸展着，浅紫色的、雪白的、灰白的——仿佛现在已是黄昏，美好的夏日白昼已经过去，天空是一片深蓝色，到处是翠雀花、康乃馨、百合花；这时，穿着薄纱上衣的姑娘们出来采摘香豌豆花和玫瑰花。正是傍晚六七点钟之间，每一种花——玫瑰、康乃馨、蝴蝶花、丁香花——都鲜艳夺目；白色、紫色、鲜红、深橙色；每一朵花都似乎各自在朦胧的花坛中燃烧，柔和而纯洁。她是多么喜欢那灰白色的蛾子啊！它们在香水草、在黄昏中的樱草花间飞旋，飞进飞出，飞上飞下。

当她开始和皮姆小姐一起从一个花罐走到另一个花罐，挑选着鲜花时，她暗自说道，胡扯，胡扯，说得越来越轻柔，仿佛这美、这芳香、这色彩,以及皮姆小姐的好感和信任,是一股波浪,她听任它涌过她的全身,征服那仇恨、那魔鬼,征服一切;这股波浪把她托起、托起,突然——啊!外面大街上响起了枪声!

"天啊,那些汽车。"皮姆小姐说,手里满捧着香豌豆花走到窗前去张望,又抱歉地笑着走了回来,好像那些汽车,那些汽车胎,全都是她的过错。

把达洛维夫人吓了一跳、使皮姆小姐走到窗前去并道歉的猛烈的爆炸声,来自一辆小轿车,它已经停在了正对马尔伯里花店橱窗的人行道边上。行人当然都停下脚步看热闹,正好看见浅灰色座位靠背上一个极端重要的人物的面孔,随即一只男人的手拉上了窗帘,于是除了一方浅灰色以外就什么也看不见了。

然而流言立刻从邦德街中段传出,一头传到了牛津街,另一头传到了阿特金森香水店。它既看不见又听不见,像一片浮云,迅速地如面纱般飘到山头,确实以云一般突然而至的庄重和静谧飘落到一秒钟前还全然是一片慌乱的人们的脸上。现在神秘之翼擦过他们身旁;他们已听到了权威的声音;宗教的灵魂弥漫在四处,她的眼睛被紧紧地蒙住,她的嘴唇大张着。但是没有人知道看见的是谁的脸。是威尔士亲王的,还是王后的,还是首相的?究竟是谁的脸?没有人知道。

埃德加·杰·沃基斯胳膊上绕着一卷铅管,用人们听得见的声音、当然是带着幽默的口气说道:"所相(首相)的汽擦(汽车)。"

塞普蒂莫斯·沃伦·史密斯发现自己无法通过,听见了这句话。

塞普蒂莫斯·沃伦·史密斯,三十岁光景,脸色苍白,鹰钩鼻,穿一双棕黄色的鞋子和一件破旧的大衣，淡褐色的眼睛中流露出恐惧的神情，使得完全陌生的人看见了也生出恐惧感来。世界已经举起了鞭子，它会落向何处？

一切都停顿了。汽车发动机的震动犹如脉搏，不规则地敲击着全身。太阳变得异常炎热，因为那辆轿车停在了马尔伯里的橱窗外；在公共汽车上层的几个老太太打开了黑色的遮阳伞；这里一把绿伞、那里一把红伞轻轻啪的一声撑开。达洛维夫人怀里抱着大捧香豌豆花来到窗前，粉红的小脸充满疑问地皱着，向外张望。人人都在看着那辆轿车。塞普蒂莫斯在看。骑自行车的男孩跳下车来。车辆越集越多。而那辆轿车就停在那儿，窗帘拉着，塞普蒂莫斯觉得上面的图案很古怪，像一棵树。这种就在他眼前把一切逐渐吸引到一个中心来，仿佛某种恐怖之物马上就要浮出表面，即将爆发出熊熊烈焰的景象，使他感到十分恐惧。世界在动摇，在震颤，有熊熊燃烧的危险。他想，是我堵住了路。难道人们不是在看着他，对他指指点点吗？难道他不是为了一个目的才像在人行道上生了根般站在那里的吗？但是为的是达到什么目的呢？

"咱们接着往前走吧，塞普蒂莫斯。"他的妻子说，她是个小个子女人，黄色的尖脸蛋上有一双大眼睛，是个意大利姑娘。

但是卢克雷齐娅自己也禁不住看着那轿车和窗帘上的树形图案。里面是王后吗？——王后出来购物吗？

一直在打开什么、转动什么、关上什么的司机这时进到了驾驶室里。

"走吧。"卢克雷齐娅说。

但是她那结婚已经四五年了的丈夫惊得跳了起来,生气地说了声:"好吧!"好像她打断了他的沉思似的。

人们一定注意到了;人们一定看见了。人们,她看着瞪着轿车看的人群心里在想。英国人,以及他们的孩子、马匹和衣服,她对这一切有着某种程度的羡慕;但现在他们只是"人们"而已,因为塞普蒂莫斯说过,"我要杀死自己",说这种话太可怕了。要是有人听见了呢?她看了看人群。救命,救命!她想对肉店的伙计和女人们大喊救命!就在去年秋天,她和塞普蒂莫斯两人合披着一件斗篷站在泰晤士河的河堤上,塞普蒂莫斯没有说话,而是在看报,她从他手里夺下报纸,当着看见他们的那个老人大笑起来!可是失败是要掩盖起来的。她必须带他离开这儿,到某个公园去。

"现在我们该过马路了。"她说。

她有权挽起他的胳膊,尽管不带任何感情色彩。他会把胳膊伸给她,她单纯、爱冲动、只有二十四岁、在英国举目无亲、为了他才离开了意大利、骨瘦如柴。

那辆拉着窗帘、神秘难测的轿车向皮卡迪里大街驶去,但依然受到人们的注视,依然以其不变的神秘而令人崇敬的气息引起街道两边人们脸上表情的波动,至于是对王后、王子还是首相就不得而知了。车里的那张脸本身只有三个人看见了,而且只有几秒钟的工夫。现在对那人的性别也有了争议。但是里面坐着的是个大人物则是没有疑问的。大人物隐蔽着经过了邦德街,离平民只有一步之遥,这些人可能是平生第一次也是最后一次离英国君主、国家的不朽象征只有咫尺之距。到将来伦敦成了长满青草的小径,所有在这个星期三早晨匆匆行走在人行道上的人都成了白骨，只剩下混在尸骨中的几只结婚戒指和无数烂牙里的黄金做的填塞料，那时好奇的文物学家在岁月的废墟中探究审视，轿车里的脸才会真相大白。

很可能是王后，达洛维夫人捧着买好的鲜花走出马尔伯里花店时心里在想：是王后。她在阳光下站在花店旁边，当那辆拉紧窗帘的轿车在离她一英尺处驶过时，她的脸上瞬间出现了极度庄严的神情。也许是王后到哪家医院去；或者王后出席某个义卖市场的开幕式，克拉丽莎心里在想。

这个时候街上就这样拥堵了。不知是不是洛兹伦敦大板球场，或是阿斯科特赛马场，或是赫林海姆马球场有什么比赛？她琢磨着，因为街道挤得水泄不通。那些坐在公共汽车顶层两边的英国中产阶级人士，手里拿着包裹和雨伞，真的，有人甚至在这样的天气还穿着皮大衣，她想，他们真是可笑，简直可笑得超出了任何想象。而王后本人也被堵住了，也无法通过。克拉丽莎被阻在布鲁克街的一侧。那位老法官约翰·巴克赫斯特爵士被阻在另一侧，中间隔着那辆轿车（约翰爵士多年参与立法，喜欢穿戴讲究的女人）。这时那位司机稍稍探出了一点身子，不知是对警察说了些什么还是给他看了看什么东西，那警察敬了个礼，举起胳膊，头猛地一摆，指挥公共汽车开到一边，小轿车便开了过去。它缓缓地、无声无息地向前开去。

克拉丽莎猜到了。克拉丽莎当然明白，她刚才看见了男侍手里的一个白色的魔力无穷的东西，是个圆牌，上面刻着名字——是王后的，还是威尔士亲王的，还是首相的？——这块圆牌凭借着自身的光辉，烧开了一条通路（克拉丽莎看着车渐渐变小、消失），那天晚上，它将在白金汉宫大放异彩，在巨大的枝形烛台、闪耀的星形勋章、板直地挂着橡叶勋章的胸膛、休·惠特布莱德和他所有的同事、英国的绅士们中间熠熠生辉，而克拉丽莎也要举行晚会。她微微挺了挺身子，她将这样站在自己的楼梯口上。

　　轿车已经开走了，但留下了一丝余波，流过邦德街两侧的手套店、帽子店和成衣店。有三十秒钟工夫所有的脑袋都向着同一个方向——窗子。正在选手套的女士们——是要齐臂肘的还是超过臂肘的？柠檬黄色的还是浅灰色的？——都停了下来；刚说完话一件事就已经发生了。这种事单独出现时是微不足道的，没有任何数学仪器，即便是能传送发生在中国的震动的，也无法记录它的颤动；然而全部汇集在一起时却相当令人畏惧，能强烈地打动公众的感情；因为在所有的帽子店和成衣店里互不相识的人都看着对方，想到了死去的人们，想到了国旗，想到了大英帝国。在一条偏僻小街上的一家小酒店里，一个殖民地来的人言辞间侮辱了温莎王室，引起了争吵，摔破了啤酒杯，激起了一片混乱。这喧闹声奇怪地传到了街对面，回响在为婚礼购买饰有洁白的丝带的白色内衣的姑娘们的耳朵里。因为经过这里的那辆小轿车所引起的表面的激动，在逐渐平静的过程中触动了某种非常深沉的东西。

　　那辆轿车轻捷地穿过皮卡迪里广场，拐进了圣詹姆斯大街。高大的男人，健壮的男人，衣着考究的穿着燕尾服和白衬衫、头发往后梳的男人，出自难以分辨的原因，这时都站在布鲁克斯酒家的凸窗前。双手背在燕尾服后面看着窗外，他们本能地感觉到大人物正从此处经过，不朽的伟人发出的微光照在了他们身上，正如刚才照在了克拉丽莎·达洛维身上一样。顿时，他们站得更直了，手也不再放在背后，似乎随时都准备好为他们的君王效劳，如有必要，他们会像他们的先辈一样面对敌人的大炮。背后的白色半身塑像和放着《闲谈者》杂志及苏打水瓶的小桌子似乎也在表示着赞许。它们似乎象征着英格兰滚滚的谷物和庄园宅邸；似乎把车轮轻微的沙沙声反射出去，就像低音廊的墙壁反射一个声音，借助于整个大教堂的力量，使声音变得高昂洪亮。围着披巾的莫尔·普拉特手拿鲜花站在人行道上，祝愿那亲爱的青年人身体健康（里面肯定是威尔士亲王），要不是看到警察在盯着她，阻止她这个爱尔兰老妇表忠心的话，她就会出于轻松的心情和对贫穷的蔑视，把一罐啤酒的钱——一束玫瑰——抛到圣詹姆斯街上去。向圣詹姆斯宫的卫兵敬礼致意，向亚历山德拉皇太后的警察表示赞许。

与此同时，白金汉宫大门前已经聚集起了一小群人。他们都是穷人，无精打采然而又满怀信心地等待着。他们看着飘着国旗的王宫，看着在高台上衣服飘起的维多利亚女王[1]，观赏她周围一层层的流水和她的天竺葵；从林荫路上的汽车中一会儿挑出这一辆，一会儿又挑出那一辆来；白白地向开车出行的老百姓倾注满腔感情；当这辆或那辆车开过时又收起他们的赞美好保存起来；在整个这段时间中，他们听任流言在血管中聚集，刺激他们大腿的神经，他们想到王室在看着他们，王后低头致意，亲王在敬礼，想到上帝赐予国王们的天堂般的生活、王室侍从和深深的屈膝礼、王后过去玩的玩偶之家、玛丽

---

[1] 维多利亚女王，此处指白金汉宫前广场上的维多利亚女王的巨大雕塑像。

公主嫁给了一个英国人,还有亲王——啊!亲王!人们说他特别像老爱德华国王,可是要苗条得多。亲王住在圣詹姆斯宫,但是他可能会在早上来拜见他的母亲。

……

二

"他们在看什么呢?"克拉丽莎·达洛维问来开门的女仆。

这所房子的过厅像地窖般凉爽。达洛维夫人把一只手举到眼前,当女仆关门时,她听见了露西裙子的沙沙声,她感到自己像个远离红尘的修女,裹着熟悉的修女的头巾,产生了对过去的虔诚的感应。厨娘在厨房里吹着口哨。她听见了打字机的咔嗒声。这就是她的生活,她在过厅的桌前低下了头,接受了这种影响,感到自己得到了祝福、净化,当她拿起记有电话留言的拍纸簿时,她对自己说,这样的时刻是生命树上的蓓蕾,她心里想,它们是黑暗中的花朵(仿佛有朵美丽的玫瑰曾专门为她而开放);她从没有一刻相信过上帝;因而她更应在日常生活中报答,她拿起拍纸簿,心里想,在对待仆人,是的,对待小狗和金丝雀,特别是对待她的丈夫理查德,他是这一切的基础——这欢快的声音、绿色的灯光,甚至吹口哨的厨娘(因为沃克太太是爱尔兰人,整天都吹口哨)时——人必须用这秘密储蓄起来的美妙时刻来做出报答,她想道,一面举起拍纸簿,而露西站在她的身边正打算解释什么。

"太太，达洛维先生——"

克拉丽莎读着拍纸簿上的电话留言："布鲁顿夫人希望知道达洛维先生今天是否能和她一起共进午餐。"

"太太，达洛维先生要我告诉你，他今天在外面吃午饭。"

"哎呀！"克拉丽莎说，露西如她所希望的那样也感受到了她的失望（但没有感受到她的痛苦），感到了她们之间的默契，领会了其中的暗示，思忖着绅士阶层的人们之间的爱情，平静地为自己的未来镀上一层金色。她接过达洛维夫人的阳伞，像对待从战场光荣凯旋的女神身上摘下的一件神圣的武器，把它放在了伞架上。

"不要再害怕。"克拉丽莎说。不要再害怕骄阳的炎热，因为布鲁顿夫人只请理查德吃午饭而不请她，使她感到震动，使得她存在于其中的一刻战栗了，宛如河床上的一株植物感觉到桨划过时的震动和战栗：因此她震动，因此她战栗。

米莉森特·布鲁顿没有请她，据说她的午宴非常有趣。没有任何庸俗的嫉妒能把她和理查德分开。但是她惧怕时间本身，并且，好像是刻在毫无感觉的石头上的日晷，她从布鲁顿夫人的脸上可以看到生命如何在衰退；她的那份生命如何年复一年地被片片切掉，剩下的空间里能够伸展的余地是那么小，已不再像年轻时那样能够去吸收生存中的色彩、刺激和音调。当年她走进一个房间，里面就充满了她的存在；当她站在自己的客厅门外犹豫的那一刻，她会感到一种极度的不安，犹如会使跳水员在跃入大海前产生犹豫的那种不安：他看到下面的大海时暗时亮，汹涌而来似乎有着巨大冲击力的波浪却只轻柔地划破水面，滚动着翻起海藻，旋即以珍珠般的细浪将海藻淹没。

她把拍纸簿放在过厅的桌子上。她开始慢慢走上楼去,手扶着栏杆,好像刚刚离开一个社交聚会,在那儿,时而这个朋友、时而那个朋友使她回忆起她的面容和声音;好像她关上了门走到外面独自站着,形单影只地面对可怖的黑夜,更确切地说,是面对这个讲究实际的六月的早晨的日光;她知道对有些人来说,这个早晨柔和地发散着玫瑰花瓣的光彩,当她在开着的楼梯窗口停下脚步时,她也感觉到了这一点。窗外传来了窗帘飘动的啪啪声和狗叫声,也传来了白天的摩擦、敲打和兴旺繁荣的声音,她想着这一切,感到自己突然萎缩了,老了,胸部也平塌塌的了,她仿佛已经出了门,已经出到窗外,脱离了躯壳和现在已经不中用了的大脑,因为布鲁顿夫人——据说她的午宴非常有趣——没有邀请她。

像个退回独室的修女、探索宝塔的小孩,她走上楼去,在窗口停了一下,走进洗手间。里面铺着绿色地毡,一只龙头在滴水。生活的中心是一片空虚,阁楼上的一个房间。女人必须卸下她们华丽的衣饰。中午时她们必须脱去衣衫。她把帽针插在针插上,把带羽饰的黄色帽子放在了床上。床单很干净,像条宽宽的白带子紧绷在床上。她的床会越来越窄。蜡烛已燃掉了一半,她曾着迷地阅读马尔博男爵[1]的《回忆录》。她深夜阅读从莫斯科撤退的记述。因为下议院开会总是开到很晚,在她病后理查德坚持她的睡眠一定不能受到干扰。其实她宁愿读关于从莫斯科撤退的书。他知道这一点。因

---

[1] 马尔博男爵(1782—1854),法国将军,拿破仑时代回忆录的作者。

此她的房间在阁楼上,床很窄,她睡不好觉,躺在床上看书时总无法排除虽然生过孩子却仍保持的处女感,这感觉像床单般紧裹着她。她少女时非常可爱,但突然会有一刻——例如在克利夫登树林下面的小河上——由于这种冷漠性情的作用,她让他失望了。后来是在君士坦丁堡,以后又一再如此。她看得出自己缺乏的是什么。不是美貌,不是头脑,而是一种弥漫全身的、至关紧要的东西;一种热烈的、能冲破表层、在男女之间或女性之间的冷冰冰的接触中造成战栗的东西。她能够隐隐地觉察到这一点。她讨厌它,对它感到踌躇不安,天知道这是从哪儿来的,也许,如她所想,是大自然赐予的(大自然永远是充满智慧的);然而有时她却禁不住为女人的魅力所吸引,不是年轻姑娘,而是对她坦述自己落入的困境或干出的傻事的女人,她们经常这样做。究竟是出于同情,还是喜欢她们的美丽,还是因为自己年纪要大一些,还是一些偶然因素——比如说一缕淡淡的香气,或隔壁传来的小提琴声(某些时刻声音的力量是如此奇特),都会确确实实地使她产生男人那样的感觉。这只是片刻的感觉,但已经足够了。这是突然的启示,其滋味有点像脸红,你想要制止住,但红晕却不断扩散,你也只好听之任之,冲到最远的边上去发抖,感觉世界在向你逼近,充满了某种惊人的意义,某种狂喜所生的压力,它挣破了薄薄的表皮喷涌而出,填满了裂口和创伤,带来了巨大的慰藉!然后,就在那一刻,她看见了光明:一根火柴在一朵藏红花中燃烧;一种内在的含义几乎被表述了出来。但是亲密的离开了,坚硬的软化了。那个时刻——逝去了。和这样的时刻(包括和女性在一起的)形成对比的(她把帽子放下)是床和马尔博男爵的书和点掉了一半的蜡烛。她醒着躺在床上,地板发出吱嘎声,灯火明亮的房子突然黑了下来,如果她抬起头来,就能隐约地听到咔嗒一响,是理查德正尽量轻轻地松开门把手,他只穿着袜子悄悄溜上楼,然后却常常把热水袋掉到地上,于是嘴里诅咒起来。她那个笑啊!

但是这个爱情的问题(她一面把大衣收起来,一面想),这个爱上了女人的问题。就拿莎利·西顿来说吧:她从前和莎利的关系。无论如何,难道那不就是爱情吗?

……

三

她的晚礼服都挂在衣橱里。克拉丽莎把手伸进柔软的衣服之中,轻轻取出那件绿色的裙衣,拿到窗子旁。衣服撕破了,有人踩在了裙子上。在大使馆的晚会上她感觉到裙腰的褶子处被扯开了。在灯光下绿颜色会发亮,但是现在在太阳光下一点也不鲜艳。她要把它补上。她的女佣们事情太多了。她今晚就穿它。她要拿上她的丝线、她的剪刀、她的——什么来着?——哦,当然,她的顶针,到楼下客厅里去,因为她还要写信,并且要照料好一切,使各种事情大致准备就绪。

多么奇怪,她在楼梯平台上停住脚步,把自己组合成那个钻石形的、单一的人时,心里在想,多么奇怪,一个女主人对自己家里的重大时刻、它的特性有这样的了解!轻微模糊的声音顺着楼梯井盘旋而上:拖把的索索声、轻叩声、撞击声、大门打开时的响声、地下室里一个重复什么口信的声音、托盘上银餐具相碰时的叮当声，和为晚宴准备的干净的银餐具。一切都是为了这次晚宴。

（这时露西端着托盘走进了客厅，把巨大的蜡烛台放在壁炉台上，把银盒子放在中间，把水晶海豚转过来对着钟。他们会来，他们会站在这里；他们会用她露西也能模仿的装腔作势的调子说话，那些绅士淑女们。在所有的人之中，她的女主人是最可爱的——她是银餐具、亚麻织品、瓷器的女主人；因为那太阳、那银餐具、摘下来的门扇、朗普尔迈耶店里来的工人全都使露西感到某种成就感，这时她把裁纸刀放在了嵌花桌子上。她第一次干活是在坎特汉姆的一家面包店里，那时她盯着玻璃窗看着，对老朋友们说，看呀！看呀！她就是安吉拉夫人，玛丽公主的侍女。这时达洛维夫人一脚走了进来。）

"啊，露西，"她说，"银餐具看上去确实漂亮！"

"还有，"她一面转动水晶海豚使它直立起来，一面问道，"昨晚的戏好看吗？""哦，他们没等演完就得离开！"她说。"他们十点得回来！"她说。"所以他们不知道结局。"她说。"那可真不走运。"她说（因为如果他们提出来的话，她的仆人可以待得晚一些）。"那确实不应该。"她说。她拿起沙发中间一只秃秃的旧靠垫，放在露西的怀里，轻轻推了她一下，大声说：

"拿走！拿去给沃克太太，说我问候她！拿走！"她大声说道。

露西拿着靠垫在客厅门口停了下来，微红着脸，非常不好意思地说，她不能帮她补那件裙衣吗？

可是，达洛维夫人说，她手头的事情已经够多的了，不补衣服就够她忙的了。

"不过,谢谢你,露西,啊,谢谢你。"达洛维夫人说,"谢谢你,谢谢你。"她继续说道(她在沙发上坐下,裙衣放在膝盖上,还有剪刀,丝线),"谢谢你,谢谢你。"她继续说,表示对所有的仆人的感谢,他们帮助她成了现在的她,成了她希望的样子:温柔、心地宽厚。她的仆人们喜欢她。现在看她的这件裙衣——撕破的地方在哪儿?现在该穿针了。这是她最喜欢的一件裙衣,是萨利·帕克做的,几乎是她最后做的几件衣服之一了,唉,萨利现在已经退休了,住在伊林,假如我能找到一点时间,克拉丽莎想(但是她永远也不会有任何时间了),我就要到伊林去看她。因为她与众不同,克拉丽莎想道,一个真正的艺术家。她想到萨利一些古怪的小事;但她做的衣服却从来不怪。你可以在哈特非尔德穿,在白金汉宫穿。她就穿着它们去过哈特非尔德,去过白金汉宫。

宁静降临她的身心,她感到平静、满足,手里的针把丝线一针针平滑地拉到头,把散开的绿色褶子折拢轻轻地缝在裙腰上。于是,在一个夏日里,海浪聚拢、失去平衡、跌散;聚拢又跌散;整个世界似乎都在越来越沉重地说"无非如此",直到连躺在海滩上晒太阳的人躯体里的那颗心也说,无非如此。不要再害怕,那颗心说。不要再害怕,那颗心说,把沉重的负担交付给大海,它为一切的忧伤叹息,然后复苏、开始、聚拢、跌散。只有躯体在倾听飞过的蜜蜂的嗡嗡声;海浪的拍击;狗的吠叫,远远的,叫了又叫。

"天哪,前门的门铃响了!"克拉丽莎喊道,停下了手里的活计。她惊起,侧耳倾听。

"达洛维夫人会见我的。"门厅里一个上了年纪的男人说道。"啊,是的，她会见我的。"他重复道，并且非常和善地推开了露西，飞快地跑上楼去。"是的，是的，是的，"他边跑上楼边喃喃道，"她会见我的。在印度五年了，克拉丽莎会见我的。"

"谁会——什么事情会？"达洛维夫人自问（心想，在她要举行宴会的这一天的上午十一点钟竟然有人来打搅她，实在是太不像话了），这时她听见楼梯上的脚步声。她听见有人把手放在门上。她似乎要把裙衣藏起来，就像一个处女要保护贞操，尊重私密。这时铜门把手滑动了。现在门开了，进来的人是——有么一秒钟她想不起他的名字！她看见他感到这样惊奇、这样高兴、这样羞涩，彼得·沃尔什在上午出乎意料地来看她，太让她吃惊啦！（她还没有读他的信。）

"你好吗？"彼得·沃尔什说，他实实在在地在发抖；他把她的两只手都握住，两只手都吻了。她比以前老了，他心里想着，坐了下来。我不会告诉她的，他想，因为她比以前老了。她在看着我，他想。一阵突然的窘迫感向他袭来，尽管他已经吻过了她的手。他把手放进口袋里，拿出了一把大折刀，打开了一半。

完全是老样子，克拉丽莎想。同样的古怪神情；同样的格子套装；他的脸有一点歪，也许干瘦了一点，但是看上去非常健康，而且一点也没变。

"又见到你真太好了！"她大声说道。他把折刀打开了。他专爱干这种事，她想道。

他昨天晚上刚到城里，他说马上就得到乡下去；情况好吗？大家都好吗？——理查德、伊丽莎白，都好吗？

"这是怎么回事?"他把折刀歪着指向她的绿裙衣,问道。

他衣着很考究,克拉丽莎想,可是他总是批评我。

这会儿她正在补衣服,和往常一样补衣服,他暗想,我在印度的所有时间里她就坐在这里,补她的衣服,四处闲晃,参加聚会,跑到下议院去再回来,等等,他想到此处,变得越来越恼火,越来越激动不安,因为对于某些女人来说,世界上再没有比婚姻更糟糕的事了。他想,还有涉足政治,还有嫁了个保守党人丈夫,像那位可敬的理查德。就是这样,就是这样,他心想,啪的一声合起了折刀。

"理查德很好。理查德在一个委员会开会。"克拉丽莎说。

她打开剪刀,问他是否介意她把裙衣补完,因为他们晚上有宴会。

"我不打算邀请你。"她说。"我亲爱的彼得!"她说。

听见她这样叫自己——我亲爱的彼得!——太美妙了。确实,一切都这么美妙——银餐具、椅子,全都这么美妙!

她为什么不打算邀请他参加她的宴会?他问道。

当然,克拉丽莎想,他真让人着迷,绝对让人着迷!我现在还记得,在那个可怕的夏天,要下决心不和他结婚难透了——我为什么又下了这个决心呢?她琢磨着。

"可是你今天早上会到这里来,太不寻常了!"她高声说道,一面把两只手交叠着放在了裙衣上。

"你还记得吗?"她说,"在伯顿的时候,窗帘总是拍打得啪啪响?"

"没错。"他说。他还记得独自非常尴尬地和她父亲一起吃早饭,他已经去世了,而他也没有给克拉丽莎写信。不过他一直就和老帕里合不来，那个牢骚满腹、缺乏主见的老头，克拉丽莎的父亲贾斯廷·帕里。

"我常常希望当时和你父亲相处得好一点。"他说。

"可是他从来没有喜欢过任何一个——我们的朋友。"克拉丽莎说。她本该咬住舌头，不该这样提醒彼得他曾经想和她结婚。

我当然这样想过，彼得想道，而且这事几乎使我心碎，他想道。他沉浸在自己的悲伤之中，他的悲伤犹如从平台看去的一轮月亮在逐渐上升，在夕晖中苍白而美丽。他心想，从那以后，我再没有像那样痛苦过。他感到仿佛真的是坐在平台上，把身子稍稍挪向克拉丽莎，伸出手，举起来，又放下了。它就挂在他们上方，那轮月亮。她仿佛也和他一起坐在平台上，坐在月光下。

"现在房子归赫伯特了。"她说。"我现在不再去那儿了。"她说。

这时，正如月光下平台上会发生的那样，其中一个人因为已经厌烦而开始感到惭愧，而另一人却一声不响地坐着，非常安静，凄然地看着月亮，前者便也不愿说话，只是挪挪脚，清清嗓子，注意到桌子腿上的旋涡形铁饰，动动一片花叶，但什么也不说——彼得·沃尔什现在就是如此。因为，为什么要这样去回顾往昔呢？他想。为什么要让他再忆起那事呢？她已经那样残酷地折磨了他，为什么还要让他痛苦？为什么？

"你还记得那个湖吗？"她说，声音粗哑，心中剧烈的感情压得她喉部肌肉发僵，在说"湖"字时嘴唇发抖。因为当时她是个孩子，站在父母之间把面包扔在湖里喂鸭子，而同时又是一个成年女子，捧着自己的生活走向站在湖边的双亲。当她走近他们时，她捧在怀中的生活越变越大,最后变成了一个完整的生活、全部的生活,她将这个生活放在他们身边,说:"这就是我一生的结果!这就是!"而她一生的结果是什么呢?究竟是什么呢?就是今天上午缝着衣服和彼得坐在一起。

她看着彼得·沃尔什,她的目光穿越了层层岁月和那份情感迟疑地落到他的身上,泪汪汪地在他身上停留,然后目光抬起飘颤而去,就像一只小鸟稍落枝头便颤动着翅膀飞去。她毫不掩饰地擦了擦眼睛。

"记得。"彼得说。"记得,记得,记得。"他说。仿佛她把什么东西吸引到了表面上来,而当它升起时肯定无疑地伤害了他。别说了,别说了,他想大喊。因为他还不老,他的生活还没有结束,根本没有。他才刚过五十。我要不要告诉她呢?他心想。他很想和盘托出一切。但是她太冷漠了,他想,只顾又剪又缝的,戴西在克拉丽莎旁边会显得非常平庸。她会认为我是个失败者,从他们的意义上,从达洛维家的意义上,我是个失败者。啊,是的,他毫不怀疑这一点,他是个失败者,和这一切相比——嵌花桌子、刀柄镶宝石的裁纸刀、那只海豚和烛台、椅套和珍贵的英国古老的淡彩版画——他是个失败者!我憎恶这一切中反映的自命不凡;我憎恶理查德的这些做派,而不是克拉丽莎的做派;她嫁给他这件事除外。(这时露西走进了屋子,端着银餐具,更多的银餐具,但她样子很可爱、苗条、举止优雅,当她弯腰把银餐具放下时他心里想。)而这些年来这一切始终在继续着!他想,一周又一周,克拉丽莎的生活,与此同时我——他想,顿时从他身上仿佛散发出了他生活中的一切:旅程、骑马、争吵、历险、桥牌聚会、风流韵事,以及工作、工作、工作!他毫不遮掩地拿出了折刀——他的那把牛角柄的旧折刀,克拉丽莎敢打赌三十年来他一直就用的这把刀——一把攥在了手心里。

这是个多么奇怪的习惯,克拉丽莎想道,总是玩弄刀子。而且总让人觉着自己轻浮、头脑空虚、只不过是只愚蠢的话匣子,如他曾说过的那样。但我也是,她想。她拿起了针,召唤帮助,就像一个因卫兵睡着了而无人保护的女王(他的来访使她非常吃惊——搅得她心烦意乱),任何人都可以信步走入,来看在弯垂的荆棘枝下躺着的她,她召唤帮助,召唤她做过的事,她喜爱的一切,她的丈夫,伊丽莎白,她自己,现在彼得已几乎不了解她这个自己了。总之,她要召唤这一切来到她的身边,击退敌人。

"那么,你的情况怎样?"她问道。就这样,在战斗开始之前,战马踢地、仰头,腹背鬃毛闪闪发亮,脖子弯成弧形。就这样,彼得·沃尔什和克拉丽莎并排坐在蓝沙发上,彼此挑战。他的力量在体内涌腾。他从不同的方面把各式各样的事情集中到一起:他受过的赞扬;他在牛津的事业;他的婚姻,对此她一无所知;他曾经怎样爱过;以及总的来说是如何完成任务的。

"千百万件事情!"他大声说,积聚起来的力量这时横冲直撞,使他感到像被不再看得见的人们抬在肩上,急速掠过半空,既害怕又兴奋。在这种力量的驱使下,他把两只手举起放在额头上。

克拉丽莎直挺挺地坐着,屏住气息。

"我恋爱了。"他说,然而不是在对她说,而是对黑暗中高处的某个女人在说,你触摸不到她,而只能把花环放在黑暗中的草地上。

"恋爱了,"他重复道,这次是干巴巴地对克拉丽莎·达洛维说的,"爱上了在印度的一个姑娘。"他已放好了花环。随便克拉丽莎怎么想吧。

"恋爱了!"她说。在他这个年纪,系着个蝴蝶领结,居然会被那个魔鬼吞没掉!你看他脖子上一点肉也没有,手红了吧唧,而且他比我还要大六个月呢!她把目光闪回到自己身上;但是她内心仍然感到他是在恋爱。他有爱情,她感到,他是在恋爱。

但是那不屈不挠的自我中心感永远要把反对它的大军踏翻在地,那是一条总是说向前、向前、向前的河流;尽管它承认可能对于我们根本就没有什么目标,还仍然要向前、向前。这个不屈不挠的自我中心感使她脸蛋发红,显得非常年轻,非常健康,眼睛非常明亮。她坐在那儿,裙衣放在膝头,针把绿丝线拉到头后停在那里,微微颤抖着。他恋爱了!爱的不是她。当然爱上的是某个年纪比她小的女人。

"那么她是谁呢?"她问道。

现在这个雕像必须从放置着的高处拿下来,摆在他们之间。

"很遗憾,是个已婚女人,"他说,"丈夫是印度陆军的少校。"

他以这种可笑的方式把她放在了克拉丽莎的面前时,他甜蜜的微笑中带着一丝古怪的嘲弄味道。

(不管怎样,他是在恋爱,克拉丽莎想道。)

"她有两个很小的孩子,"他很理智地继续说道,"一个男孩一个女孩,我回来是和律师商量有关离婚的事的。"

他们就是这个情况!他想。你愿意怎么对待他们就怎么对待他们吧,克拉丽莎!他们就是这个情况!在克拉丽莎审视他们的时候,他似乎感到印度陆军少校的那位妻子（他的戴西）和她两个幼小的孩子每一秒钟都变得更为可爱；仿佛他只是把光打在盘子里的一粒小灰球上，但在他们俩那生机勃勃的带着海水咸味的亲密氛围中，生长起了一棵可爱的小树（因为从某些方面来说，没有人能像克拉丽莎那样理解他，同情他）——他们之间那异常亲密的氛围。

她吹捧他；她愚弄他；克拉丽莎想道，她三刀就刻出了那个女人、那位印度陆军少校的妻子的轮廓。真是糟蹋了他！真愚蠢！彼得一辈子都像这样被愚弄；先是被牛津大学开除；后来和在去印度的船上认识的一个女孩子结了婚；现在又是印度陆军少校的妻子——感谢老天，当初她没有答应嫁给他！不过，他是在恋爱；她的老朋友，她亲爱的彼得，他在恋爱。

"那你打算怎么办？"她问道。哦，林肯法律协会的胡珀和格雷特利律师事务所的律师们自会去办的，他说。他还真用折刀修起指甲来了。

看在老天的分上，别鼓捣那把刀子了！她感到一阵无法压制的恼怒，在心里暗自大喊道。使她恼怒的是他那份愚蠢的不顾传统习俗的表现，这是他的弱点；他缺乏对别人的感觉的任何了解。这些一直都使她恼怒，而现在在他这个年纪，多么愚蠢！

这些我全知道，彼得想，我知道自己面对的是什么，他想，一面手指沿刀刃滑动，面对的是克拉丽莎和达洛维以及其他所有的人；但是我要让克拉丽莎看看——这时，完全出乎他的意料，他突然被从空中抛来的那些无法控制的力量所压倒，泪如泉涌，哭了起来；他坐在沙发上毫不害羞地哭着，眼泪顺着面颊往下流。

克拉丽莎探身向前,握起他的一只手,把他拉向自己,吻着他——实际上在她能够压下胸中舞动着的银光闪闪的激情之羽(犹如被热带飓风刮得剧烈摆动的蒲苇草)之前,就已经感到贴在她的面颊上的他的脸了。胸中的飓风逐渐平息,只有她仍握着他的手,拍着他的膝头,当她向沙发靠背靠去时,她感到和他在一起无拘无束,轻松愉快,突然间她脑海中闪现了一个念头,如果当初我嫁给了他,这样的快乐就整天都属于我了!

对于她来说,一切都结束了。床单紧绷,床很窄。她已独上塔顶,任凭别人在阳光下采摘黑莓。门已关闭,在那儿,在掉落的墙皮灰土和杂乱的鸟窝间,景色显得那么遥远,传过来的声音细弱而阴森(她记得,有一次在利思山),她高声呼喊,理查德,理查德!宛如一个熟睡的人在夜里惊醒后,在黑暗中伸出一只手求救。和布鲁顿夫人一起吃午饭,她重又想起了这件事。他离开了我,我将永远孤独,她想,两手十指交叉,放在膝盖上。

彼得·沃尔什刚才站起身来穿过屋子走到了窗前,背对着她站在那里,左右挥动着一条印花大手绢。他看上去很有主见,冷淡而孤寂,瘦削的肩胛骨微微把上衣支起,使劲擤着鼻子。把我带走,克拉丽莎冲动地想道,仿佛他马上就要开始某个伟大的航行;但片刻之后,就好像一场非常激动感人的五幕话剧已经演完了,她在剧里度过了她的一生,她出走过,和彼得一起生活过,现在一切都结束了。

现在是采取行动的时候了,宛如一个女人拿好她的东西,她的斗篷、手套、剧场用小望远镜,站起身来走出剧院来到街上,克拉丽莎从沙发上站起身来,向彼得走去。

真是太奇怪了，他心想，当她伴着叮咚声和沙沙声走来时，竟然仍有力量，当她穿过房间时，竟然仍有力量，使他讨厌的月亮在这个夏日升起在伯顿的平台上。

"告诉我，"他一把抓住她的肩膀说，"你幸福吗，克拉丽莎？理查德——"

门开了。

"我的伊丽莎白来了。"克拉丽莎说，激动，也许还带点做作。

"你好。"伊丽莎白走上前来，说。

这时，大本钟报半时的钟声以惊人的气势在他们之间敲响，仿佛一个健壮、冷漠、不考虑别人的青年在左右开弓地舞动着哑铃。

"你好，伊丽莎白！"彼得大声道，他迅速向她走过去，一面把手绢塞进口袋里，嘴里说着"再见，克拉丽莎"，看也没有看她就快步离开了房间，跑下楼梯，打开了过厅的门。

"彼得！彼得！"克拉丽莎喊道，她追出来到楼梯平台上。"我今晚的宴会！记住我今晚的宴会！"她不得不提高嗓门来压下室外的喧嚣。当彼得关上大门时，她高喊"记住我今晚的宴会"的声音显得微弱无力，非常遥远，被湮没在车声和所有的时钟的报时声中。

……

四

大本钟的钟声涌进了克拉丽莎的客厅，她心里十分恼火地坐在客厅写字台旁,很担心,很恼火。确实,她没有邀请埃莉·亨德森参加她的晚宴;她是故意没有请她。现在玛沙姆太太却写信说:"她告诉了埃莉·亨德森,她想请求克拉丽莎——埃莉非常希望能够参加。"

可是她为什么该把伦敦所有的没意思的女人都请来参加她的晚宴呢?为什么玛沙姆太太要干涉她的事?还有伊丽莎白这么长的时间一直和多丽斯·基尔曼一起关在房间里。她简直想不出比这更让人恶心的事了。在这样的时刻和那样一个女人一起祈祷!大本钟那令人伤感的声波涌满了屋子,渐渐退去,又重新聚集起来再次涌入。这时,她心烦意乱地听到了什么东西窸窣刮擦门的声音。这个时候会是谁呢?三点钟了,老天爷!已经三点了!因为大本钟这时以其压倒一切的力量直截了当地、极端威严地敲了三下;她什么别的声音也没有听见;但是门把手转动了,理查德走了进来!真是意想不到的事!理查德走了进来,把捧着的鲜花伸向她。她曾经使他失望过,一次是在君士坦丁堡;据说布鲁顿夫人的午宴非常有意思,但是没有请她。他把鲜花伸向她——玫瑰花,红色和白色的玫瑰花。(但是他仍无法使自己说他爱她,无法直截了当地说出来。)

啊,多漂亮,她说着接过了花。她明白,他不用说她也明白,他的克拉丽莎。她把花放在壁炉台上的花瓶里。她说,多么好看呀!午宴有意思吗?她问道。布鲁顿夫人问候她了吗?彼得·沃尔什回来了。玛沙姆太太来信了。她非得请埃莉·亨德森不可吗?那个女人基尔曼在楼上。

"让我们一起坐上五分钟吧。"理查德说。

房间看上去空落落的。所有的椅子都靠墙放着。他们都干了些什么呀？啊，是为了准备晚宴；不，他没有忘记那晚宴。彼得·沃尔什回来了。啊，是的，他已经来过了。他打算离婚，他爱上了那边的一个女人了。他一点也没有变。她就在那儿，缝补她的裙衣……

"心里想着伯顿。"她说。

"休也去参加午宴了。"理查德说。她也遇见他了！咳，他变得简直让人无法忍受。给伊芙琳买什么项链，越来越胖，让人无法忍受的蠢驴。

"当时我突然想到，'我差点和你结了婚'，"她说，一面心里想着彼得戴着他的小蝴蝶领结坐在那儿的情形，还拿着那把折刀，不断打开、关上，"你知道，他向来就是这样。"

理查德说，他们在午餐时谈起了他。（可是他无法对她说他爱她。他握着她的手，心里想，这样很幸福。）他们替米莉森特·布鲁顿写了一封给《泰晤士报》的信。休也只适于干这种事。

"我们那亲爱的基尔曼小姐呢？"他问道。克拉丽莎觉得玫瑰花美极了，起初簇拢在一起，现在自己分散开了。

"基尔曼在我们刚吃完饭的时候就来了，"她说道，"伊丽莎白看见她脸就红了。她们把自己关在房间里。想来她们在祈祷吧。"

上帝！他可不喜欢这事，不过如果你随它去，这种事就会过去的。

"她穿着防水布外衣拿着雨伞。"克拉丽莎说。

他没有说"我爱你"；但是他握着她的手。幸福就是这样，就是这样，他想道。

"可是我为什么该把伦敦所有没意思的女人都请来参加我的晚宴

呢?"克拉丽莎说。而且如果玛沙姆太太开宴会的话,不是由她邀请自己的客人吗?

"可怜的埃莉·亨德森。"理查德说道——他想,克拉丽莎竟然如此在乎她的宴会,真是奇怪。

但是理查德根本不知道房间应该布置成什么样子。然而——他刚才想说什么来着?

如果她老为这些宴会烦恼担心的话,他就不让她举行了。她是不是希望当年嫁给了彼得?不过他得走了。

他得走了,他说着站了起来。可是他在那里站了一刻,好像要说什么;她心里琢磨,他要说的是什么呢?为什么?那儿有那些玫瑰花。

"是哪个委员会开会的事吗?"他开门时她问道。

"关于亚美尼亚人,"他说,"也许是'阿尔巴尼亚人'。"

人都有一份尊严,一份孤独,即使在夫妻之间也有一道鸿沟,这是你必须尊重的,克拉丽莎看着他开门时想道。因为你自己不愿放弃它,也不愿违背丈夫的意志去夺取它,否则就会失去你的独立,你的自尊——毕竟这是无价之宝。

他拿着一个枕头、一床被子回到了房间里。

"午餐后要彻底休息一个小时。"他说。然后就离开了。

他就是这样一个人!他会不断地说"午餐后要彻底休息一个小时"直到末日为止,就因为有个医生曾经这样要求过。他就是这样会一丝不苟地按医生说的去做;这是他可爱的、非凡的、淳朴的一个部分,谁也不会可爱、淳朴到这个程度;这使他去干要干的事情,而她和彼得却把时间浪费在小事的争吵上。理查德把她在沙发上安顿好,让她欣赏他的玫瑰花后,现在已经走在去下议院的路上了,要去讨论他的亚美尼亚人,讨论他的阿尔巴尼亚人。大家会说:"克拉丽莎·达洛维给惯坏了。"

……

五

"见到你太高兴了!"克拉丽莎说。她对每个人都这样说。见到你太高兴了!这是她表现最差的时候——过于热情洋溢,缺乏真心诚意。今夜来此真是个大错误。他该待在家里看书的,彼得·沃尔什想,该到音乐厅去;他该待在家里的,因为他一个客人也不认识。

哎呀,天哪,晚会将是个失败,一个彻底的失败,当莱克斯汉姆老勋爵站在那里代妻子道歉,说她在白金汉宫的游园会上着了凉,不能来了的时候,克拉丽莎从骨子里感到了这一点。她用眼角的余光能够看见彼得在那边的角落里,对她一副批评的神情。她究竟为什么要做这样的事情呢?为什么要为追求巅峰而陷入火海?无论怎样,愿火将她吞噬!将她烧成灰烬!无论怎样,即使是挥舞着自己的火把并将其抛向地球,也要比某个像埃莉·亨德森那样的人一点点销蚀、萎缩掉要好。真是奇怪,彼得只不过来了往角落里一站,就能使她处于这种紧张激动的状态。他使她看清自己,她在夸大其词。真是愚蠢。那么他为什么要来呢,仅仅是来批评她?为什么总是获取而从不给予？为什么不能为自己一个小小的观点而冒一下险呢？你看他要溜达开去了，她必须和他谈谈。可是她不可能找到机会。生活就是这样——羞辱、自制。莱克斯汉姆勋爵正在说他的妻子在游园会上不肯穿毛皮大衣，因为"亲爱的，你们这些女士们都一样"——莱克斯汉姆夫人至少七十五岁了！那一对老夫妻亲昵有加，美妙极了。她确实喜欢莱克斯汉姆勋爵。她确实感到自己的晚会很重要，意识到一切都不对劲、达不到预期的效果，使她感到很难受。不管任何事情都行，任何爆发、任何使人害怕的事都比客人们无目的地瞎转、一堆堆地站在角落里，像埃莉·亨德森那样，甚至都不注意挺直起身体要好。

上面印着极乐鸟的黄色窗帘被风微微吹起，仿佛有许多翅膀飞进了房间，马上又飞了出去，然后又被吸了进来（因为窗子是开着的）。是不是有穿堂风呀？埃莉·亨德森心里想。她容易着凉。不过即使她明天打喷嚏生病也没关系，她想着的是袒露着双肩的姑娘们，她的老父亲一直培养她要为别人着想，父亲是伯顿教区的牧师，一直有病，已经去世了；她着凉从来没有波及肺部，从来没过。她想到的是姑娘们，袒露着双肩的姑娘们，她自己一向纤弱，头发稀少，身材有欠丰满；不过现在她年过五十，一股微弱的光倒开始从内心闪现出来，这是多年的自我克制净化而成的卓越，然而却又被她那令人难受的斯文体面的作风、她那莫名其妙的恐惧搞得永远黯然失色。她的恐惧是出于一年只有三百英镑的收入和手无寸铁的处境（她连赚一个便士的本事都没有），这使她胆小，一年比一年更没有资格和衣着考究的人聚会一堂，他们在社交季节中每晚都这么过，只要告诉女仆们"我打算穿哪件衣服"就行了,而埃莉·亨德森却要紧张地跑出去买半打廉价的粉红色的花,然后在黑色旧裙衣上披一条披肩。因为克拉丽莎是最后一刻才邀请她参加晚会的,她心里不怎么高兴。她有种感觉,今年克拉丽莎本来不打算请她。

她为什么该请她呢?其实没有道理要请她,只不过她们一直就认识。真的,她们还是表亲呢。克拉丽莎在社交界很受欢迎,她们自然慢慢就疏远了。参加晚会对于她来说是件大事。仅仅看看那些漂亮衣服就是很大的享受。那不是伊丽莎白吗?长成大人了,穿着粉红色裙衣,梳着流行的发式。可是她顶多也就十七岁。她长得简直俊极了。现在女孩子们初次进入社交界似乎不像过去那样要穿白色衣裙了。(她必须记住一切,好讲给伊迪丝听。)姑娘们穿筒式上衣,紧贴在身上,裙子只到脚腕以上。不成体统,她心里想。

由于眼睛不好,所以埃莉·亨德森往前伸长着脖子,她并不怎么在乎没有人交谈(她几乎不认识晚会上的什么人),因为她觉得他们都是很有趣、很有看头的人,想来是政治家,理查德·达洛维的朋友,但是理查德自己却感到,他不能让这个可怜的人继续整晚独自站在那儿。

"哎,埃莉,你近来如何?"他以一贯的亲切态度说道,而埃莉·亨德森紧张起来,满脸通红,觉得他过来和她说话,这人实在是太好了,她说许多人怕热胜过怕冷。

"是这样,"理查德·达洛维说,"是这样的。"

可是还能说些什么呢?

"你好,理查德。"有个人在说,一面抓住了他的胳膊肘。哎呀,上帝，是老彼得，老彼得·沃尔什。看见他太高兴啦——非常快活！他一点也没有变。他们俩一起穿过屋子走了，一面互相轻轻拍着对方，好像很久没有见面了的样子，埃莉·亨德森看着他们走过去时想道，她肯定见过那个人的脸。高个子的中年男人，眼睛很好看，黑色的，戴副眼镜，神态有点像约翰·伯罗斯。伊迪丝肯定会知道这人是谁。

上面印着一群极乐鸟的黄色窗帘又被风吹得飘了起来。克拉丽莎看见——她看见拉尔夫·莱昂把窗帘拍打回去，继续聊天。这么说来晚会毕竟不是个失败！现在一切都不会有什么问题了——她的晚会。已经开始顺利起来了。已经开始了。不过还是相当不稳定的。她目前还必须站在那儿。好像突然拥来了一大批客人。

"加罗德上校和太太……休·惠特布莱德先生……鲍利先生……希尔伯里太太……玛丽·马多克斯夫人……奎因先生……"威尔金斯拖着调子通报道。克拉丽莎和每一个客人说上六七个字，然后他们接着往里走到各个房间里去；自从拉尔夫·莱昂把窗帘拍打回去后，客人现在走进去有事可做，而不是无所事事了。

然而对于她自己来说，实在是太吃力了。她并未从中得到乐趣。她太像——太像随便哪个人了，站在那里，谁都会这样做，然而她还真有点钦佩这个人，禁不住感到她毕竟让晚会办成了，她感到这是自己的职守，标志着晚会的一个阶段，因为奇怪的是，她已经忘记了自己的样子，只觉得自己是钉在楼梯头上的一根标桩。每次她开晚会时都有这种感觉，她不再是自己，而其他人也是在某一方面不真实，在另一方面比平时真实得多。她想，这一部分是由于他们穿的衣服；另一部分是由于脱离了平时的习惯作风，再就是这里的环境,你有可能在这里说别处不能说的话,需要费点力气才能说出来的事;有可能谈得深入得多。但是她不行,至少现在还不行。

"见到你太高兴了!"她说。亲爱的老哈里爵士!他会认识每一个人的。

最奇怪的是当他们一个接着一个上楼的时候她的感觉,芒特太太和西莉亚·赫伯特·安斯蒂、戴克斯太太——啊,还有布鲁顿夫人!

"您能光临,真是太好啦!"她说,这是她的真心话——真怪,你站在那里感到他们不断经过你,有的年纪很大了,有的……

叫什么名字?罗塞特夫人?可是究竟罗塞特夫人是谁呢?

"克拉丽莎!"那个声音!是莎利·西顿!莎利·西顿!在这么多年之后!她从一片迷蒙中赫然出现。当克拉丽莎紧抓住那热水罐的时候,她可不是这个样子的。莎利·西顿,想想她竟然到她家来做客,到她家来了!她以前可不是这个样子的!

话一句接一句地滚滚涌出,有点不好意思,笑着——经过伦敦;从克拉拉·海登那里听说的;多好的和你见面的机会!所以我就不请自来了……

你可以很镇静地放下那个热水罐了。她已经没有了当年的光彩。然而重又见到她真是太不寻常了,年龄增加了,比当年快活,没有那么漂亮。她们在客厅门口互相亲吻,亲了脸的这边再亲脸的那边,然后克拉丽莎拉着莎利的手转过身去,看见房间里满是宾客,听见喧嚣的人声,看到蜡烛台,被风吹得飘起的窗帘以及理查德送给她的玫瑰花。

"我有五个大块头儿子。"莎利说。

她有着最单纯的自我为主的思想,总是公开地表示希望人们最先想到她,她依然如此,使克拉丽莎十分喜欢。"我简直不敢相信!"她大声说道,一想到过去,就快活得激动不已。

但是,唉,威尔金斯;威尔金斯需要她;威尔金斯正在用威严的权威之音——仿佛他必须告诫全体宾客并且把女主人从轻浮的言谈中召回来——通报一个名字:

"首相来了。"彼得·沃尔什说。

首相来了?真的吗?埃莉·亨德森惊讶地想道。讲给伊迪丝听会多么有意思啊!

你不能嘲笑他。他的样子十分平凡。你很可能把他放在柜台后面从他那里买饼干——可怜的家伙,浑身上下都用金色饰带打扮了起来。不过说句公道话,当他先在克拉丽莎后来在理查德的陪同下和大家见面的时候,他做得很好。他努力显出重要人物的样子,观看这一幕是很有趣的。没有人看他。大家仍继续聊天,然而很明显,他们都知道、在骨髓深处都能感到这位重要人物走过他们身边;这个他们所支持的一切——英国社会——的象征。布鲁顿老夫人,她看上去也非常健康,脸上带着坚定的神情,飘然而至,他们退进了一个小房间,房间立刻受到人们的好奇的窥探、警戒,某种激动和沙沙声传遍了人群,毫不掩饰:首相来了!

上帝呀,上帝,英国人之势利!彼得·沃尔什站在角落里,心中想道。他们是多么喜欢用金色饰带打扮起来,向显贵表示敬意!那儿!那肯定是,哎呀,还真是休·惠特布莱德,围着大人物讨好,长得胖多了,头发白多了,令人钦佩的休!

他总好像是在值班，彼得想道，一个享有特权的诡秘人物，囤积着宁死保卫的秘密，尽管这秘密只不过是宫廷里的听差无意漏出来的零星闲话，第二天报纸就都会登出来的，这就是他的小玩具，这就是他的小摆设，他在摆弄它们的过程中白了头，进入了老年的边缘，享受着有幸结识这种类型的英国私立学校出身的人的尊敬和爱戴。人们不可避免地会编造出关于休的这一类的故事，这就是他的风格，彼得在几千英里之外的大洋彼岸，从《泰晤士报》上读到的那些令人钦佩的信件的风格，感谢上帝他当时远离那有害的喧嚣，哪怕只能听到狒狒发出的吱吱叫声和苦力打老婆的声音。一个大学里来的橄榄色皮肤的青年人奉承地站在休的旁边。休会恩顾他，引他入门，教他如何进取。因为他最喜欢做好事，让老夫人们高兴得心跳加快，在她们正觉得自己年老多病、已被人们遗忘时，亲爱的休想着她们，开车来看她们了，和她们待上一个小时谈谈往事，回忆起一些小事，称赞她们的家制蛋糕，虽然休此生的任何一天都可能陪公爵夫人一起吃蛋糕的。从他的样子看来，他也许真在这个愉快的行当上花费了许多时间。那审判一切、仁慈宽大的上帝可能会原谅他。而彼得·沃尔什不能宽恕。世上必定有坏蛋，可是上帝知道，在火车上把一个女孩子打得脑浆迸裂而被绞死的恶棍，总的来说造成的危害都没有休·惠特布莱德和他的善行的危害大。现在你看看他那副样子，当首相和布鲁顿夫人出来的时候，他小心翼翼、奉承地走向前，一面点头哈腰，让全世界明白地看到，他在布鲁顿夫人经过时享有和她说上几句悄悄话的殊荣。她停下脚步。她摇了摇上了年纪的精致的脑袋。想来她是在感谢他某个听话的服务。她有自己的一批奉承者，政府中的低级官员，四处去为她完成一些小小的任务，作为报答，她请他们吃午饭。但是她是十八世纪的做派。她可以这样做。

这时克拉丽莎陪同着她的首相穿过这个房间，昂首阔步，神采奕奕，带着灰白头发所赋予的庄重。她戴着耳环，穿一袭银绿色美人鱼式礼服。她悠闲地浮沉于海浪之间，编理着长发，她似乎依然保有着她那天赋：生活着；存在着；在她经过的那个瞬间便能对一切心中有数；她回过身子，围巾挂在某个女士的衣服上，把挂住的地方解开，笑了起来，一切都做得轻松自然，神态活像一个漂浮在完全适合于自己的环境中的生灵。但是岁月触及了她，恰如美人鱼也会在某个晴朗的黄昏，从镜子里看到海浪上的落日。在她的身上有了一丝温柔的气息；她的严厉、她的过分拘谨、她的木然现在都被融解了，当她和那个用金色饰带打扮起来的、竭尽全力显得重要的（祝他成功）粗壮男人告别时，她表现出一种难以形容的尊严、一种优雅的亲切热忱，似乎她祝愿整个世界都顺遂如意，而她本人由于已经处在一切的边缘，现在必须告辞而去了。她给他的印象就是如此。（但是他并没有爱上她。）

真的，克拉丽莎感到，首相能来是赏光。而且，有莎利在场，有彼得在场，理查德也非常高兴，在所有这些人也许对她相当羡慕的情况下，和首相一起走过整个房间，在那一刻她感到了陶醉，心脏的神经在膨胀，直到心脏似乎在颤抖、沉醉、振奋——是这样的，但是那毕竟是别人的感觉；因为，尽管她热爱这一切，感受到它的激动和刺激，然而这些表面的东西，这些成就（比如，亲爱的老彼得觉得她是这样有本事）是很空虚的；在一定的距离以外这些是成就，但是在她内心深处却不是；也可能是她渐渐老了，这些不再像以前那样使她满足了。

　　……

到灯塔去

第一部 窗

1

"当然,要是明天天气好,我们一定去,"拉姆齐夫人说,"不过你可得起大早才行。"她补充道。

她的话带给了儿子极大的快乐,好像一旦决定了,这次远游就一定会实现。在一个晚上的黑暗和一个白天的航行以后,他盼望了仿佛多少年的奇迹就会出现在眼前。詹姆斯·拉姆齐只有六岁,但他属于那个不会区分不同感觉、必须使未来的期望随同其欢乐和悲伤影响现实的伟大一族,对于这种人,即使在幼小的童年时代,感觉之轮的每一转动都具有把忧郁或欣喜的一刻结晶、固定的力量。这时他坐在地上,正在剪陆海军商店商品目录册上的图片,妈妈的话使他在剪一张冰箱的图片时感到心花怒放。四周充斥着快乐。小手推车、割草机、沙沙作响的白杨树、雨前泛出白色的树叶、呱呱嘈叫的白嘴鸦、摇摆的金雀花、窸窸窣窣的衣裙——一切在他心中是这样生动清晰，他已经有了只属于他自己的代码，他的秘密语言。从外表上看他十足一副坚定严肃的神态，高高的前额，犀利的蓝眼睛带着无瑕的纯洁坦诚，看到人类的弱点就微微皱起眉头。母亲看着他用剪刀整齐地沿着冰箱的边缘移动，想象他穿着饰有貂皮的红袍坐在法官席上，或在公众事务出现某种危机时指挥一项严峻而重大的事业。

"可是，"他的父亲在客厅窗前停下说，"明天天气不会好的。"

要是手边有斧头、拨火棍，或者无论什么能在他父亲胸口捅个窟窿把他当场杀死的武器，詹姆斯都会把它抓起来的。拉姆齐先生只要在场，就会在他子女的心中激起如此极端的感情。现在他站在那里，瘦得像把刀，窄得像条刀刃，满脸嘲笑的神气，不仅因使儿子失望和使在各方面都比他好一万倍（詹姆斯这样认为）的妻子显得可笑而高兴，而且还因自己判断的准确性而得意。他说的是实话。永远是实话。他从来不会不说实话，从不篡改事实，从不为使任何人高兴或方便而改掉一个不愉快的词，对自己的孩子更是如此。他们是他的亲骨肉，应该从小就意识到人生是艰难的；事实是毫不留情的；要抵达我们最光明的希望被熄灭、我们脆弱的小舟在黑暗中沉没的那个传说中的世界（说到此处，拉姆齐先生就会挺直腰板，眯起小小的蓝眼睛遥望地平线），一个人最最需要的就是勇气、真理和毅力。

"但是明天天气可能会好——我想会好的。"拉姆齐夫人说着，不耐烦地轻轻扭了一下正织着的一只红棕色的袜子。如果她今晚能够织完,如果他们明天真能到灯塔去,就要把袜子带去送给灯塔看守人的小男孩,他得了髋骨结核。还要带上一大堆旧杂志和一些烟草。其实,只要她能找得到的、四处乱放着没什么用处只会使屋子凌乱的东西,她都要拿去给那些可怜的人,使他们有点消遣的东西。他们整天坐在那儿,除了擦灯、修剪灯芯,在他们一丁点儿大的园子里耙耙弄弄之外,别的什么事情也没有,一定烦闷得要命。她常常会问,要是你被禁闭在一块网球场大小的岩石上,一待就是一个月,遇上暴风雨天气可能时间还要长,你会有什么样的感觉?没有信件或报纸;看不到任何人;你要是结了婚,见不到妻子,也不知道孩子们怎么样——是不是生病了,有没有摔断胳膊腿;一周又一周地看着单调沉闷的波涛撞碎成飞溅的浪花,然后可怕的暴风雨来临,于是窗上布满飞沫,鸟儿撞上灯塔,整个地方都在震撼,连把头探出门外都不敢,生怕被卷入大海。要是这种情况,你会觉得怎样?她常常提出这个问题,特别是对女儿们提。她用很不一样的口气接下去说,因此,应该尽可能给他们带去一点安慰。

"风向正西。"无神论者坦斯利说,一面张开骨瘦如柴的手指好让风从指间穿过,他正和拉姆齐先生一起,在平台上来来回回地进行傍晚时的散步,也就是说,风来自最不利于在灯塔着陆的方向。是的,他确实爱说讨人嫌的话,拉姆齐夫人想,现在又故意重复这让人不爱听的话,使詹姆斯更加失望,实在可恶;但同时她又不允许孩子们嘲笑他。他们称他为"无神论者""那个小个子无神论者"。萝丝嘲弄他;普鲁嘲弄他;安德鲁、贾斯珀、罗杰嘲弄他;就连一颗牙也没有了的老狗巴杰都咬过他。原因是(按南希的说法),他是第一百一十个追随他们一直到赫布里底群岛的年轻人,而他们觉得没有外人在一起要好得多。

"胡说。"拉姆齐夫人十分严厉地说。她能忍受他们从她那儿学来的夸张的习惯,以及暗示她请的留宿的客人太多(这是事实),以至于不得不把有些客人安顿到城里去住,但她不能容忍对客人无礼,特别是对青年男子,这些人穷得一文不名,她丈夫说他们都"极有才能",是他的崇拜者,是来他们这里度假的。确实,她把所有的男性都放在她的保护之下,其原因她无法解释。因为他们的骑士风度和英勇气概;因为他们所做的议定条约、统治印度、管理金融的事;最后还因为他们对她的态度,有种稚气的信赖和崇敬,没有哪个女人会觉察不到或不会因此而感到愉快。一个上了年纪的女人可以接受青年男子的这种信赖和崇敬而不会失去自己的尊严,但若是一个不能刻骨铭心地感受到其价值和全部意义的年轻姑娘接受了这种信赖和崇敬,那就会是一场灾难——祈求上帝可千万别是她的女儿们。

她严厉地转向南希。他并没有追随他们,她说,他是应邀而来的。

他们必须找到个办法来解决这一切。可能会有什么更简单的办法,不那么费劲的办法,她叹了一口气。当她向镜子里看去,看见自己的头发白了,面颊凹陷;五十岁了,她思忖着,也许她本来有可能把事情处理得好一点——她的丈夫、钱财、他的书籍。但是就她个人来说,她对自己的决定永远不会有丝毫的后悔,永远不会回避困难或敷衍塞责。现在她看起来令人生畏,只是在她就查尔斯·坦斯利说了这番严厉的话后,她的女儿们——普鲁、南希、萝丝——才从餐盘上抬起眼睛,默默地琢磨她们在和母亲不同的生活中逐渐形成的离经叛道的思想；也许是巴黎的生活；更为无拘无束的生活；不用总是照顾某个男人。因为在她们心里对于尊重女性和骑士风度、对于英格兰银行和印度帝国、对于戴戒指的手指和带花边的华丽服饰，都抱着无声的怀疑。尽管对她们来说这一切包含着本质的美，呼唤出她们少女心中的男子气概，使她们在母亲的目光下坐在餐桌旁时，对她奇怪的严厉、对她像女王把乞丐的一只脏脚从泥浆里拿出来洗净那样的极度谦恭有礼产生了崇敬之情；母亲因为她们谈到那个一直追随她们到——或更确切地说，被邀请到——斯凯岛来的讨厌的无神论者而这样极其严厉地告诫她们，也使她们产生了崇敬之情。

"明天不可能在灯塔靠岸。"查尔斯·坦斯利双手啪的一声拍拢说道。他正和她丈夫一起站在窗口。真的，他该说够了吧。她真希望他们俩离开，别再打搅她和詹姆斯，他们自己继续去聊。她看着他。他真是个可怜的家伙，孩子们说，满脸疙疙瘩瘩。不会打板球，他只会乱掷，他只会瞎搅。他是个爱挖苦人的可恶东西，安德鲁说。他们知道他最喜欢什么——没完没了地和拉姆齐先生来来回回地散步，说说谁赢得了这，谁赢得了那，谁在拉丁文诗歌上是"一流人物"，谁"才华横溢，但我认为在基本论述方面不扎实"，谁毫无疑问是"巴利奥尔最有才干的人"，谁现在在布里斯托尔或贝德福暂时不露峥嵘，但等到他给数学或哲学的某一分支学科所写的导论发表之时，就肯定会声名大震，如果拉姆齐先生想看的话，坦斯利先生这里有这篇文章头几页的校样。他们谈论的就是这些东西。

她自己有时候也忍不住笑出来。有一天她说了句关于"浪如山高"之类的话。不错，查尔斯·坦斯利说，是有点风浪。"难道你浑身没有湿透吗?"她问道。"湿了,但没透。"坦斯利先生拧拧袖子、摸摸袜子,说道。

不过孩子们说他们讨厌的不是这,不是他的长相,不是他的举止。是他这个人——是他的观点。他们对查尔斯·坦斯利的抱怨是,当他们谈论些有趣的话题:人物、音乐、历史等任何东西,甚至只是说一句今天傍晚天气多好,干吗不在外面坐一会儿什么的,坦斯利要是不把谈话来个一百八十度的大转弯,表现自己、贬低他们,以他特有的尖刻把一切剥得赤裸裸的,搞得他们心烦意乱就绝不满足。有人说,他会在美术馆里问人家喜不喜欢他的领带。萝丝说,上帝知道,谁会喜欢呀。

一吃完饭,拉姆齐夫妇的八个儿女就像小鹿般悄无声息地从饭桌旁溜走,躲进自己的卧室。在这所房子里,只有卧室才是属于他们的不受干扰的天地,在这里他们可以就任何事进行争论:坦斯利的领带,一八三二年议会选举法修正法案的通过,海鸟和蝴蝶,各种各样的人物。他们谈论之时,阳光泻进阁楼上的这些小屋,由于小屋之间只有一板相隔,所以每一个脚步声都能听得清清楚楚,还有那瑞士姑娘为在格里松斯的山谷中因身患癌症将不久于人世的父亲的低泣声。阳光照亮了球拍、法兰绒内衣、草帽、墨水瓶、颜料罐、甲虫、小型鸟类的头骨,并且晒得钉在墙上的一条条长长的、四边卷皱的海藻散发出水草的盐腥气味,海水浴时用过的沾着沙粒的浴巾上也有这股气味。

冲突、分裂、意见不一、偏见交织进了人的存在的本身;啊,他们竟然小小年纪就开始了这一切,拉姆齐夫人叹息道。他们太挑剔了,她的孩子们。他们净说些废话。她拉着詹姆斯的手走出餐厅，因为他不愿意跟别的孩子们去。她觉得都是胡闹——天知道，没有他们去制造分歧，人们之间的分歧已经够多的了。真正的分歧，她站在客厅窗旁心里在想，已经够多的了，真是够多的了。那时她心中想到的是，贫富贵贱之别；她对出身高贵的人既怀着几分敬意，也半带怨恨，因为她自己的血管中不就流着那个具有些许神话色彩的意大利名门贵族家庭的血液吗？这个家族的闺秀们在十九世纪中分散到了英国的客厅里，她们谈吐娇媚可人，感情强烈奔放；她本人的一切机智风度和脾性都是来自她们，而不是来自懒散的英国人，或冷漠的苏格兰人。但是使她更为深思的却是另外那个问题,即贫富的问题。她想到在这儿或伦敦，她每天、每星期亲眼目睹的一切。当她挎着提包，拿着铅笔和笔记本去亲身访问这个寡妇或那个为生活挣扎的妻子时，她在仔细画好竖格的本子上一项项记下工资和支出、就业或失业，希望这样她就不再是一个半为了缓和自己的义愤、半为了满足自己的好奇心而去行善的个人，而成为一个她毫无经验的心目中极其钦佩的阐释社会问题的调查员。

　　她拉着詹姆斯的手，站在那里，觉得这似乎都是些无法解决的问题。他跟着她来到了客厅里，他们嘲笑的那个年轻人，他正站在桌子旁，笨拙地心神不定地玩弄着什么东西，她不用回头看也知道他因感到格格不入而闷闷不乐。他们都走了——孩子们、明塔·多伊尔和保罗·雷勒、奥古斯塔斯·卡迈克尔、她的丈夫——他们都走了。于是她叹了口气转过身来说："坦斯利先生，和我一起出去你会不会觉得没意思呀？"

她要到城里去办点琐碎的事情,她先有一两封信要写,也许需要十分钟,她还得戴上帽子。十分钟以后,她手里拿着篮子和遮阳伞又出现了,一副一切就绪、做好了临时出门所需之准备的样子,不过在经过草地网球场时她还得停一下,问一问卡迈克尔先生需不需要捎什么东西。这位先生正在半睁着他那双黄色的猫眼舒服地晒太阳,也真和猫的眼睛一样,他的眼睛似乎映出了摇曳的树枝和飘过的浮云,但却丝毫也没有流露出内心的思想或感情,如果他在想什么的话。

他们正要进行一次远征呢,她说着笑了起来。他们要进城去。"邮票?信纸?烟草?"她在他身旁停下,提示道。可是不,他什么也不需要。他的两只手交握着放在肥大的肚子上,眨着眼睛,好像他很想和善地回答她的这一番好意(她颇具魅力但有点神经质),可是又做不到,因为他沉湎在包围着他们所有人的一片令人倦怠的灰绿之中,不需要语言,沉湎在巨大而仁慈的、充满善意的懒散之中看着一切:整所房子、整个世界、一切的人。因为在午餐时他偷偷往自己的杯子里放了几滴东西,孩子们认为,所以他原来奶白色的胡须和小胡子上才会夹有鲜黄的道道。他什么也不需要,他喃喃说道。

他们走在通向渔村的路上时,拉姆齐夫人说,他本来会是一个伟大的哲学家的,要不是他那桩不幸的婚姻的话。她讲述卡迈克尔的情况的时候把黑阳伞撑得笔直,走动时带着一种难以描绘的期待的神情,好像一拐弯就会遇到什么人似的。她讲了他在牛津大学和一个姑娘的恋情;早早地结了婚;贫困;去到印度;翻译一点诗,"我相信,翻译得很美",很愿意教教男孩子们波斯文或印度斯坦文,可是那有什么用呢——于是现在就像他们看见的那样,在草坪上躺着。

查尔斯·坦斯利觉得荣幸之至,他备受冷落,拉姆齐夫人居然告诉他这些事,使他极感宽慰。他又振奋了起来。她还暗示,即使在衰退之中,男人的才智也是巨大的,所有的妻子——她并不是责怪那个姑娘,而且她相信他们的婚姻还曾经蛮幸福的——都要服从于丈夫的事业,这些话使他产生了从未有过的扬扬自得之感,他想假如他们坐了出租马车,比方说,他愿意付车费。至于她那个小提包,他可以替她拿着吗?不用,不用,她说,这个包她总是自己拿的。确实是这样。是的,他感觉到她身上的这一点。他感觉到很多东西,特别有某种使他兴奋而又不安的东西,是什么原因他自己也说不出来。他很希望她能看到自己身穿博士袍、头戴博士帽走在行列之中。做个研究员、教授——他觉得自己无所不能,看到自己——可是她在看什么呢?看一个男人在张贴广告。那张扇动着的大广告画渐渐展平开来,刷子每刷一下就露出新的大腿、大铁圈、马匹、耀眼的红红蓝蓝的色彩,平整漂亮,直到那张马戏团广告盖住了半面墙;一百个骑手、二十头会表演的海豹、狮子、老虎……她眼睛近视,便往前伸长脖子,念出声来,"马戏团……即将访问本市。"她惊讶地说,这样的活让一个只有一条胳膊的人站在像这样的梯子顶上干可是太危险了——两年前他的左臂被收割机轧掉了。

"咱们都去看!"她大声说着继续往前走去,仿佛所有的那些骑手和马匹使她充满了孩童般的狂喜,忘记了她刚才感到的怜悯。

"咱们都去。"他重复她的话说,然而他说时一字一蹦很不自然,使她感到惊异。"咱们去看马戏吧。"不,他没法把话说对劲。他的感觉也不对劲。可这是为什么呢?她很奇怪,他这是怎么啦?在那一刻她热情地喜欢他。她问他，他们小的时候没有人带他们去看过马戏吗？从来没有，他答道，好像他正希望她这么问，他的回答正是这些日子以来他一直盼着想说的话：他们为什么没有看过马戏？他们家人多，有九个兄弟姐妹，他父亲得干活养家。"我父亲是个药剂师，拉姆齐夫人，他开了个药铺。"他自己从十三岁起就独立谋生了，冬天常常没有大衣穿，读大学时永远也无法对款待过他的人"加以回报"（这些是他干巴生硬的原话）。他不得不使自己的东西用的时间比别人的长一倍，抽最便宜的烟草，粗烟丝，码头上老头吸的那种。他非常勤奋——一天干七个小时；目前他研究的课题是什么东西对什么人的影响——他们一直在边说边走，拉姆齐夫人没太听明白他的意思，只是断断续续地抓住了一些词……学位论文……研究员的地位……审稿人的位置……讲师的职务。她无法领会那随口滔滔而出的讨厌的学院行话，但是她对自己说，现在她明白了，为什么说起看马戏他的得意劲儿就没有了，可怜的小伙子，还有为什么他马上就说出了关于他父母和兄弟姐妹的一切，她可得叫他们别再嘲笑他；她得把这事告诉普鲁。她猜想他所希望的是能对别人说他怎样和拉姆齐一家人去看易卜生的戏了。他真是个书呆子——是的，一个让人无法忍受的乏味的家伙。而且，他们已经到了城里，来到了主街上，马车在圆石铺的路面上嘎嘎驶过，他却仍然不住嘴地说着，谈什么新居住区、教学、劳动者、帮助自己的阶级、讲座啦等等，直讲得她得出结论他已经完全恢复了自信，回到了马戏团事件前的状态，并且就要告诉她（她现在又热情地喜欢他了）——但这时两边的房屋已被他们抛在了身后，他们来到了码头上，整个海湾展现在了面前。拉姆齐夫人禁不住惊呼道:"啊,多美呀!"眼前是一片无垠的碧蓝的海水,古老的灰白色的灯塔庄重地耸立在远处海中;右边,长满飘拂的野草的绿色沙丘伸向目力所及的远方,低低地此起彼伏,逐渐模糊消失,似乎在不停地逃往某个人迹未至的仙乡。

这个景色,她停住脚步说道,灰色的眼睛颜色更深了,正是她丈夫十分喜爱的。

她沉默了片刻。但是现在,她说,画家也到这儿来了。果真如此,仅仅几步以外就站着一个,戴顶巴拿马式草帽,穿双黄靴子,严肃、温和、专注,虽然有十个小男孩在看着他,他红润的圆脸上仍是一副深深的满足的神情。他端详片刻,然后蘸颜料,把画笔尖蘸进一堆堆柔软的绿色或粉红色的颜料中。自从三年前庞斯富特先生到那里之后,她说,所有的画都成了这个样子,绿色和灰色的水面,柠檬色的帆船,以及海滩上穿着粉红衣服的女人。

但是她祖母的朋友,她说,在走过那幅画时小心谨慎地看了一眼,画起画来可是全力以赴,首先他们自己把颜料混合起来,然后磨细,然后蒙上湿布保持颜料的湿润。

由此坦斯利先生认为她是有意要让他明白那个人的画画得很草率。是这么说的吧?颜色不够浓?是这么说的吧?他有种非常奇特的感情,这感情是在花园中他要替她拿提包时开始萌生的,在城里他渴望向她倾诉自己的一切时不断增强的、一路行走时越来越发展起来的。在它的影响下他开始看到他自己和他一向了解的一切都有点扭曲变形了。这真是太怪了。

他站在她带他去的那所简陋的小房子的客厅里等着她,她要到楼上去一会儿，看一个女人。他听见楼上她轻快的脚步声，听见她快活的、然后低下去了的声音；他看看杯垫、茶叶罐、玻璃灯罩；他很不耐烦地等着；急切地盼望着一起走回家去，他决心要给她拿提包；然后听见她走出来，关上了一扇门，说他们一定要开着窗、关上门，要是需要什么东西就上她家去要（她想必是在和一个小孩说话），这时她突然走了进来，一声不响地站了一会儿（好像刚才她在楼上是在表演，现在让自己随意一会儿），她一动不动地站了一会儿，身后是佩戴着嘉德勋章蓝绶带的维多利亚女王的画像；突然间他明白了，是这么回事、是这么回事：她是他见到过的最美丽的人。

她眼中星光闪烁、头上披着婚纱，还有仙客来和野紫罗兰花——他在胡想些什么呀？她至少有五十岁了，有八个孩子。她走过开满鲜花的原野，抱起折断了的花苞和跌倒的羔羊；眼中星光闪烁，微风吹动头发——他拿过她的提包。

"再见，艾尔西。"她说，他们沿街走去，她笔直地撑着遮阳伞走着，好像期待着一拐弯就会遇到什么人，而查尔斯·坦斯利这时平生第一次感到一种极度的自豪；一个挖排水沟的男人停下手里的活看着她，垂下了胳膊看着她，查尔斯·坦斯利感到极度的自豪；他感到了那微风、仙客来和野紫罗兰，因为他平生第一次和一个美丽的女人同行。他拿着她的提包。

2

"去不成灯塔了，詹姆斯。"他站在窗旁不得体地说，但出于对拉姆齐夫人的尊重,他尽量使声音柔和,至少听起来有几分亲切的味道。

讨厌的小矮个,拉姆齐夫人想,干吗老说个没完?

3

"说不定你醒来时发现太阳出来了,小鸟在唱歌。"她同情地说,一面抚摩着孩子的头发。她看得出来,她丈夫刻薄地说明天天气不好已经打击了孩子的情绪。到灯塔去是他最强烈的渴望,她知道,而好像光是她丈夫刻薄地说明天天气不好还不够似的,这个可恶的小矮个还要来重新戳人的痛处。

"也许明天会晴的。"她抚摩着他的头发说。

她现在只能对他剪下的冰箱夸奖一番,并且翻动商品目录,希望能发现像耙地机或者割草机之类的东西,又有叉子又有把手,剪的时候需要最大的技术,还要特别的仔细。所有这些年轻人都在拙劣地仿效她的丈夫,她想道;他说要下雨,他们就说肯定是场狂风暴雨。

可是,她正在这里翻动着目录页、寻找耙地机或割草机时,她的搜寻却突然被打断了。她一直能听得见的、时不时因为把烟斗从嘴里拿出放进而被打断的粗哑的低语声,虽然听不清说的是什么(因为她坐在窗户的里侧),却使她放心地知道男人们正在高兴地聊天;这低语声已经持续了半个小时了,是在包围她的种种声音中——如球拍击球声、玩板球的孩子们时而突然发出的尖叫声:"怎么啦?怎么啦?"——使她心安的声音,但是现在却停了下来。海浪单调地拍打着海滩的声音在大部分时间里都是给她的思绪打着有节奏的、使她感到平静的拍子，仿佛当她和孩子们坐在一起的时候，它一遍又一遍地、抚慰地、以大自然的喃喃低语重复着某个古老的摇篮曲中的词句，"我在守护着你——我是你的支柱"，但是也有一些时候，特别是当她的思想稍稍脱离手头正在做着的事情时，海浪的声音突然出乎意料地没有了这样的亲切含义，而是如一阵神鬼敲起的隆隆鼓声，无情地敲击起生命的节拍，使人想到这个岛的毁灭和被大海吞没，而且在警告她，岁月在她匆忙地做着一件又一件事情时悄悄消逝，一切如彩虹般稍纵即逝——这原来被其他声音掩盖而变得模糊的海浪声突然在她耳际发出沉重的轰鸣，吓得她不由自主地抬起头来。

他们停止谈话了，这就是原因。顷刻之间她摆脱了紧紧攫住自己的紧张状态，好像为补偿她不必要的感情消耗，她走进了另一个极端，冷静、觉得一切很有趣，甚至还有点幸灾乐祸，她得出的结论是，可怜的查尔斯·坦斯利被甩掉了，她根本不觉得这有什么要紧，如果她的丈夫需要牺牲品的话（他确实是需要），她高兴地给他献上查尔斯·坦斯利，他刚才给她的小儿子泼了冷水。

她抬着头，又倾听了片刻，仿佛在等待某个习惯了的声音，某个有规律的、机械的声音；然后听到了从花园里开始传来的有节奏的半是说话半是吟诵的声音，她丈夫在平台上踱来踱去，发出的声音介于嘟囔和唱歌之间，她再度安下心来，确信一切重又正常，便低下头去看着膝上那本商品目录，找到了一幅带六个刀片的折刀的图，詹姆斯只有非常小心才能剪得下来。

突然一声大叫，仿佛是一个半睡半醒的梦游人在喊着什么"冒着枪林弹雨"之类的声音强烈地冲进她的耳朵,使她忧心忡忡地转身环顾四周,看看有没有人听见他的叫喊。她高兴地看到只有莉莉·布里斯柯在场,这就不要紧了。但是看见这个姑娘站在草坪的边上画画使她记起,她应该尽量保持她的头部姿势不变,好让莉莉画她。莉莉的画!拉姆齐夫人笑了。有一双中国人的小眼睛和一张皱巴巴的脸,她永远嫁不了人了;你也不能把她画画这事太当真;但她是个很有独立性的小家伙,为此拉姆齐夫人喜欢她;于是她记起了答应过的话,把头低了下去。

……

19

……

"你今天晚上织不完那只袜子的。"他说着指了指她手里的袜子。她所希望的正是这个——他指责她时声音中的严厉口气。她想,如果他说悲观是不对的,也许那就是不对的;那场婚姻结果会是美满的。

"是的,"她把袜子在自己膝头上抻平,说,"我织不完了。"

下一步是什么?她感到他仍在看着地,但神情已经变了。他想要什么——想要她一直觉得很难给予他的那东西,想要她对他说她爱他。而这一点,不行,她做不到。他说起话来要比她容易得多。有些他能说得出来的话——她永远也说不出口。因此很自然,这类话总是他来说,现在不知为什么他却突然在乎起来,对她加以指责。他称她是个无情的女人;从来也没有对他说过她爱他。但事实并非如此——并非如此。只不过是她从来无法说出内心的感觉,只会说,他的大衣上没有沾上面包渣吗?她没有什么能替他做的事吗?她站起身来,手里拿着那只红棕色的袜子站到窗前,一方面是要背转身子对着他,另一方面也是因为她现在不在乎他看到她在凝视灯塔了。她知道在她转身时他也转过头来,他在看着她。她知道他在想,你比任何时候都更美丽了。而她也感到自己非常美丽。难道你不能对我就说这么一次你爱我?他心里想的是这个,因为他感到亢奋,由于明塔和他的著作,加上一天已近结束,以及他们为到灯塔去的事争吵过。但是她做不到,她说不出口。她知道他在看着她,她没有说话,而是捏着袜子转过身来,凝视着他。她一面凝视着他,一面脸上开始露出了微笑,她虽然一个字也没有说,但是他知道,他当然知道,她爱他。他无法否认这一点。她微笑着向窗外看去,说道(她心里想,世界上没有任何东西能和这份幸福媲美)——

"是的,你是对的,明天会下雨。"她什么也没有说,但他明白她的意思。她微笑地看着他。她又一次胜利了。

第二部 岁月流逝

1

"好吧,我们得等到将来才能知道了。"班克斯先生从平台上走进来,说道。

"天黑得都快看不见了。"安德鲁从海滩上回来,说道。

"简直快分不清哪儿是大海,哪儿是陆地了。"普鲁说。

"咱们让那盏灯点着吗?"他们在屋里脱外衣时莉莉问道。

"不,"普鲁说,"如果大家都进来了,就把灯灭掉。"

"安德鲁,"她回身叫道,"把门厅里的灯灭了吧。"

灯一盏接一盏地全都灭掉了,只有卡迈克尔先生的蜡烛点的时间比别人的长,他喜欢躺在床上读一会儿维吉尔的作品。

2

随着灯被熄灭、月亮落下、稀疏的雨点敲击着屋顶,无边的黑暗开始涌来。似乎没有什么能抵挡这洪流般的无边无涯的黑暗,它从锁孔和缝隙里钻进来,从遮光帘四周溜进来,进入卧室,在这里吞没一只水罐和脸盆,在那里吞没一盆红色和黄色的大丽花,以及五斗柜鲜明的轮廓和巨大结实的柜体。不仅家具混淆难辨,就连人的身心也几乎没有留下什么可供辨别,使人能说出"这是他"或"这是她"。有时有一只手抬了起来,好像想抓出什么东西或挡开什么东西,或有人哼哼,有人大笑,仿佛和一片空虚在分享着一个笑话。

客厅里、餐厅里、楼梯上都没有丝毫动静。几丝脱离了风的躯体的微风,只能从生了锈的铰链和因海边空气潮湿而膨胀了的房屋木质建筑部分(房子毕竟已是东倒西歪的了)溜着犄角闯进屋子里来。人们几乎可以想象它们在进入客厅时的满心疑问和惊奇,玩弄着垂挂在墙上的壁纸，问道，这壁纸还能再在墙上垂挂多久，什么时候会掉下来？然后它们平和地拂过墙面，沉思着继续向前，仿佛在问壁纸上红色和黄色的玫瑰它们会不会枯萎，询问（轻缓地说着，因为它们时间很多）废纸篓里撕碎了的信、鲜花和书籍，所有这一切这时都敞开在它们面前，并且在问，它们是伙伴吗？它们是敌人吗？它们还能持续多久？

　　偶然会从一颗未被遮住的星星、漂泊的船只或甚至从那座灯塔射来一道光，在楼梯和脚垫上留下它苍白的脚步，指引着微风爬上梯级、小心地在卧室门旁伸头探脑。但是在这里它们无疑必须停下来了。别的任何东西都可能会死亡和消失，躺在这里面的却是永远不变的。在这儿人们会对那些流动的光影、那些弯向睡床发出轻声低语的四处寻觅的微风，在这里你们既不能产生影响也不能造成破坏。它们仿佛有着轻如羽毛的手指和韧如羽毛的意志，听到这些话后便有气无力地、幽灵般地再看一眼那些闭着的眼睛和微握的手指，有气无力地拉紧它们的衣衫，从卧室里消失了。于是，它们探探寻寻、挤挤蹭蹭，来到了楼梯平台的窗口、仆人的卧室、阁楼上的小屋；它们又飘然而下，镀白了餐桌上的苹果、触摸着玫瑰的花瓣、尝试着晃一晃画架上的画幅、扫过脚垫将一些沙子吹散在地板上。最后，它们终于断了念头，一起停了下来，聚集在了一起，一起叹了口气；它们一起发出了一股无由的悲叹，厨房中的某一扇门对此做出了响应；它大敞开来，但什么也没有进来，又砰的一声关上。

　　（这时一直在读维吉尔作品的卡迈克尔先生吹灭了蜡烛。午夜已过。）

3

但是，一个夜晚究竟意味着什么？一个短暂的片刻，特别是当黑暗这样快就消失、鸟儿这样快就开始歌唱、公鸡啼鸣，或波谷深处渐渐泛出淡淡的绿色，就像一片变绿的树叶。然而，夜晚过去仍有新的夜晚。冬季储存了大量的黑夜，并用不知疲倦的手指将它们平等地、均匀地分发出去。夜变得越来越长，越来越黑。有些夜晚明亮的行星高悬空中，如晶莹的圆盘。秋天的树木虽遭严冬的摧残，在星光下看上去很像在教堂阴冷地窖的昏暗中闪光的扯碎了的旗帜，在地窖里大理石的书页上刻着金字，记叙了战争中的死亡以及尸骨如何在遥远的印度的沙场上被火一样的骄阳晒褪了颜色。秋天的树木在黄色的月光下微微闪光，在秋收后的第一次满月的光辉下，这光辉使劳动的精力更充沛，抚平收割后布满茬儿的田野，带来蓝色的海浪拍击海岸。

这时，仁慈的上帝似乎被人类的忏悔和辛劳艰苦所感动，拉开了天幕，展现出幕后唯一的、独特的东西：那直立的野兔，风浪渐息，船儿轻摇，这些东西如果是我们应得的奖赏，就应永远属于我们。但是，唉，仁慈的上帝拉动了绳索将天幕合上。他感到不悦，他用一阵冰雹将他的珍宝盖起，把它们击碎、搅乱到似乎再也无法恢复其平静的程度，我们也永远不能用这些碎片再构出一个完美的整体，或从四下乱扔的纸片上读到清晰的真理的词句。因为我们的忏悔只配得到这瞬间的一瞥，我们的辛劳艰苦只配得到这暂时的喘息。

现在,夜里充满了狂风和毁灭,树木前俯后仰,落叶四处乱飞,直到厚厚地铺满草坪、塞满边沟、堵住排水管、撒满潮湿的小径。同时,大海波浪翻腾、惊涛自己的疑问找到答案,或者找到能和他分享孤独的人,因而掀开被子独自走下沙滩去徘徊,他会发现没有任何像要极其敏捷地为他效劳的身影出现在他手边,来恢复这黑夜的秩序,使世界反映心灵的航向。那只手在他的手中缩小,那声音在他耳际轰鸣。怎么啦?为什么?原因何在?躺在床上睡觉的人往往会被吸引要寻求这些问题的答案,但是看来在这样的一片混乱之中,向黑夜提出这些问题几乎是毫无用处的。

(在一个昏暗的早晨,拉姆齐先生伸出双臂跌跌绊绊地沿过道走来,但是拉姆齐夫人已在头一天晚上突然去世,他伸出了双臂。没有人投入他的怀抱。)

……

7

无论冬夏,一夜又一夜,暴风雨的肆虐和晴天时箭一般的寂静不受任何干扰地主宰一切。从这所空宅楼上的房间里倾听(如果还有人在那里倾听的话),能听到的只有无边的混沌中道道闪电夹着雷鸣翻腾起伏,狂风和巨浪尽情嬉戏,像脑袋里从未穿进过理智之光的海怪们在做着愚蠢的游戏,它们有着变化不定的巨大躯体,爬到对方的身上层层叠起,在黑暗中或天光下(因为夜与日,月与年没有定型地搅在了一起)猛冲猛刺跌入水中,直到似乎整个宇宙都在兽性的混乱和放纵的贪欲中独自漫无目的地搏斗翻滚。

春天,随风飘来的种子使花园的花瓮依旧鲜花盛开。先是紫罗兰,再是黄水仙。但是白天的寂静和明亮与黑夜的混沌和喧嚣同样奇特,树木站在那里,花也站在那里,看着前方,看着上方,但是什么也没有看见,没有眼睛,因而非常可怕。

8

迈克纳布太太弯腰摘了一把花准备带回家去,她觉得这样做没有关系,因为这家人不会回来了,有人说他们再也不会回来了,也许在米迦勒节前后就会把房子卖掉。她在打扫房间时把花放在了桌子上。她喜欢花。白白糟蹋了怪可惜的。就算房子卖掉了(她两手叉腰站在镜子前),也得有人照看——肯定得有。这么多年它一直空在那里。书籍和东西都发霉了,由于战争,也由于很难找到帮手,这幢房子一直没能按她希望的那样好好打扫干净。现在靠一个人的力量来把它收拾整齐是不可能的了。她年纪太大了。她的两条腿总是很痛。所有那些书都需要摊在草地上晒晒;过厅里的墙皮剥落;书房窗外的雨水管堵死了,水渗进了屋子;地毯已破旧不堪。可是他们这家人应该自己来料理一下,应该派个人来看一看。因为柜子里还有衣服,每个卧室里都有留下的衣服。她该怎么处理这些东西?衣服已经被蛀了——拉姆齐夫人的东西。可怜的太太!她永远不会再需要它们了。人家说她已经死了,好多年前,死在伦敦。那儿是她穿着收拾花园的一件灰色旧斗篷(迈克纳布太太伸出手指摸了摸)。

她仍然能够看到那个情景：当她拿着洗好的衣物从车道上走过来时，看见拉姆齐夫人弯着身子在侍弄花（现在花园是一片凄凉景象，杂草丛生，兔子从花圃向你冲过来急忙逃窜）——她仍能够看到她穿着那件斗篷，身边总跟着一个孩子。还有靴子和鞋子在那里；梳妆台上还留下了一把刷子和梳子，简直就像她打算明天要回来似的。（他们说她最后死得十分突然。）有一次他们都要回来了，可是又延期了。由于战争，再加出行太困难，这么些年他们一直没有回来；只把钱给她寄来；但从不写信，从没回来过，却指望着一切和他们离开的时候一样。咳，真是的！怎么回事，梳妆台的抽屉里全是东西（她拉开了抽屉），手绢、一截截的丝带。是的，当她拿着洗好的衣物从车道上走过来时，仍能看到拉姆齐夫人。

"晚上好，迈克纳布太太。"拉姆齐夫人会这样说。

她待人一向亲切和蔼。女仆们都喜欢她。可是天哪，从那时以来，发生了多少变化啊（她关上了抽屉），许多家庭失去了亲人。她死了，安德鲁先生牺牲了，普鲁小姐也死了，他们说是生第一个孩子时死的，不过这些年里大家都失去了亲人。物价厚颜无耻地飞涨，而且从不回落。她能很清楚地记得她穿着灰斗篷时的样子。

"晚上好，迈克纳布太太。"她说，然后告诉厨娘给她留一盘奶油汤——她觉得她拿着重重的一篮子衣服一直从镇上走来，挺需要吃点什么。她现在还能看见她，弯着身子在侍弄花。（有点模糊，忽隐忽现，像一道黄色的光束，或是望远镜末端的光圈，一位穿着灰色斗篷的夫人，弯着身子在侍弄花；当迈克纳布太太慢慢蹒跚着打扫房间，整理东西的时候，这个身影就在卧室的墙上、梳妆台上、脸盆架上徘徊飘忽。)

那厨娘叫什么名字来着？米尔德里得？玛丽安？——类似的一个名字。唉，她忘了——她是爱忘事了。记得她暴躁得很，红头发的女人都这样。她们许多次在一起开怀大笑。她在厨房总是很受欢迎。她能逗大家笑，真是这样。那时候情况比现在好。

她叹了口气，光让一个女人来干，这活可太多了。她这边那边地晃着脑袋。这里原来是育儿室。哎呀，这里面这么潮；墙皮开始往下掉了。他们干吗要在那里挂个野兽的头骨？而且也长霉了。阁楼的房间里到处是老鼠，雨水漏了进来，可是他们从来没有派人来，他们也不来。有的锁没了，因此门撞得砰砰响。她也不愿意黄昏的时候独自一个人待在这里。光让一个女人来干，实在是够呛，够呛，太够呛了。她咯吱作响地移动着身子，哀叹着。她砰地关上了门。她用钥匙把门锁好，留下了一所门窗紧闭、上了锁的孤零零的屋子。

9

屋子被遗弃在那里，无人居住。它像被遗弃在沙丘上的一个贝壳，当生命离开了以后，只能听任干盐粒灌入其中。漫长的黑夜似乎已经来到了；嘲弄的微风咬啮着，冷湿的空气四处摸索，似乎已经胜利了。平底深锅生了锈，垫子烂了。癞蛤蟆伸头探脑地爬进了屋子。挂着的那条披巾有气无力地、无聊地摆来摆去。一根蓟草从食品储藏室的瓦缝里长了出来。燕子在客厅里筑巢；地板上到处是稻草；墙皮大片大片地剥落下来；椽子露了出来；老鼠把这样那样的东西衔到护壁板后面去啃。玳瑁色的蝴蝶从蛹中钻出,啪嗒啪嗒地一个劲儿往窗玻璃上撞,直到力竭而亡。罂粟花在大丽花间自生自长;草坪上长得很高的野草随风摆动;巨大的洋蓟耸立在玫瑰之中;一株花瓣边缘有着不同颜色的石竹花在卷心菜地里盛开;平日里野草轻叩窗子的声音在冬夜变成了茁壮的树木和带刺的蔷薇的敲击声,在夏天它们则把整个房间映得一片青翠。

现在有什么力量能阻止大自然的丰饶多产、麻木冷酷?是迈克纳布太太对一位夫人、一个孩童或一盘奶油汤的那个梦吗?它像太阳洒下的一个光点,在墙上飘忽片刻后就消失了。她已经锁好了门,她已经走了。这不是一个女人力所能及的,她说。他们从来没有派人来过。他们从来没有写过信。在宅子的抽屉里东西在霉烂——就这样把东西丢下不管,真不像话,她说。那地方全要毁掉了。只有灯塔的光束照进房间一小会儿,它的目光在黑暗的冬夜突然投到床上和墙壁上,泰然地看着那根蓟草和燕子、老鼠和稻草。没有什么来阻挡它们,没有什么对它们说不行。让风去吹吧,让罂粟花自己去繁殖,让石竹和卷心菜杂交吧。让燕子在客厅筑巢,让蓟草从瓦缝里长出来,让蝴蝶在扶手椅褪了色的擦光印花布套上晒太阳吧。让破玻璃和瓷器的碎片躺在草坪上被草和野浆果缠结覆盖吧。

因为那个时刻已经到来,那是个踌躇不定的时刻:黎明颤抖、黑夜停步,如果一根羽毛飘落到天平的一端就会使天平倾斜。只要一根羽毛,这幢正在下沉、倒塌的房子就会翻转过来一头栽进黑暗的深渊。在毁坏了的房间里,来野餐的人会点火烧水;情人们会到这里来寻找幽会的场所,躺在光秃秃的木头地板上;牧羊人把午餐存放在砖堆上；流浪汉在这里过夜，裹着大衣御寒。然后屋顶可能会塌下来；蔷薇和毒芹会封住小径、台阶和窗户，会长短不齐地在土堆上长得枝繁叶茂，直到某个迷路的人闯了进来，只能凭荨麻丛中的开花的芦苇，或毒芹丛中的一片碎瓷来推测这儿曾经有人居住过，曾经有过一幢房子。

如果那根羽毛落了下来，如果它使天平倾斜，这整幢房子就会栽进深渊，躺在那里被岁月遗忘。但是有一股力量在起作用。这是种并不十分有意识的力量。它侧目斜视、步履蹒跚。这种力量工作时并不为庄严的仪典或神圣的颂歌所鼓舞。迈克纳布太太呻吟抱怨，巴斯特太太一动就浑身吱嘎响。她们老了，她们动作不灵活了，她们的腿疼痛不已。她们终于拿着扫帚和提桶来了，她们动手干了起来。突然，年轻小姐中的一个写信来，迈克纳布太太是不是能把房子收拾好：她能不能做到这一点，能不能做到那一点，而且要赶紧办好。他们可能要来度夏，他们把什么都留到最后才来办，还指望什么都和他们离开的时候一样。迈克纳布太太和巴斯特太太缓慢地、吃力地用扫帚和提桶又拖地又擦洗，挡住了屋子继续朽烂下去；从岁月之潭中一会儿救出一个即将淹没的脸盆，一会儿又是一个碗柜。有一天早上她们从被遗忘的角落里拣出了那些韦弗利小说和一套茶具；下午又让一个铜壁炉围栏和一套钢质火炉用具重见了天日。巴斯特太太的儿子乔治负责捉老鼠、修剪草坪。她们找来了建筑工人，修好了吱嘎作响的铰链，吱扭吱扭的插销，受潮发胀的木器上撞得砰砰响的关不上的门。而这两个女人，一会儿弯腰、一会儿站起，呻吟着、唱着、乒乒乓乓，刚刚还在楼上，一会儿又到了地窖里，似乎这个地方正经历着一场缓慢艰难的新生。她们说,啊,这活真够呛!

她们有时在卧室或书房里喝茶;中午她们休息,脸上沾着污垢,年老的手因为老攥着扫帚把手指头都伸不直了。她们跌坐在椅子里,一会儿想到对水龙头和浴缸的辉煌征服;一会儿又想到对那长长的一排排的书的更为艰苦的部分胜利,那些书原来是乌黑的,现在长了白霉斑,生出了灰白的蘑菇,隐藏着诡秘的蜘蛛。迈克纳布太太感到喝下的茶使她浑身暖乎乎的,于是望远镜又一次自动放到了她眼前,她在一圈光亮中看到了那个瘦得像个耙子的老先生,当她拿着洗好的衣服走近时,见他摇头晃脑地在草坪上,想来是在自言自语。他从来没有注意过她。有人说他已经死了,又有人说是她死了。究竟死的是谁呢?巴斯特太太也说不准。那个少爷死了。这一点她是肯定的。她在报纸上看到过他的名字。

现在出现的是那个厨娘,米尔德里得?玛丽安?反正类似的这么个名字——一个红头发的女人,和所有红头发的人一样,性格急躁,可是如果你摸熟了她的脾气的话,她也会非常和蔼。她们许多次在一起开怀大笑。她为玛吉留盘汤,有时候留点火腿,或者随便什么剩下来的东西。那时候他们日子过得很好。需要的东西什么都有(喝下了热茶,坐在育儿室壁炉围栏边的柳条扶手椅中,她毫不费力地、愉快地松开了记忆的线球)。那时总有许多活干,宅子里常常住着客人,有时候有二十个人住在这里,半夜过后好久还在洗餐具。

巴斯特太太(她不认识他们,那时候她住在格拉斯哥)放下茶杯,她很奇怪,他们到底为什么要把那个野兽的头骨挂在哪儿?肯定是在外国什么地方打猎弄来的。

很可能，迈克纳布太太说，仍纵情沉浸在回忆之中；他们在东方的国家里有朋友；先生们留在那里，女士们穿着晚礼服；有一次她从餐厅门看见他们都坐在那儿吃晚饭。她敢说有二十来个人，都戴着首饰，她给留下来帮着洗餐具，可能一直干到了半夜以后。

唉，巴斯特太太说，他们会发现这里变样子了。她把身子探出窗外，看着儿子乔治用长把大镰刀割草。他们很可能会问，这草坪怎么搞的？想想看，老肯尼迪本该负责的，可是自从他从马车上摔下来以后，腿就不行了；后来可能有一年，或至少大半年的工夫根本没有人管；然后戴维·麦克唐纳来了，可能订购过种子，但是谁知道种下去了没有？他们会发现这里变样子了。

她看着儿子割草。他干活真是个好手——是不声不响干活的那种人。唉，她觉得她们得去收拾碗柜了。她们费劲地站了起来。

终于，经过了在屋子里好几天的收拾和在园子里又割草又挖地之后，掸帚不再在窗户上轻拂，窗子都关上了，屋子里所有的门都锁上了，大门砰的一声关上了，活干完了。

这时，好像一直被打扫、擦洗、用大镰刀和机器割草的声音所淹没的那隐隐约约的旋律又出现了，那时断时续的乐声虽然进入了人们的耳朵但未被人们注意；狗吠声、羊的咩咩声，没有规律、时断时续，然而却不知怎的相互关联；昆虫的鸣叫、割过的草的轻颤，彼此分开却又似乎亲密共属；金龟子刺耳的嗡嗡、车轮的吱嘎声，一高一低，却神秘地相互关联。耳朵使劲要把这些声音汇在一起，总是几乎就要达到和谐但却从未能完全听清、从未能达到完全的和谐。最后，到了黄昏时分，这些声音一个接着一个消失了，和声开始迟疑断续，寂静降临。随着日落，鲜明的轮廓消失了，宁静如薄雾般升起、四处弥漫，风停了；世界放松了，安顿下来睡觉了，在这儿一盏灯也没有，一片黑暗，只有透过树叶的绿光，或窗旁白色花朵上泛出的灰白。

（莉莉·布里斯柯在九月份一个深夜让人把她的旅行包提到这幢房子前。卡迈克尔先生乘同列火车到达。）

10

和平真的来到了。和平的信息从海洋吹到了陆地上。再也不会惊醒它的睡梦，而只会使它更平静地深深安息，无论熟睡的人们做着什么样神圣的、有见识的梦，都只会是证实这一点——它还会喃喃低语些什么别的事呢？——莉莉·布里斯柯在那间干净静寂的房间里，头放在枕头上，听见了大海的涛声。从开着的窗子传来了美丽的世界的喃喃低语，声音轻得听不清在述说着的是什么——不过如果意思清楚明白，听不清又有什么关系？——恳求睡梦中的人（房子里又住满了人；贝克威斯夫人住下了，还有卡迈克尔先生），即使不能真的到海滩上去，至少也要撩起窗帘向外面看一看。那时他们会看到夜披着紫袍飘然而下，头戴王冠，王杖上镶满宝石，他的眼中会出现孩子般的神情。如果他们仍在犹豫（莉莉旅行累了，几乎立刻就睡了，但是卡迈克尔先生在烛光下看书），如果他们仍拒绝，说夜的壮丽如雾气般虚无，露珠都要比他有力量，他们情愿去睡觉；那么那个声音会既不抱怨也不争论地轻轻地唱起自己的歌。海浪轻轻地拍击海岸（莉莉在睡梦中听到了这声音）；夜光轻柔地落下（仿佛透过了她的眼睑）。卡迈克尔先生合上书，心里想，看上去一切都和多年前一样，他进入了梦乡。

当夜之幕将这幢房子裹起，也裹起了贝克威斯夫人、卡迈克尔先生、莉莉·布里斯柯，使他们眼上蒙着层层黑暗躺在那儿之时，那声音可能仍会继续问，为什么不接受这一切，满足于这一切，默许并顺从于这一切呢？茫茫大海有节奏地拍击小岛。四周的叹息声抚慰着他们；夜幕包围着他们；没有任何东西惊扰他们安眠，直到鸟儿开始醒来、黎明把它们尖细的唧唧声织进自己的白色之中；大车的吱嘎声，什么地方一条狗的叫声，太阳撩起了黑暗的帷幕，撕破了遮在他们眼睛上的黑纱，于是睡梦中的莉莉·布里斯柯微微一动。她一把抓住毯子，像个落下悬崖的人死抓着崖边的草皮。她睁大了眼睛。她笔直地从床上坐起，心里想，她又回到这里来了。她完全醒来了。

第三部　灯塔

1

那么，这是什么意思，这一切可能是什么意思？莉莉·布里斯柯问自己，琢磨着既然只剩下她一个人了，她是该自己到厨房去再倒一杯咖啡呢，还是该等在这里。这是什么意思？——这是一句什么书上看来的时髦话，有点适合她当时的思想，因为在和拉姆齐一家人一起的这第一个早上，她无法搞清自己的感情，只能让这个句子一再回响脑际，来掩盖脑子里的一片空白，直到忧郁的感觉减轻。因为，真的，这么多年以后重返旧地，拉姆齐夫人又已去世，她究竟感觉如何？什么也没有，什么也没有——她什么也表达不出来。

她昨夜到得很晚，周围一片神秘的黑暗。现在她醒来了，坐在早餐桌旁的老位子上，但是只有她独自一人。现在时间还很早，不到八点钟。计划去远游——他们要到灯塔去，拉姆齐先生、卡姆和詹姆斯。他们应该已经出发了——他们得赶涨潮什么的。可卡姆还没准备好，詹姆斯还没准备好，南希忘了预订三明治，拉姆齐先生发了脾气，一摔门走了。

"现在去还有什么用？"他大发雷霆道。

南希没影了。拉姆齐先生在那儿，怒冲冲地在平台上走来走去。好像听见整幢房子里都是砰砰的摔门声和叫喊声。现在南希冲了进来，四面一看，神情古怪，半茫然半急迫地问道："该给灯塔上的人带点什么去呢？"好像她在迫使自己去做一件她根本没有信心能做好的事。

真的，给灯塔上的人带点什么去呢？在任何别的时候莉莉可以合情合理地建议带茶叶、烟草、报纸。但是今天早上一切显得如此出奇的怪，以至像南希的这么个问题——该给灯塔上的人带点什么去呢？——竟然在她的心里打开了一扇扇的门，它们晃来晃去，撞得砰砰响，使她不断傻呆呆地问：带点什么去？该怎么办？我究竟为什么坐在这里？

独自面对长长的餐桌上干净的杯子坐着（因为南希又出去了），她感到和别的人隔绝了，只能继续观望、提问、琢磨。这所房子、这个地方、这个早晨，似乎对她都是陌生的。她感到自己不属于这里，和这里没有关系，什么事都可能发生，而不论发生什么事——外面有脚步声，一个声音在喊（"没在碗柜里，在楼梯平台上"，有人喊道）——都是个疑问，仿佛通常将事物联系在一起的环节已被割断，它们飘上飘下，随处飘动。她看着空咖啡杯，心里想，一切都是多么漫无目的，多么混乱和虚幻。拉姆齐夫人死去了，安德鲁牺牲了，普鲁也死了——尽管她重复着这些话，却并没有引起她的感情。我们都在这样一个早晨一齐聚集到这样一所房子里，她说，眼睛看着窗外——这是个美丽宁静的早晨。

2

突然拉姆齐先生经过时抬起头直视着她，目光狂热激动，然而十分犀利，仿佛他第一次、刹那间看到了你，就成了永恒；为了避开他，她拿起空杯子假装喝咖啡——避开他对她的要求，把那个迫切的需求再推延片刻。他对她摇摇头，继续往前走去（"孤零零的"，她听见他在说，"死了"，她听见他在说），和这个奇特的早晨的别的一切一样，这些字句也成了象征，写满了那灰绿色的墙壁。要是她能把它们串在一起，她觉得，把它们用句子写出来，那么她就能掌握事物的真谛。老卡迈克尔先生轻轻地走了进来，倒了一杯咖啡，端着杯子走出去坐在太阳底下。那惊人的非现实令人既害怕又激动。

到灯塔去。可是给灯塔上的人带点什么去呢？死了，孤零零的，对面墙上的灰绿色的光，空着的座位，这就是一些零散的部分，但怎样把它们串在一起呢？她问道。好像任何干扰都会打碎她在桌上建起的脆弱的形体，她转身背对着窗子，怕拉姆齐先生会看见她。她必须想法离开，独自躲到什么地方去。突然她记起来了。当她十年前最后坐在这里时，在桌布上有过一根小树枝或是树叶的图案，她曾在受到启示的那一刻凝视过它。当时关于一幅画的前景布局上有点问题。她曾说把树往中间挪一挪。她一直没有画完那幅画。这些年来它一直在她脑子里转。现在她再来画吧。她的颜料在哪儿？她心里想。她的颜料，对了，她昨晚留在门厅里了。她马上就动手画。在拉姆齐先生回转过来之前她很快站起身来。

她给自己端了一把椅子，以十足的老处女式的动作在草坪边上支起了画架，离卡迈克尔先生不能太近，但仍在受他保护的范围之内。是的，十年前她就是站在这个地方。那堵墙、那树篱、那棵树。问题是这几个物体之间的关系。这么些年以来她心里一直惦记着这件事。看来现在她有了答案了：她知道她该怎么办了。

……

5

帆在他们头顶上飘动。海水欢快地拍打着在阳光下懒洋洋停滞不动的小船的船舷。时而一阵微风吹皱了船帆，但轻轻波动过后一切又静止下来。小船根本一动不动。拉姆齐先生坐在船的中间。很快他就会失去耐心了,他们看着父亲,詹姆斯这样想,卡姆也这样想,他紧蜷着腿坐在船中央他们两个人之间(詹姆斯掌舵,卡姆独自一人坐在船头)。他最恨逗留着不动。果然,他烦躁不安地熬了一两秒钟以后,就对麦卡利斯特的儿子说了几句厉害的话,于是他拿出桨开始划了起来。但是孩子们知道,只要船不能飞一般地前进,他们的父亲是永远不会满意的。他会不断盼着起风,坐立不安,低声叨唠,麦卡利斯特和他的儿子会听见他的话,会感到特别不舒服,是他硬逼着他们来的。他们气得直希望永远不要起风,让他的希望统统落空,因为是他违背他们的意愿硬逼着他们来的。

在走下海滩去的路上他们一起落在后面,尽管父亲在无声地命令他们"走快点,走快点"。他们低着头,仿佛一阵无情的狂风压得他们抬不起头来。不可能和他谈谈。他们必须得来,他们必须照他的话办。他们必须抱着牛皮纸包跟在他身后。但是他们一面走一面默默地发誓,他们要相互支持实现那个伟大的盟约——至死反抗暴行。因此他们就那样坐着,一声不响,一个在船头,一个在船尾。他们一句话也不说,只是有时看上他一眼,见他蜷腿坐在那儿,紧皱眉头,烦躁不安,鼻子里不住地发出焦躁的哼哧声,嘴里自言自语地嘟哝,不耐烦地等着起风。而他们则希望一点风都没有,他的希望统统落空。他们希望整个的远游无法实现,不得不抱着牛皮纸包折回海滩去。

但是现在,当麦卡利斯特的儿子划出去了一点儿以后,帆慢慢转了过来,船加快了速度,船身平稳下来后,便箭一般飞驶而去。马上拉姆齐先生仿佛卸下了重负,他伸直双腿,拿出烟叶袋,咕哝着递给了麦卡利斯特,孩子们知道,尽管他们感到痛苦,他却心满意足。现在他们会这样一连几个小时航行下去,拉姆齐先生会向老麦卡利斯特问个什么问题——可能是关于去年冬天的那场大风暴——老麦卡利斯特会回答他,他们就会一起抽烟斗,麦卡利斯特会用手指拿起一根涂过柏油的绳子或者打结或者解扣儿,他的儿子钓鱼,跟谁都不说话。詹姆斯于是将不得不把眼睛一直盯在船帆上。因为如果他忘记这样做,那么帆就会皱拢起来打战,船的速度就会慢下来,拉姆齐先生就会厉声说:"注意!注意!……"

9

……

"会下雨的,"他记得父亲这样说。"你们不可能到灯塔去。"

那时灯塔是座银色的看上去朦朦胧胧的塔,有一只在黄昏时突然睁开的柔和的黄眼睛。而现在——

詹姆斯看着灯塔。他可以看得见刷成白色的岩石;那座光秃秃的直立着的塔;他可以看见塔身上刷着黑白的粗道道;他可以看见上面的窗户;他甚至都能看见摊晒在岩石上的洗过的衣服。这么说来这就是那座灯塔了,是吧?

不,他记忆中的那一座也是灯塔。因为没有任何东西是单一的。那一座也是灯塔。隔着海湾是很难看清楚它的。黄昏时分你抬起头,就看见那只眼睛一开一闭,他们坐在凉爽愉快的花园里,它的光似乎能照到他们。

但是他停止了遐想。每当他说"他们"或"一个人",然后开始听到某人走来时衣服的沙沙声,某人走开时链条的叮当声,他便对留在房间里的无论什么人的存在变得极为敏感。现在是他的父亲。气氛变得极其紧张。因为如果还没有风的话,那么很快他的父亲就会啪地把书一合,说:"现在是怎么回事?我们为什么在这儿漂着不动啊?"就像以前有一次,他在平台上把利剑砍向了他和母亲,使她全身发僵,当时如果手边有把斧子、刀,或任何尖利的东西,他就会一把抓起直刺他父亲的心脏。他的母亲全身发僵,后来她的胳膊松弛了,他便感到她不再听他说话了,她仿佛不知怎的站起来走开了去,剩下他在那里,无能为力、滑稽可笑、坐在地板上抓着一把剪刀。

没有一丝风。海水在船底发出扑通扑通的声音,三四条马鲛鱼在浅得没不住它们身子的水里拍打着尾巴。任何时候拉姆齐先生(詹姆斯几乎不敢看他)都可能惊醒过来,合上书,说出什么刺耳的话来;但是暂时他仍在看书,于是詹姆斯继续悄悄地接着回想,她是什么模样,那天她去了哪里?他悄悄地想着,仿佛他光着脚偷偷走下楼去,生怕踩上一块吱嘎响的地板而惊醒了看门狗。他开始跟在她后面从一间屋子到另一间屋子,最后来到了一间光线是蓝色的屋子里,仿佛是从许多瓷盘子上反射出来的光,她在那里和什么人说话;他听着她说话。她和一个仆人说话,想到什么说什么。我们今晚会需要一个大盘子。放在哪儿了——那只蓝颜色的盘子?只有她才说实话;他也只有对她一个人才说实话。也许这就是她对他有着永恒的吸引力的源泉;她是一个你可以把想到的什么话都告诉她的人。但是在他想到她的时候,他一直都意识到他的父亲在追随着他的思路,盯它的梢,使它颤抖、犹豫。

最后他停止了回忆;他坐在阳光下,手放在舵柄上,眼望着灯塔,没有力量移动,没有力量拂去一颗接一颗落在他心上的痛苦的微粒。似乎有一根绳子把他捆在那里,是他的父亲打的结,他只有拿把刀刺穿它才能逃脱……但就在那一刻船帆慢慢转了过来,渐渐被风鼓起,小船似乎抖了抖身子,然后半睡半醒地开始航行,随后她完全醒了过来,飞速破浪而去。这份轻松的感觉真是太美妙了。他们之间的距离似乎又加大了,感到自在舒畅,从船侧斜抛下的钓鱼线又绷紧了起来。但他父亲并没有被惊动,他只是神秘地高举起右手,然后又让它落回到膝盖上,仿佛在指挥着什么秘密的交响乐。

10

(海面上没有一丝斑痕,莉莉·布里斯柯想道。她依旧站在那儿远眺着海湾。大海像丝绸般在海湾伸展。距离有着奇妙的力量,她感到他们被吞没其中,一去不复返,成了大自然的一个部分。大海是如此平静,如此安宁。轮船本身已经消失了,但那一大股烟依然悬在空中,像一面低垂着的、哀哀惜别的旗子。)

……

13

拉姆齐先生差不多快要读完那本书了。一只手停留在书页上,似乎是准备好一读完马上就翻过去。他坐在那里,光着头,海风吹乱了他的头发,全身暴露在大自然之中。他看上去很老。詹姆斯觉得,他的头一会儿在灯塔的衬托下,一会儿又在流向广阔的大海的大片海水的衬托下,看上去很像躺在沙滩上的古老的岩石;他看上去好像是把他们两个人心底里一直存在的那个想法身体力行了——那份对他们两人来说是万物的真谛的孤独。

他读得非常快,好像他急于要看完它。真的,他们现在离灯塔已经很近了。它高耸在那里,僵直地站立着,黑白两色亮得耀眼,你可以看见海浪在岩石上撞击成碎玻璃一样的白色碎片。你可以看见岩石上的条纹和皱折。你可以清楚地看见灯塔上的窗子;其中一扇上还有一小片白色,岩石上有一小丛绿色。一个男人走出来拿望远镜看了看他们,又走了进去。原来就是这样,詹姆斯想,你多少年以来一直从海湾的另一面看到的那座灯塔;这是一座建立在光秃秃的岩石上的僵直的塔。它使他感到满意。它证实了他对自己性格的某种模糊的感觉。他想到了家里的那座花园,他想,那些老太太们把椅子在草坪上拖来拖去。比如说老贝克威斯夫人,她就总说这多好啊,多可爱啊,他们该多么自豪多么幸福啊,但是事实上,詹姆斯看着耸立在岩石上的灯塔,心里想,也就是这样。他看了看紧紧蜷缩着腿使劲看书的父亲。他们两个人都知道这一点。"我们在风暴中航行——我们注定要沉没。"他开始自言自语地说,半低着声音,和他父亲说的时候一模一样。

似乎好久没有人说话了。卡姆看海看得厌了。黑色软木浮子的小碎片漂了过去;船底的鱼已经死掉了。她的父亲仍旧在看书,詹姆斯看着他，她看着他，他们曾发誓要至死与暴行斗争，而他对他们的想法毫无所知，继续看他的书。他就是这样逃脱了的，她想。是的，他带着他那大脑门、大鼻子，把那本有杂色斑纹的小书坚定地举在面前，他逃脱了。你可能会试图抓住他，但他会像只小鸟一样展开翅膀，翩然飞到远远的你够不着的什么地方，停在某个荒凉的树桩上。她凝视着一望无际的大海。那个小岛已经变得这样小，看起来已经不再像一片叶子了。它像一块岩石的尖顶，一个大浪就能淹没掉。然而在它脆弱的躯体上有着那么多小径、平台、卧室——所有那些不可胜数的东西。但是如同即将入睡时的感觉那样，一切都变得简单化了，在无数的细节中只有一个细节有力量把自己突现出来，当她昏沉地看着那个小岛时，她就是这样感到所有那些小径、平台和卧室都在隐没消失，只剩下一只浅蓝色的香炉在她心里有节奏地摆来摆去。这是一个多级平台花园；这是个山谷，充满了小鸟、鲜花和羚羊……她渐渐睡着了。

"来吧。"拉姆齐先生突然合上书，说道。

来什么地方？去从事什么样非凡的历险？她一惊，醒了过来。在什么地方上岸，攀登上什么地方？他要把他们带到什么地方去？因为在那么长久的沉默以后，他突然说话把他们吓了一跳。不过这是愚蠢的。他饿了，他说。是吃午饭的时候了。再说，看呀，他说，那就是灯塔。"我们马上就要到了。"

"他干得很好，"麦卡利斯特夸奖詹姆斯道，"他把船保持得很平稳。"

但是他的父亲从不夸奖他，詹姆斯冷冷地想。

拉姆齐先生打开包,把三明治分给大家。现在他和渔民一起吃面包和干酪,感到很快活。他倒很想能够住在一所小木屋里,在码头上闲逛,和别的老头儿一起嬉笑怒骂,詹姆斯看着他用单开小刀把干酪切成黄色的薄片时,心里在想。

这就对了,就是这样,卡姆剥着煮鸡蛋时心里不断在想。现在她的感觉和在书房里看老先生们读《泰晤士报》时一样。现在我可以继续爱想什么就想什么,不会摔下悬崖或被淹死了,因为他就在那儿,照看着我,她想道。

这当儿,他们正急速沿着礁石航行,让人十分兴奋——他们仿佛同时在做着两件事情:他们在阳光下在这儿享受午餐,同时也在风暴中沉船后逃向安全地带。淡水够维持他们吗?食物够吗?她问自己,给自己编述一个故事,但心里明白什么是真实情况。

他们很快就会脱离这一切了,拉姆齐先生正在对老麦卡利斯特说;但他们的孩子们会看到一些奇妙的事情的。麦卡利斯特说他三月份满了七十五岁;拉姆齐先生七十一岁。麦卡利斯特说他从来没有看过医生;一颗牙也没有掉。我希望我的子女也能这样生活——卡姆肯定她的父亲也在这样想,因为他阻止她把一块三明治丢进海里,对她说,她要是不想吃就应该把它放回纸包里去,好像他在想着渔民和他们是怎样生活的。她不应该浪费。他的话说得非常有见识,似乎他对世界上发生的一切都一清二楚,她立刻就把三明治放回到了纸包里,然后他从自己的包里拿出一块姜汁饼干给了她,她想,他仿佛是一个伟大的西班牙绅士,把一朵鲜花献给窗前的一位女士(他是如此彬彬有礼)。但他衣着寒酸朴素,吃的是面包干酪;然而他正带领着他们进行一场伟大的探险,但他们会不会全都淹死亦未可知。

"那条船就是在这里沉下去的。"麦卡利斯特的儿子突然说道。

"三个男人就淹死在我们现在在的这个地方。"老头儿说。他亲眼看见他们紧抱着桅杆。拉姆齐先生看了一眼那个地方,詹姆斯和卡姆觉得他恐怕会脱口念出:

但我在波涛更为汹涌的海底,

而如果他真这样做的话,他们可无法忍受;他们会大声尖叫;他们无法忍受他胸中沸腾着的激情的再一次爆发;但是使他们惊奇的是,他只说了声"啊",仿佛在对自己说,干吗要大惊小怪?风暴中有人淹死是十分自然的事,简单明了,海底深处(他把包三明治的纸上的碎渣撒在了海里)也不过是水罢了。点燃了烟斗以后他拿出了怀表。他专注地看着表,也许他做了个算术运算。最后他得意地说:"干得好!"詹姆斯舵掌得像个天生的水手。

瞧!卡姆想着默默对詹姆斯说。你终于得到了。因为她知道这正是詹姆斯一直想得到的,她知道现在他得到了,会高兴得不去看她,也不看他的父亲或任何人。他坐在那里手抓着舵柄,身体笔直,神情阴沉,微皱着眉头。他非常高兴,不愿任何人分走一点点他的喜悦。他的父亲夸奖了他。他们一定会以为他对此毫不在乎。但是你现在得到了,卡姆想。

他们已经抢风转变了航向,现在正在急速前进,轻快地在浪头上颠簸,滚滚而来的长浪以极其明快的节奏欢欣地把他们沿着暗礁从一个浪尖推送到又一个浪尖。船的左侧,一排呈现出棕色的岩石露出海面,岩石逐渐减少,也变得绿了一些,波浪不断撞击其中一块较高的岩石,浪花被击碎溅落,迸出一小股水珠,喷洒而下。你可以听见水的拍击声和水珠落下的嗒嗒声,以及海浪翻滚跳跃拍击岩石时发出的一种低沉的呼啸声,仿佛它们是群无拘无束的野兽,永远像这样翻腾打闹不止。

现在他们可以看见灯塔上有两个男人在看着他们,准备迎接他们。

拉姆齐先生扣上外衣,卷起裤腿。他拿起南希准备的那个包得很不像样的大牛皮纸包,放在了膝盖上。他做好了上岸的一切准备,便坐在那儿回过头去看他们住的小岛。他的远视眼也许能清楚地看见那变小了的树叶形的小岛竖立在金色的盘子上。他能看见什么?卡姆琢磨着。在她眼里一切是一片模糊。他现在在想些什么?她琢磨着。他这样坚定、这样热切、默默寻求的是什么?他们看着他,两个人都在看着他,他光着头坐在那里,膝上放着纸包,久久地凝视着那隐隐的蓝色轮廓,它就像什么东西燃烧后留下的烟雾。你想要什么?他们俩都想问。他们俩都想说,不管向我们要什么我们都会给你的。可是他什么也没有向他们要。他坐在那里看着那个岛,可能在想,我们死去了,各自孤零零地死去,或许他在想,我终于到达了。我终于找到了,但是他什么话也没有说。

然后他戴上了帽子。

"拿上那些纸包。"他向南希给他们准备好带到灯塔上去的东西点了点头,说道。"给看灯塔的男人的纸包。"他说。他起身站在船头,笔直、高大，詹姆斯想，他完全像是在说："根本没有上帝。"卡姆想道，他像是在跃入太空；当他像个年轻人那样抱着纸包轻盈地纵身跳上岩石时，他们俩都站起身来跟在了他后面。

第四编 探人类生存之道

瓦尔登湖

导读

　　常常有人对我说，几次翻开《瓦尔登湖》，但总是读不了多少就放下了。我说，这确实不是一本易读的作品。它记录了梭罗两年多独居瓦尔登湖畔自己建造的小屋中的极端简朴的生活，在无人打搅的大自然中的所见、所闻和所思。它不是小说，没有引人入胜的故事情节，是可以试试非传统的读法的：翻到目录，从十九个章节中找一个你感兴趣的标题，譬如"与野兽为邻"或"冬日来客"……打开看看，也许就读下去了。

　　这几个月宅在家中，有朋友微信中说，独处时慢慢读出了《瓦尔登湖》的境界。这大概是喜爱这本书的读者的共同感受。何怀宏教授在他的《梭罗和他的湖》一文中称《瓦尔登湖》是"一本寂寞的书"，说读者"……大概也只有在寂寞的时候读它才悟出深味"。他引用徐迟先生的话，说："在繁忙的白昼看这本书的时候，有时会将信将疑，觉得它并没有什么好处；直到黄昏，心情渐渐寂寞和恬静下来才觉得'语语惊人，字字闪光，沁人肺腑，动我衷肠'；直到夜深万籁俱寂之时，就更为之神往了。"

梭罗被公认是一位超验主义思想家,何怀宏教授在《梭罗和他的湖》中指出:

> 美国的十九世纪被一些历史学家认为是独特的美国文化诞生和成长的时期,是继政治独立之后美国精神、文化从欧洲大陆的母体断乳而真正独立的时期。这一时期中以爱默森和梭罗等为代表的"超验主义"思潮尤其令人注意……
>
> "超验主义"这一并不确切的戏称也许只在认识论的意义上表现了这一思潮的一个特征,即崇尚直觉和感受,这一思潮更重要的意义是体现在它热爱自然、尊崇个性、号召行动和创造、反对权威和教条等具有人生哲学蕴涵的方面,它对美国精神文化摆脱欧洲大陆的母体而形成自己崭新独特的面貌产生过巨大的影响。

而梭罗比演说和写作更多的是实践和行动,在他的性格中,那种崇尚生命和自然、崇尚自由和独立的精神,和那种曾经在美国的开发,尤其是西部的开发中表现出来的勇敢、豪迈、粗犷、野性的拓荒者精神不是有着某种联系吗?

梭罗身体力行,毕生过着简单得不能再简单的生活,这一点在《瓦尔登湖》中有充分的体现。在这部作品中没有得到体现的,是他的社会责任感。他反对美国的蓄奴制,四处演讲倡导废奴,抨击逃亡奴隶法;反对美国侵略墨西哥,在他的著名政论文《公民的不服从》中,认为面对政府和公权力的不义,公民可以拒绝服从,他的这个思想,对后世具有不小的影响。

本集选用的是最后一章"结束语",体现了梭罗《瓦尔登湖》中对人生的思考。读者读后如感兴趣,可以再选读有关章节,去体会那"语语惊人,字字闪光,沁人肺腑,动我衷肠"的快乐。

春　天

　　采冰人大量采冰一般会使湖提前解冻；因为，即使在寒冷的气候下，风吹起的水波也会使周围的冰消蚀。但是那一年瓦尔登湖却没有受到这样的影响，因为它很快就有了一件新的厚外衣来代替旧的那件。这个湖从来不像附近的其他湖泊那样早解冻，因为它更深，也因为没有小河从湖里流过而使冰融化或消蚀。我从来没有见过瓦尔登湖在冬季里开过冻，1852到1853年的冬天也不例外。那个冬天给了所有的湖泊一个严峻的考验。通常，瓦尔登湖在4月1日左右开冻，比弗林特湖和美港晚一个星期或十天，从北岸和较浅的最先结冰的地方开始融化。瓦尔登湖比这里的任何水面都更好地表明了季节的绝对进展，因为温度反复无常的变化对它的影响最小。三月份连续几天的严寒可能推迟其他湖泊开冻，而瓦尔登湖的温度几乎在不间断地升高。

　　1847年3月6日放在瓦尔登湖中心的温度计标明是32华氏度，即冰点；近岸的地方是33度；同一天，弗林特湖中心是32.5度；离岸12杆的地方，在一英尺厚的冰下浅水中是36度。在弗林特湖里，深水和浅水中温度相差 3.5 度，再加事实上弗林特湖很大一部分水相对比较浅，这就说明了为什么它会比瓦尔登湖早开冻这么长的时间。这个时候，湖的最浅处的冰要比在湖中心的冰薄好几英寸。在仲冬时节，却是湖心温度最高，冰最薄。同样，夏天在湖岸涉过水的人一定都注意到，岸边水只有三四英寸深的地方，水温比离岸远一点的地方要高得多，在水深的地方，水面要比接近湖底处温度高。春天，太阳不仅通过空气和地面升高了的温度发挥作用，它的热力还穿过一英尺或更厚的冰，在水浅的地方被湖底反射回来，也使水的温度升高，融化了冰的下层，与此同时，太阳还更直接地从上面使冰融化，这样冰的厚度就不均匀了，引起里面的气泡向上下膨胀，直到冰变得完全像蜂窝一样，最后只要一场春雨，就会突然消失得无影无踪。冰和树木一样，也有其纹理，当一块冰开始变软，或"蜂窝化"的时候，也就是说，具有了蜂窝的样子的时候，无论在什么位置上，气泡和水面总是成直角。水下有岩石或木头突起到接近水面时，那上面的冰就要薄得多，常常被反射的热量融掉不少。我听说在剑桥做过一个试验，在一个浅的木头池子里让水结冰，虽然冷空气在下面循环，两面都能够接触到，但从底部反射的太阳热量大大抵消了这个作用。当仲冬时分的一场暖雨融化了瓦尔登湖上积雪结成的冰，留下中间的坚硬的深色或透明的冰层时，沿着湖岸会有一条软冰带，比较厚，大约有一杆或一杆多一点宽，就是这种反射的热量造成的。还有，我已经说到过，冰内的气泡起了凸透镜的作用，从下面将冰融化。

一年四季的现象浓缩在湖泊的每一天里。一般说来，每天上午，浅水比深水温度升得快，虽然温度也不见得有多高，而每天晚上一直到早晨，温度降得也快。一天是一年的缩影。夜里是冬季，早晚是春秋，中午是夏季。冰的爆裂表明温度的变化。

1850年2月24日，一个寒冷的黑夜以后的愉快上午，我到弗林特湖去过上一天，在那里我惊奇地注意到，当我用斧头砸冰的时候，许多杆以内的冰都像铜锣一样发出了回响，或者说，仿佛我敲了一记绷得紧紧的鼓面。在日出后大约一个小时，当湖泊感受到从山头上斜照到它身上的阳光的作用时，会开始发出隆隆的响声。它像人醒来时那样伸伸懒腰，打打哈欠，喧闹的声音越来越大，一直会保持三四个小时。中午它睡个小小的午觉，接近晚上时，太阳收回了自己的影响，湖泊又一次发出了隆隆声。节气相当的时候，湖泊会非常有规律地发射黄昏礼炮。但是在中午，因为布满了裂缝，空气的任意膨胀性也没有那么强了，就失去了共鸣，也许那时鱼和麝鼠不会被冰面上的敲击吓呆。渔夫们说，"湖泊的雷鸣声"使鱼受到惊吓，不敢咬钩。湖并不是每晚都发出雷鸣声的，我也不能肯定地说什么时候它会这样；但是尽管我没有感觉到气候的变化，湖泊感觉到了。谁会想到，这么大，这么冷，皮层又这么厚的一个东西，会这么敏感？然而它有自己的规律，应该雷鸣的时候就服从规律发出雷鸣声，正如蓓蕾在春天发芽一样。地球布满了乳突，生机勃勃。对于大气的变化，最大的湖泊和管子里的一滴水银球同样敏感。

吸引我到林中居住的一个原因，就是能够有闲暇、有机会看到春天的降临。湖里的冰终于开始布满了蜂窝，在上面行走的时候脚跟能够踩进去。雾、雨，以及更温暖的阳光逐渐融化了积雪；白天显著地变长了；我看到不必再往燃柴堆上增加燃料，就可以度过冬天了，因为已经不再需要太旺的火了。我密切注意着春天的最初征兆,倾听飞来的鸟儿的偶然的啼鸣,或条纹松鼠的吱吱叫声,因为它的储存现在一定快要告罄了,或者看到旱獭冒险走出它们的冬季巢穴。

3月13日,我已经听到了蓝色鸣鸟、歌雀和红翼鸫的鸣唱,冰却仍然有几乎一英尺厚。随着天气越来越暖,冰并没有明显地被水化掉,也没有像河冰那样碎裂并漂走,尽管在近岸处有半杆宽的冰已经完全融化了,中心却只是像蜂窝一样,而且浸满了水,所以冰六英寸厚的时候,你的脚能够踩透它;但是也许第二天傍晚的时候,一场暖雨后紧跟着大雾,这冰就完全消失了,随着雾一起离去了,被神秘地带走了。有一年,仅仅在冰完全消失之前五天,我还从湖中心的冰上穿行过。1845年,瓦尔登湖在4月1日第一次完全解冻;1846年是在3月25日;1847年是4月8日;1851年是3月28日;1852年是4月18日;1853年是3月23日;1854年是4月7日前后。对于我们这些生活在极端气候里的人,对每一件和河流湖泊解冻以及天气的稳定有关的事情,都会特别感兴趣。比较暖和的日子到来的时候,居住在河流附近的人听到冰在夜里爆裂时惊人的轰响声,像大炮一样,仿佛它的冰镣铐完全断裂开了,几天后就看见它迅速漂流而去。这样,鳄鱼就在大地震动时从泥里爬了出来。

有一个老人,是大自然的密切观察者,通晓大自然的一切活动,就仿佛他小的时候,大自然被放在了船台上,而他还帮着安装过她的龙骨似的,——他现在已经到了完全成熟的阶段,就是活到玛土撒拉这样的年纪,也很难再增加多少有关大自然的知识了——当我听到他对大自然的任何活动表示惊奇时,都会感到十分惊讶,因为我觉得他们之间已经没有什么秘密了。他告诉我，春季的一天，他拿着枪上了船，想打野鸭子消遣消遣。草地上仍旧有冰，但是河上的冰已经全化了，他住在萨德伯里，从那儿顺流而下，毫无阻碍地到了美港，他意外地发现湖的大部分仍然结着坚冰。

那天很暖和，看到这么大的一片冰还没有化，他感到很惊讶。他没有看见野鸭，就把船隐藏在湖里一个小岛的北边，或者说是背面，然后自己躺在南面的灌木丛里等它们。沿岸三四杆的冰都化了，成了一片平静温暖的水，水底是烂泥，正是野鸭喜欢的，他觉得可能很快就会有野鸭来此。他一动不动地在那儿躲藏了一个小时以后，听见了一个低沉的、似乎很遥远的声音，但是极其庄严动人，和他听到过的任何声音都不同，这声音逐渐扩大、增强，仿佛会有一个包罗一切的、令人难忘的尾声，一种沉闷的奔腾轰鸣，他感到像是一大群飞禽突然飞来要在那里降落，他一把抓起枪，急忙一跃而起，非常激动；但是他却惊讶地发现，就在他躺在那儿的工夫，整片冰开始往岸边漂了过去，他听到的是冰块的边缘刮擦湖岸的声音——起初是轻轻地咬啮、碎裂，但最后冰块向上抛起，碎冰散落在小岛周围，然后恢复平静。终于，太阳光垂直向下照射了，温暖的风吹散了雾和雨，融化了雪堆，驱散了雾气之后的太阳笑对大地上香烟缭绕的黄白交错的风景，行路的人穿过这一切，择路从一个小岛到又一个小岛，一千条涓涓细流叮咚的乐声使他振奋，它们的血管里流淌着冬天的血液，它们正在载着它离去。我到村子里去，要经过侧面上有深槽的铁路路基，很少有什么现象能够比观察解冻的泥沙从深槽两侧流下时的形态给我更大的喜悦了，这种现象以这么大的规模出现是很不寻常的，虽然自从发明了铁路以来，由这种合适的材料构成的、新暴露在外的铁路边坡肯定成倍地增加了。

这种材料就是沙子，粗细程度不同和颜色浓淡各异的沙子，一般还夹杂着一点泥土。当春天霜冻消失，有时甚至在冬天暖和开化的日子，沙子会开始像熔岩一样顺斜坡流下，有时候冲开积雪流下，淹没了过去没有出现过沙子的地方。无数的小溪互相重叠交叉，展现出了一种混合物，它一半服从水流的规律，一半服从植物的规律。随着它的流动，它呈现出多汁的树叶或藤蔓的形状，构成了许许多多一英尺或更深的泥糊糊的花枝丛，从上俯瞰它们，很像某些地衣具有的有着深而不规则的分裂的，以及有规律地重叠的叶状体；或者你会想起珊瑚，想起豹掌、鸟爪，想起大脑或肺脏或肠子，以及各种排泄物。这确实是个奇形怪状的植物，我们在青铜制品上看到过对它形状和颜色的模仿，一种比老鼠簕、菊苣、常春藤、藤蔓，或任何植物叶子都更为古老、更为典型的建筑学上的叶饰；也许，在某种情况下，注定会使未来的地质学家感到迷惑不解。整个的深槽给了我极其深刻的印象，就好像它是一个里面的钟乳石都暴露在了阳光之下的岩洞。沙子的各种色泽极其鲜艳悦目，包含了铁的不同颜色，棕色、灰色、浅黄，以及淡红。当流动的沙子到达路基下面的排水沟时，就平铺开来形成浅滩，分别流动的小溪失去了半圆柱的形状，逐渐变得更平更宽，因为湿度更大了，就流在了一起，直到形成一片几乎是平坦的沙地，仍然具有各种美丽的色泽，但是还能够隐约看出原来的植物形状，直到最后流进了水里，它们就变成了沙洲，就像在河口处形成的沙洲一样，植物的形状就消失在了湖底的波纹中了。

整个铁路边坡有 20 到 40 英尺高，有的时候，在四分之一英里长的范围内，两侧都覆盖着大量的这种叶饰，或者叫沙裂，这是春季里一天的产物。这种沙叶饰的不同凡响之处在于它的出现是如此突然。当我看到一侧是死气沉沉的边坡——因为太阳先照在边坡的一面上，——而另一侧是这茂盛的枝叶，而这只是一个小时创造出的成果，我所感受到的震动，就仿佛是在奇特的意义上，我站在创造了世界和我的那位艺术家的实验室里，——来到了他仍然工作着的地方，他在这面边坡上嬉戏，以过剩的精力，把他的新图案向四处挥洒。我感到自己似乎离地球的要害更近了，因为这一片流沙具有这样的叶状结构，就像动物身体的要害器官一样。

　　就在沙子里你可以预知植物叶子的出现。怪不得地球以叶子的形式作为自己的外在表现，因为这是充斥它内心的意念。原子已经学得了这个规律，并孕育出了果实。高挂着的叶子在这儿看到了自己的原型。无论是在地球还是动物身体的内部，存在着一个厚厚的潮湿的叶瓣（lobe），这个字眼特别适用于肝脏、肺脏和脂肪（其词源自 labor、lapsus，意思是流动或下滑，是一种下降或减少；globus，意思是叶瓣、球体；也可以变化成 lap "重叠"、flap "片状垂悬"等别的许多词）；而外形则是一片薄薄的干叶子（leaf），就连那 f 和 v 也是压干了的 b。lobe 一词的辅音是 l、b，浊音 b（单叶瓣，或双叶瓣 B）后面跟着一个流音 l 推着它往前。在 globe（地球）这个词里的 g、l、b 中，颚音 g 以喉咙的力量增加了词的含义。鸟儿的羽毛和翅膀是更干更薄的叶子。就这样，你还能从土地里的笨拙的蛴螬变成轻盈的、振翼翻飞的蝴蝶。地球本身不断超越和改变自己，在轨道上带上了双翼。就连冰在开始冻结的时候也呈现出娇美的水晶叶片的形状，仿佛是流进了水生植物的叶子印在水面镜子上的模子里。整棵树本身也只不过是一片叶子，河流是更大的叶子，其肉质部分是其间的陆地，城镇是它们叶腋上的虫卵。太阳下山以后，沙子停止了流动，但是早晨溪流又会再度开始流淌，并且不断分汊，变成无数细流。或许在这里你能够看到血管是如何形成的。

如果你仔细观察，就会看到，先是从大片融化的沙子里流出了一道软化了的沙子流，最前面的顶端像一个水滴，像手指球，探索着慢慢盲目地往下流动，直到最后太阳越升越高，热量更大了，水分也更多了，那湿润的流体部分要努力服从自己的规律，而那最迟缓的部分也要服从规律，于是前者就和后者分手，自己在里面形成了一道弯弯曲曲的渠道，或者动脉，可以看见渠道里一道银色的细流，像闪电般掠过一段松软的叶子或枝丫到另一段，并且时而被沙子所吞没。沙子能如此迅速而完美地边流动边组织起自己，利用它大量拥有的最好材料，筑起渠道的清晰边缘，简直太奇妙了。

河流的源头就是这样的。河水沉淀的硅质也许就形成骨骼系统，更细的土壤和有机物就形成肌肉纤维或细胞组织。人是什么，不就是一团解冻的泥土吗？人的手指球不过就是凝结了的一滴。手指和脚趾从一团解冻的躯体中流出，流到了极限。谁知道，在更为宜人的天空之下，人体会扩展和流向什么地方？难道手不就是一片有叶片和叶脉的张开着的棕榈叶吗？在想象中，可以把耳朵看作地衣，在头的侧面，有叶片或耳垂，或一个滴。嘴唇（是来自从 labor 演变成的 labium 的吗？）从洞穴般的嘴旁上下交叠或下垂。鼻子明显是凝结了的一滴，或钟乳石。下巴是更大的一滴，是脸的水滴的汇合。面颊是从额头到面谷的滑坡，被颧骨阻挡并扩散。植物的每一片圆圆的叶片，也是或大或小的浓浓的缓慢流动的一滴，叶片是叶子的手指，有多少叶片，就会有多少流动的方向，更多的热量或者其他适宜的影响会使它流得更远。

如此看来，这么一片山坡就显示出了大自然一切活动的原则。这个世界的创造者只不过得到了一片叶子的专利权。哪一个商博良[1]将会为我们译解这种象形文字，使我们终于能够翻开新的一页呢？这一现象对我来说，比葡萄园的丰饶高产更令人兴奋。确实，这多少有点排泄的性质，而且还有没完没了的肝啊，肺啊，肠子啊，好像地球给翻了个里朝外；但是这至少说明大自然是具有内脏的，是人类之母。这是从大地中冒出的严霜，这是春天。它先于绿色的繁花似锦的春天，正如神话先于正式的诗歌。我不知道还有什么能更好地荡涤冬天的浊气与污秽了。它使我相信，地球尚在襁褓之中，将其婴儿的手指伸向四方。光秃的额头上长出了新卷发。

天下万物都是有机之物。这些沿边坡堆积的大量叶状物体像是锅炉的炉渣，表明大自然内部正在"熊熊燃烧"。地球不仅仅是过去了的历史的一个碎片，像书页一样一层又一层，主要供地质学家和古文物研究者研究，而是活生生的诗歌，像一棵树上的叶子，先于花朵和果实出现，——不是石化了的地球，而是活生生的地球；和它伟大的中心生命相比，一切动植物的生命只不过是寄生的而已。它

---

[1] 商博良（1790—1832），法国历史学家、埃及学家，根据刻有希腊文字、埃及象形文字及通俗文字的罗塞塔石碑铭文译解了埃及象形文字。

的剧烈动荡会把我们的残骸从坟墓中抛出。你可以将金属熔化,铸成最美丽的形状;但它们永远不可能像这融化了的大地流出后的形状使我如此激动。不仅是融化了的地球,连地球上的制度,也像在制陶工人手里的黏土一样,都是可塑的。不久,不仅从这些堤岸里,而且从每一个山丘、平原和低地,严寒从地里冒出,像冬眠的四足动物从地洞里出来一样,寻找着喧嚣的海洋,或成群迁徙到别的气候区去。融冰的温柔恐惠比雷神的锤子更有力量。

一个融化,另一个只能击碎。当部分地面已经没有了积雪,一连几个温暖的日子使地面干燥了一点以后,把新的一年初现的柔嫩芽蕾,和经历了严冬后的干枯植物的庄重的美相比较,是一件十分愉快的事,——永久花、一枝黄、北美岩蔷薇,以及优美的野草,甚至往往比夏季时更为明显,更使人感兴趣,仿佛它们的美要到这时才会成熟;就连羊胡子草、香蒲、毛蕊花、狗尾草、绒毛绣线菊、绒线菊和其他一些茎干壮实的植物,那些款待最早飞来的小鸟的取之不尽的谷仓,——至少是寡居的大自然的体面的丧服(作者此处使用 weeds 一词,语义双关,既指前面列举的各种"野草",又指肃杀的严冬中大自然的"丧服")。我特别为北美莎草那穹形的束起来似的顶部所吸引,它将夏季带回到我们冬天的记忆之中,是艺术喜欢模仿的一种形式,这些形式在植物王国中,和天文学在人们心目中已经具有的形式有着同样的关系。

这是一种古老的风格,比希腊或埃及的语言还要古老。冬天里的许多现象使人联想到一种难言的柔和与纤巧的精美。我们习惯于听到把冬季王描绘成为一个粗野狂暴的暴君;其实,他是以情人的温柔装扮着夏季的长发。春天临近的时候，红松鼠钻到了我的屋子底下，一次两只，我坐着看书或写东西的时候，它们就在我的脚下，不断发出从来没有听到过的最为古怪的咯咯声、吱吱声和一种像急速旋转及潺潺流淌的声音，我一跺脚，它们只会吱吱叫得更欢，仿佛在疯狂地胡闹时已经没有了任何恐惧和尊重，倒要看看人类敢不敢阻止它们。不许你们这样契克里——契克里[1]地乱叫。它们对我的话充耳不闻，要不就是不知道其厉害，开始了连珠炮似的破口大骂，容不得我丝毫的反驳。春天的第一只麻雀！新的一年以更具有青春活力的希望开始了！越过部分裸露着的潮湿田野，隐隐传来了清脆悦耳的蓝鸟、歌雀、红翼鸫的鸣啭声，仿佛冬天最后的冰雪层落地时发出的叮咚声。在这样的时刻，历史、年表、传统，以及一切文字的揭示算得了什么？溪流向春天唱着欢歌和三重唱。在草地上空低低翱翔的白尾鹞，已经在寻找苏醒过来的第一批蠕动的生命了。

在所有的林间小谷地里，都能听见融雪渗滴的声音，湖中的冰在迅速融解。青草如燎原的春火烧遍了山坡，——"et primitus oritur herba imbribus primoribus evocate"，引自古罗马学者瓦罗（公元前116—公元前27）之《论农业》，意为"春雨带来一片新绿"。——仿佛大地发出内在的热力去迎接太阳的归来；但大地的火焰不是黄色的，而是绿色的；——永恒的青春的象征，草叶像一条绿色的长丝带，从长满草的土地一直流入夏天，霜冻确实抑制了它，但它不久又继续生长，从去年的干草下，新生命勃发出了嫩枝。

---

[1] 契克里，原文为 chickaree，是个拟声词，意为红松鼠。

它像小溪从地下渗出一样，持续不断地生长着。它和小溪几乎成为一体，因为在六月生长的日子里，当小溪干涸时，草叶布满了溪槽，年复一年，牧群在这四季常青的溪里饮水，割草人则及时来此获取它们冬季的贮备。因此，人类生命即使死亡，却还留下了根，仍然生出绿色的叶片，直至永恒。瓦尔登湖正在迅速融化。沿着北岸和西岸有一条两杆宽的水道，到东头更宽。

一大片冰面已经从主体上裂开。我听见一只歌雀在岸边树丛里歌唱，——奥利特、奥利特、奥利特，——契普、契普、契普、切查，——切维咝、维咝、维咝。它也在为冰的开裂助一臂之力。冰的边缘那巨大的弧形是多么优美啊！它和湖岸线多少相对应，只是更为规则一些。由于最近有一段短暂的严寒，冰块异乎寻常地坚硬，像宫殿的地面一样具有光泽或波纹。但是风徒然由西向东拂过那不透明的冰面，直到碰上了生气勃勃的水面。看到这一条在阳光下闪烁的水面真是太令人高兴了，湖裸露着的面容充满了欢乐和青春，仿佛在述说着里面的鱼儿以及湖岸上沙子的快乐，——就像金体美鳊鱼的鳞片的银色光泽，可以说整个湖就是一条活跃的大鱼。这就是冬天和春天的巨大差别。瓦尔登湖死而复生了。但是，正如我已说过的，这个春天，湖的开冻来得较为平稳。

从风暴和冬天转变为平静温和的气候，从黑暗和缺乏活力的时刻到光明的轻快的时刻，这是万物称颂的难以忘怀的转折点。最后，似乎一切是在瞬间发生的。突然，一拥而进的光明充满了我的屋子，虽然黄昏即将来临，天空中仍飘着冬云，房檐上滴着冻雨。我向窗外看去，看呀！昨天还是一片冰冷的灰色冰块的地方，已然躺着透明的湖泊，像在夏日傍晚一样宁静而充满了希望，湖面上映照着黄昏时的夏空，虽然在头顶的天空上并不能看见同样的景象，仿佛湖与某个遥远的天际灵性相通。我听见一只知更鸟在远处啼鸣，觉得好像有几千年都没有听见过这声音了，而且几千年也不会将这美妙的声音忘记的，——歌声和往昔一样甜美有力。啊，黄昏时的知更鸟啊，在新英格兰夏日的傍晚！但愿我能找到它停落的那根嫩枝！我是指它，我是指那嫩枝。

至少，这不是 Turdus migratorius 候鸟。我屋子周围长久以来无精打采的油松树和小栎树丛，突然之间恢复了它们各自的特性，看起来更光鲜，更葱郁，更挺拔，更生气勃勃，仿佛被雨水有效地洗涤复原了。我知道不会再下雨了。看看森林里的任何一根嫩枝，是啊，看看你自己的木柴堆，你就会知道，它们的冬天是否已经过去。天渐渐黑下来的时候，一群低低飞过树林的大雁的叫声使我一惊，它们像来自南方的湖泊的疲倦的旅行者，抵达得晚了，这时终于能够尽情地抱怨，相互安慰了。我站在门口，能够听见它们翅膀的急速拍打声。当它们向我的屋子飞来时，突然发现了我的灯光，喧闹声停息下来，它们掉转方向，停落在了湖上。我走进屋子，关上门，在森林里度过了我的第一个春夜。清晨，我从门口透过蒙蒙细雾，望着大雁在 50 杆以外的湖心浮游，它们这样大，这样喧闹，瓦尔登湖显得像个供它们嬉戏的人工湖。但是当我站在岸边时，在统帅的一个信号下，它们立刻猛力拍动翅膀飞起，排列好队形后，一共 29 只大雁在我的头顶上空盘旋，然后笔直地向加拿大飞去，领头雁隔一定的时间发出一声鸣叫，让其他大雁放心，它们会到某些混浊一些的湖里去吃早餐。一群野鸭也同时飞起，跟在它们喧嚣的同类的后面向北而去。

有一个星期的时间，在雾蒙蒙的清晨，我听到某只孤雁在盘旋摸索着寻找伴侣时发出的呼叫声，它仍栖息在林中，这大动物的声音是小树林承受不起的。到四月份，能够看见鸽子一小群一小群地很快飞来，到了时候，我听见雨燕在我的空地上面唧啾，虽然镇子里似乎并没有这么多的雨燕，可以分几只给我，我想象它们是独特的古老品种，在白人到来之前就生活在空心的树里了。

几乎在所有的气候区里，乌龟和青蛙都是春天的先驱和使者，鸟儿歌唱着飞来飞去，羽毛闪闪发亮，植物生长开花，风儿吹动，调整着两极的微小摆动，保持大自然的平衡。季节轮换，对我们来说每一个似乎都是最好的，因此春天的到来就像混沌中创造出宇宙，就像黄金时代的实现。——东风退回到了奥罗拉和纳巴泰王国西南亚古阿拉伯王国，位于今约旦西部。退回到波斯，和清晨阳光下的山岭。人诞生了。究竟是那造物主一个更好世界的缔造者，以神的种子创造了他们；还是新近刚和天空分离的大地，保留下的天上同类的种子的产物［引自古罗马诗人奥维德（公元前43—公元后17）的长诗《变形记》，第一卷第61—62行及第78—81行］。一场细雨使青草更加青翠。我们的前景也因涌入了更好的思想而更加光明。如果我们能够永远生活在当前，利用一切降临在我们头上的机会，就像青草表露出落在它身上的点滴露珠对它的影响；如果我们没有把时间消耗在弥补失去的机会上——我们称之为尽责任，我们就是有福的人了。春日已经来临，我们仍在冬季中踟蹰。在怡人的春天早晨，人类一切罪孽都得到了宽恕。这样的一天是罪恶停止的日子。当这样一个太阳照耀大地时，最卑鄙的罪人也可能回头。通过我们自己恢复了的纯洁，我们看出了邻人的纯洁。

昨天你也许还认为你的邻居是个小偷、醉鬼，或好色之徒，对他只有可怜或鄙视，对世界也感到绝望；但是这春天的第一个早晨，当太阳温暖明亮，重新创造了世界之时，你碰见他正在安详地工作，看到他枯竭的、酒色过度的血管是如何因平静的快乐膨胀了起来，祝福着新的一天，看到他以婴儿的纯洁感受着春天的影响，你会忘记他的一切过错。他不仅充满了善意，甚至还有一种神圣的味道，在寻找机会表现出来，也许是盲目的和徒劳的，就像一种新生的本能，于是，在短暂的时间里，南面的山坡上不再回荡着粗俗的笑话。你看见从他多节瘤的外皮上正要抽出纯洁的嫩枝，尝试又一年的生活，和一棵幼树一样娇嫩，生机勃勃。就连他都进入了他的上帝的极乐世界。狱卒为什么不打开他的牢门，——为什么法官不把他的案件驳回，——为什么牧师不解散他的会众！这是因为他们不听从上帝给予他们的暗示，也不接受上帝慷慨赐予所有人的宽恕。"是其日夜之所息，雨露之所润，非无萌蘖之生焉，牛羊又从而牧之，是以若彼濯濯也。人见其濯濯也，以为未尝有材焉，此岂山之性也哉？虽存乎人者，岂无仁义之心哉？其所以放其良心者，亦犹斧斤之于木也，旦旦而伐之，可以为美乎？其日夜之所息，平旦之气，其好恶与人相近也者几希，则其旦昼之所为，有梏亡之矣。梏之反复，则其夜气不足以存；夜气不足以存，则其违禽兽不远矣。人见其禽兽也，而以为未尝有才焉者，是岂人之情也哉？"（见《孟子》）黄金时代初创之时，没有复仇者、没有法律而自动珍视忠贞与正直。没有惩罚和恐惧，也没有威胁的文字铸刻在高悬的铜牌上。恳求的众生也不害怕他们的仲裁人的话语，没有复仇者很安全。高山上尚未有被砍伐的松树落入水波中，去看看异国的世界，人类知道的只是自己的海岸。

永恒的春天，平静的和风温暖地吹拂着那野生的花朵（奥维德《变形记》，第一卷第89—96行，第107—108行）。4月29日，我在九英亩角桥附近的河岸上钓鱼，站在摇曳着的青草上和麝鼠出没的柳树根上，听见了一种古怪的咯咯声，有点像男孩子们用手指弹木棍时发出的声音，我抬头一看，发现了一只纤小优美的鹰，样子像夜莺，它交替着一会儿像轻波直冲而上，一会儿又打着滚落下一两杆，露出了翅膀的背面，在阳光下像一条缎带般闪光，或者说，像贝壳的珠光内壁。这个景象使我想起了猎鹰的训练，这种运动是何等的高贵，何等的充满了诗意。我觉得可以把它叫作默林[1]。但是我不在乎它叫什么名字。这是我见到过的最为精妙飘逸的飞翔。它不像蝴蝶那样只是拍翅飘动，也不像更大的鹰那样高飞翱翔，而是在空气的运动场里骄傲地、有信心地做游戏，发出奇怪的咯咯声一再高飞，一再重复它那美丽的自由下落，像只风筝一样翻着跟头，然后从高空的翻腾中恢复过来，仿佛脚从来没有落过地。它在宇宙中似乎没有伴侣，独自在那里嬉戏，只需要清晨和一起玩耍的天空。它并不孤独，而是使它身下的整个大地孤独了。孵育了它的母亲，它的同类，它在

---

[1] 默林，爱默生诗歌《默林》中的诗歌大师。

天空里的父亲，它们在哪儿？这个空中的居民，和大地的关系，似乎只在于它曾是一个鸟蛋，在岩石缝中被孵化；——还是说它的老窝是筑在云角里，用彩虹的花边和夕阳的天空交织而成，里面衬垫的是从大地升起的仲夏柔软的薄雾？峭壁似的云现在就是它猛禽的窝巢。此外，我还钓到了少有的一堆金黄、银白和亮紫铜色的鱼，看起来像一串宝石。啊！多少个春天的第一个清晨，我深入那些草地，从一个小丘跳到另一个小丘，从一个柳树根跳到另一个柳树根，那时，荒凉的河谷和树林沐浴在这样纯洁和明亮的光芒中，这光芒能将死者唤醒，如果他们像一些人认为的那样是在坟墓中沉睡的话。不需要什么东西来更有力地证明永生不死了。在这样的光芒下，一切事物必定都活着。

啊，死神，你的芒刺何在？啊，坟墓，你的胜利又何在？（引自《圣经·新约·哥林多前书》）。如果我们的村子周围没有了未经探测的森林和草原的话，我们的乡村生活就会是死气沉沉的。我们需要荒野恢复我们的力量，——有的时候在鹭和野鸡出没的沼泽里跋涉，听听鹬的鸣叫，闻闻沙沙作响的莎草，只有一些更有野性更喜独居的禽鸟在那里筑窝，水貂肚子贴着地爬来爬去。在我们迫切地要探索和了解一切事物的时候，我们同时也希望一切事物既神秘又难以探索，陆地和海洋永远充满了野性，因其不可测而未被探测、未被测量。我们永远不会对大自然感到厌倦。看到具有无穷活力的景象，广袤巨大的地貌，散布着沉船漂浮物的海岸，活树和朽木共存的荒原，雷雨云以及连下三个星期造成了山洪的大雨，我们必须从中吸取力量，使我们振作。我们需要看到自己的极限被超越，在我们从来没有漫步过的地方，有生命在自由地生长。当我们观察兀鹫吞食令我们作呕、使我们感到丧气的腐肉，却从这样的食物中获得了健康和力量的时候，我们感到很振奋。在通到我家的小路旁的坑里有一匹死马，有的时候迫使我不得不绕路而行，特别在夜里空气滞积的时候，但是它使我相信大自然极大的胃口和无法摧毁的健康，这是给我的补偿。我喜欢看到大自然充满了生灵，可以经受得起大量的牺牲和相互捕食；看到弱小的有机体能够这样平静地像软泥一样被压烂，——被鹭一口吞掉的蝌蚪，在路上被压死的乌龟和蟾蜍；还有，有的时候简直是血雨腥风！意外是这样难以避免，我们必定明白人们对此是多么地不在意。智者得到的印象是，万物普遍都是无辜的。毕竟，毒药未必有毒，伤口未必致命。怜悯是十分靠不住的。它必定是短暂的。它的恳求一旦成为老套，就失去了作用。5月初，栎树、山核桃树、枫树和其他树木在沿湖的松树林中刚刚抽枝生长，像阳光一样给景色增添了一种明亮，尤其是在阴天的时候，仿佛太阳穿过云雾，淡淡地、零星地照在山坡的各处。5月的3号还是4号，我看见湖里有一只潜鸟，在5月的第一个星期中，我听到了三声夜莺、棕鸫、威尔逊鸟、美洲小鹟、棕肋唧鸫，以及其他鸟儿的鸣叫声。我早就听见过鸫鸟的叫声了。东菲比霸鹟已经又一次来到我的门口和窗前张望过了，来看看如果她要筑巢，我的房子够不够深凹，她一面仔细考察着我的房产，一面捏紧爪子靠嗡嗡扑动的翅膀支撑着身体，仿佛空气在托着她似的。油松的硫黄般的花粉很快就盖满了湖面，以及湖周围的石头和朽木，多得你都能收满一大桶。这就是我们听说过的"硫黄雨"。就连在迦梨陀娑[1]的剧作《沙恭达罗》中,我们也读到了"荷花的金色粉末染黄了小溪"的描写。就这样,季节流逝,进入夏季,人们在长得越来越高的草丛中漫步。我在林中第一年的生活就这样结束了;第二年和第一年很相像。1847年9月6日,我最终离开了瓦尔登湖。

---

1 迦梨陀娑,5世纪印度诗人,剧作家,梵文古典文学的代表作家之一,《沙恭达罗》是他的著名作品之一。

结束语

对病人，医生会明智地建议他们换换空气和环境。谢天谢地，这里并不是整个世界。七叶树不生长在新英格兰，这里也很少听到模仿鸟的叫声。比起我们来，大雁更具有四海为家的特点：它在加拿大吃早饭，在俄亥俄午餐，在南方的长沼里整理羽毛准备过夜。就连野牛，也在某种程度上紧追季节，它们在科罗拉多的牧场上吃草，直到更青更鲜美的草在黄石等待它们时才迁移。然而我们认为，如果拆掉栅栏，在农场四周垒起石墙，就为我们的生活筑起了界限，我们的命运就定下来了。如果你被选中了做镇文书，无疑今年夏天你就不能到火地岛去了，但是你可以到地狱的烈火里去。宇宙比我们所认识的要大多了。

然而，我们应该像好奇的乘客一样，更为经常地从船尾栏杆向外看看，而不要像愚蠢的水手那样只顾撕拆麻絮——水手经常的工作，即把旧麻绳撕拆开，用麻絮和柏油一起捻船缝防漏。地球的另一端只不过是和我们相似的人的家。我们的航行只是绕了一个巨大的圈子，医生的药方也仅仅治疗皮肤病。人们匆匆赶到南非去追逐长颈鹿；但这肯定不是他要追寻的猎物。请问，一个人能够花多少时间去捕猎长颈鹿？捕猎鹬和山鹬也能够提供难得的消遣；但是我相信，向自己开枪会是更为高尚的游戏。——

> 把目光朝向内心，你就会看到
> 你心中有千个地区
> 尚未被发现。到这些地方去旅行，成为
> 内心宇宙志的专家。[1]

非洲代表了什么，西部代表了什么？在我们内心的航图上难道不是一片空白吗？被发现后，可能就像海岸一样，会是黑色的。我们要发现的是尼罗河的源头，还是尼日尔河、密西西比河的源头，还是环绕美洲大陆的一条西北航道呢？这些是人类最为关心的问题吗？难道富兰克林[2]爵士是唯一失踪的人，所以他的妻子这么认真地寻找他？格林内尔[3]先生知道他自己身在何处吗？还是做考察你自己的江河和海洋的芒戈·帕克[4]，刘易斯和克拉克[5]以及弗罗比舍[6]吧；考察你自己更高的纬度，——必要的话，带上满船腌制的罐头食品以

---

1 引自威廉·哈宾顿（1605—1654）《致我尊敬的友人奈特爵士》一诗。
2 富兰克林（1786—1847），在一次英国探险队在北极探险时失踪。
3 格林内尔（1799—1874），纽约富商，曾两次（1850、1853）资助搜救富兰克林的行动。
4 芒戈·帕克（1771—1806），苏格兰的非洲探险家。
5 刘易斯（1774—1809）和克拉克（1770—1838），美国探险者，带领探险队深入路易斯安那州（1804—1806）。
6 弗罗比舍（1535？—1594），英国航海家。

维持生命,并且把空罐头作为标志高高堆起。发明罐头肉难道只是为了保存肉类吗?不,做一个发现你内心的新大陆和新世界的哥伦布吧,开辟新的海峡,不是贸易的海峡,而是思想的海峡。每一个人都是一个王国的君主,和这个王国相比,沙皇的尘世帝国只不过是个区区小邦,冰原上留下的小圆丘。然而,一些人可能爱国,却没有自尊,他们为了渺小的东西牺牲了伟大的东西。他们爱自己葬身的土地,却对仍旧可能赋予他们躯体活力的精神漠不关心。爱国主义只是他们脑子里的幻想。那场南海探险远征(指1838—1842年间由美国海军军官查尔斯·威尔克斯率领的探险船队对南太平洋诸岛及南极地区的探险考察)有什么意义?招摇过市,耗费巨资,其实只不过是间接地承认了这样一个事实:在精神世界里存在着大陆和海洋,每一个人只是其中的一个地峡或小湾,尚未被他自己探察过,但是,在政府的大船上,在五百个水手和仆役的协助之下,穿过寒冷、风暴和食人生番之地,航行数千英里,也比独自探察自己内心的海洋、内心的大西洋和太平洋要更为容易。——

让他们漂泊游荡,细察古怪的澳大利亚人吧。
我拥有更多的神谕,他们拥有更多的路。[1]

走遍世界,去数一数桑给巴尔家猫的数量,这是不值得的。然而,在你没有更好的事情做之前,做这个也是可以的,说不定你会

---

[1] 引自古典拉丁诗人克劳狄恩(全盛期为公元395年)的诗歌《维罗纳的老人》,梭罗在翻译时用"澳大利亚人"代替了原文中的"西班牙人"。

找到某个西姆斯洞¹,可以终于进入地球内部。英国和法国,西班牙和葡萄牙,黄金海岸和奴隶海岸²,都是内心海洋的前沿;虽然毫无疑问从这里可以直达印度,但是却没有一条船敢于从那儿大胆地航行到看不见陆地的远处。即使你学会了一切语言,顺从了一切国家的风俗,即使你比一切旅人旅行得更远,适应了一切气候地区,气得斯芬克斯³把头往大石头上撞,你也要听从老哲学家的一句规诫,去探察你自己。这是需要眼力和勇气的。只有败将和逃兵去打仗,懦夫才逃走去入伍。现在就开始踏上那最远的西去之路吧,这条路不在密西西比河或太平洋中止,也不会把你带到枯竭的中国和日本,而是直接按切线去到这心灵的领域,无论冬夏,无论日夜,无论日落,月落,直到最后地球陨落。

据说米拉波⁴从事拦路打劫,为的是"弄清楚将自己置于公然反对社会最为神圣的法律的地位,究竟需要多大程度的决心"。他宣称,"在军队里打仗的士兵所需的勇气连拦路打劫的强盗的一半都不到"——"名誉和宗教从来都无法影响一个考虑成熟的、坚定的决心"。世人认为,这是男子汉气概;然而纵使这做法算不上无法无天,至少也是徒劳无益的。一个较为清醒的人在服从更为神圣的法则之时,会发现自己经常在"正式反对"那些被认为是"社会最神圣的法律"了,

---

1 西姆斯洞,1818年约翰·西姆斯提出地球中空的理论,开口处在南北极。
2 黄金海岸为西非国家加纳的旧称。奴隶海岸指西非贝宁湾沿岸一带,因16至19世纪末西方殖民者由此大量贩运非洲黑人至美洲为奴而得名。
3 斯芬克斯,希腊神话中带翼的狮身女怪,常叫过路行人猜谜,猜不出者即遭杀害。在俄狄浦斯猜中她的谜语后,即以头撞石。
4 米拉波(1749—1791),法国大革命时期君主立宪派的领袖之一。

所以不必刻意去反对,就已经考验了他的决心了。人不必对社会采取这样的态度,只要保持在服从他自身法则的情况下的态度,就绝不会反对一个公正的政府,假如他碰到了这样一个政府的话。

我离开森林,和我到那里去生活一样,有着同样充分的理由。也许我感到自己有好几种生活要过,不可能在这一种生活上花去更多的时间。我们多么容易地毫不觉察地就习惯了某一种途径,为自己创造出一套常规,真是令人惊奇。我在那里生活了还不到一个星期,我的脚就从自己的门口到湖边走出了一条小路来;虽然已经有五六年没有再在上面走过,它却仍旧相当清晰。确实,恐怕有别人也在走这条路,因此它还通行无阻。大地的表面很软,人的脚很容易留下印记,心灵走过的路也是这样。世上的公路必定被磨损得厉害,尘土飞扬,传统和习俗的成规又是多么深啊!我不愿在房舱里航行,而愿在世界的桅杆前面和甲板上航行,因为在那里我能更好地欣赏群山中的月色。现在我不愿意到舱底去了。

至少我是从自己的实验中了解到这些的,就是说,如果一个人充满信心地朝他梦想的方向前进,努力按他想象的那样去生活,他就会获得寻常意想不到的成功。他会抛下一些东西,会越过一条无形的界线;新的、普遍的、更为公允的规律会开始在他周围、在他心中形成;或者,旧的规律会发展,并在更为公允的意义上做出有利于他的诠释,他将会获准在更为高级状态的存在中生活。他越使自己的生活简单化,宇宙的规律就会相应地显得简单,孤独就不再是孤独,贫困也不再是贫困,弱点也不再是弱点。如果你建造了空中楼阁,你的努力不一定是白费的,那正是它们应该在的地方。现在,在它们下面打上基础吧。

英国和美国提出的要求是可笑的,要你说话能让他们理解。人和伞菌都不是这样成长的。好像那很重要,没有了它们就没有足够的东西能够理解你。好像大自然只能维持一种理解的模式,不能够既养活四足动物又养活鸟类,既养活爬行的又养活飞行的东西,好像一头叫作布赖特的老牛都能懂的"嘘"和"谁",就是最好的英语。仿佛只有愚蠢才能安全。我主要担心的是,我的表达不够过火,没有过多地超越出我日常经历的狭小范围,不足以表现我认识到的真理。过火的言行!这取决于你的生活圈子。迁徙的野牛在另一个纬度寻找新的草场,并不比挤奶时踢翻了奶桶、跳过牛圈栏杆去追自己的小牛的母牛更为过火。我渴望在某个没有限制的地方说话,就像刚刚醒来的人对刚刚醒来的人们说话;因为我相信,即便是为真实的表达打基础,怎么夸张也是不会过火的。有哪一个听到了一段音乐的人,会害怕自己此后说话过火呢?考虑到未来或可能发生的事情,我们应该轻松地生活,表面不必那么分明,我们的轮廓应该模糊迷蒙一点,就像我们的影子,对着太阳也会显露出难以觉察的汗水。我们的言辞转瞬即逝,这个事实会不断地暴露出,残留下的叙述的渣滓在表达上是多么欠缺。我们言辞的真实性转瞬就变了,只留下了它文字的碑记。表达我们的信念和虔诚的言辞并不是明确肯定的;但是它们对于具有优良秉性的人是意义重大的,和乳香一样甜美芬芳。

为什么总是把我们的认识降低到最愚蠢的水平,并且还将其夸为常识?最平常的意识是睡着了的人的意识,通过打鼾表现出来。

有时候我们往往会把偶尔犯傻的人和傻子归入一类，因为我们只能意识到他们智力的三分之一。有的人如果哪天起了个早的话，对红艳的朝霞也会挑毛病的。我听说，"他们声称迦比尔[1]的诗歌有四种不同的含意，即幻觉、精神、理智和吠陀经的通俗教义"[2]。但是在我们这个地方，如果一个人的作品可以有多于一种的解释，就会被认为是可以抱怨的理由。当英国在努力根治马铃薯腐烂病的时候，会做出什么努力来根治大脑腐烂病吗？这其实是流行得更为广泛，也更为致命的。

我并不认为自己到了晦涩费解的地步，但是，如果在这方面，从我的篇章里没有找到比瓦尔登湖的冰更多的致命缺陷的话，我会感到很骄傲。南方的客户对它的蓝颜色抱有反感，好像冰很浑浊，其实这证明了它的纯净，他们宁愿要剑桥的冰，那冰是白颜色的，但是有股草腥味。人们喜欢的纯净就像包围地球的雾，而不是雾外的蓝色太空。

有些人反复告诫我们，说我们美国人，以及总的来说现代人，与古人相比，即使是和伊丽莎白一世[3]时代的人相比，都是智力上的矮子。但是这样说能达到什么目的呢？一条活狗比一头死狮子强。一个人难道因为自己属于矮人一族就应该去上吊，而不是尽力去做一个最突出的矮人吗？让每一个人都管好自己的事情，努力成为他应该成为的人。

---

[1] 迦比尔（1440—1518），印度神秘主义者，诗人。
[2] 见德塔西《印度文学史》1839年版，第279页。
[3] 伊丽莎白一世（1533—1603），1558—1603年期间为英国女王。

我们为什么要如此不顾一切地急于取得成功，而且是在这样不顾一切的事业上？如果一个人跟不上他的同伴，那也许是因为他听到的是另一个鼓手的鼓声。让他按他所听到的音乐拍子前进，不论那拍子是多么从容不迫，或有多么遥远。他究竟应该以苹果树还是以栎树的速度成熟，这并不重要。他应该把自己的春天变成夏天吗？如果适合于我们的事物的条件尚未成熟，我们又能够用什么现实来代替呢？我们不应在徒有虚名的现实中翻了船。我们是否要费劲地在自己的头顶上用蓝色的玻璃建造天空，尽管在建造好以后，我们凝视的肯定仍然是遥远在上的真正的太空，仿佛前者根本就不存在似的。

在库洛城里有一个艺术家，他天生追求完美。一天，他突然想做一根拐杖。他认为，一件作品之所以不完美，时间是一个因素，而作品要完美，就不考虑时间的问题，他对自己说，哪怕我此生什么别的都不做了，也要把这根拐杖在一切方面都做得完美无缺。于是他立刻到森林里去找木料，他决意一定要用合适的材料来做；他找了一根又一根，但是一根也没有看中，他的朋友逐渐离开了他，因为他们在工作中老了，死去了，可他却一点也没有老。他专一的目标和坚定的意志，他高度的虔诚，在不知不觉中赋予了他永久的青春。由于他不和时间妥协，时间也只好不去打扰他，在远处叹气，因为它战胜不了他。他还没有找到各方面都合适的材料，库洛城已经成了残败的废墟，他坐在一个土堆上剥这根树棍的皮。他还没有给树棍做出合适的形状，坎大哈王朝就结束了，他用棍子尖在沙土上写下了那个民族最后一个人的名字，然后继续他的工作。等到他把拐杖磨平擦光，梵天已经不再是指南；没等他给手杖装上金属环，并且用宝石装饰好手杖头的时候，梵天已经睡着醒来了许多次了。我为什么要在这里提这些事情呢？当他给手杖完成了最后的润饰后，它突然在惊异无比的艺术家的眼前扩展成了梵天创造的最为精美的物品。他在制作手杖的时候，创造了一个新的体系，一个有着美丽而恰当比例的世界；在这个世界里，尽管古老的城市和朝代已不复存在，但更为美好更为光辉的城市和朝代已经取代了它们。现在，他从脚旁仍然新鲜的大堆刨花中看到，对于他和他的作品来说，过去流逝掉的时间只是一个幻觉，那只不过是梵天脑海中一点火星落到并点燃凡人大脑中的火种所需要的一点点时间而已。材料无瑕，他的艺术无瑕；结果怎么可能不神奇？

　　我们能够给与事物以外貌，但最终能使我们受益的只有真相。只有真相经得起考验。在大多数情况下，我们不在自己的应在的位置上，而是在一种非本意所愿的处境中。由于我们本性中的弱点，我们假设出一种情况，并将自己置于其中，因此就同时处于两种境地，要想从中摆脱就加倍困难了。在清醒的时刻我们只看重事实，也就是实际情况。说你想说的话，而不是你应该说的话。任何事实都比装假强。白铁匠汤姆·海德站在断头台上的时候，问他有什么话要说。"告诉裁缝，"他说道，"在缝第一针的时候，别忘了线要打个结。"他同伴的祈祷则没有人记得了。

　　无论你的生活有多么低劣平庸，都要面对它好好地过；不要躲避它、咒骂它。它不像你那么糟。你最富有的时候生活显得最贫穷。爱挑剔的人即使在天堂里也能找出毛病来。尽管贫穷，也要热爱你的生活。即使在济贫院里，也许你也会有一些愉快的、激动的、光辉的时刻。夕阳反射在救济院的窗子上，和反射在富人的宅窗上同样明亮，门前的雪在春天也同时融化。

我看到只有安谧悠闲的人，能够在那里生活得和在宫殿里一样满足，拥有同样使人高兴的思想。在我看来，城镇里的穷人常常过着最为独立的生活。也许仅仅是因为他们人数巨大，因而感到受之无愧。多数人认为他们不屑于靠城镇养活；但是他们往往却会做出用欺骗的方法养活自己的事情来，这是更为不光彩的。像对待园子里的芳草，比如洋苏叶那样对待贫穷吧。不要费什么神去得到新东西，不论是新衣服还是新朋友。改改旧的，回到它们那里去。事物没有改变，是我们变了。卖掉你的衣服，保留你的思想。上帝会看到，你不需要交往。如果我终生像只蜘蛛一样，被禁闭在阁楼的一角，只要我有思想，对我来说，世界就还是那么大。哲学家说过，"三军可夺帅也，匹夫不可夺志也"[1]。不要急于谋求发展，不要将自己置于许多影响的作用之下，这都是没有意义的胡闹。谦恭犹如黑暗，显露出神圣之光。贫穷和卑微的阴影聚集在我们周围，"看啊！创造使我们眼界开阔"[2]。我们要常常想到，即使给予了我们克罗伊斯[3]的财富，我们的目的必须依旧不变，我们的方法也基本上和原来一样。不仅如此，如果贫穷限制了你的范围，比方说，你买不起书籍报纸，你无非就是被局限在了最关键和最重要的经验之中；你不得不去和产糖

---

1 见孔子《论语·子罕》。
2 引自英国诗人约瑟夫·怀特（1775—1841）的十四行诗《致黑夜》。
3 克罗伊斯（？—公元前546），吕底亚末代国王，因敛财成为巨富。

及产淀粉最多的物质打交道。贫困生活才是最甘甜的生活。你不会去做无用的琐事。下层的人绝不会因上层人的慷慨而失去什么。多余的财富只能买来多余的东西。灵魂所需的必需品，一件也不需要用钱去买。

我住在一堵铅灰色的墙角落里，墙的成分里注进了一点用以铸钟的铜锡合金。我中午休息的时候，常常会有一种混乱的叮当声从外面传到我的耳朵里。那是我的同时代人发出的噪声。邻居把他们和著名的绅士淑女们交往的异乎寻常的经历讲给我听，以及他们在宴会桌上遇到了哪些显要人物；但是我对这些事情并不比对《每日时报》的内容更感兴趣。他们的兴趣和谈话主要是关于衣着式样和行为举止的；但是，不管你怎么打扮它，鹅还是鹅。他们对我讲加利福尼亚和得克萨斯，讲英国和东印度群岛，讲佐治亚州或者马萨诸塞州的尊敬的某某先生，全都是短暂的、稍纵即逝的现象，直到我恨不得从他们的院子里跳出去，就像马穆鲁克的军官。1811 年，埃及总督穆罕默德·阿里（1769—1849）企图屠杀马穆鲁克阶层，但是一个军官纵身跃过墙，跳上马背，得以逃脱。那样，清楚了自己的方向，我感到很高兴，——我不愿招摇炫耀地在引人瞩目的地方列队行进，如果可能的话，我愿和宇宙的建造者同行，——不愿生活在这个浮躁的、紧张不安的、乱哄哄的、浅薄的 19 世纪，而愿沉思地站着或坐着，任凭它逝去。人们在庆祝什么？他们都是某个筹备委员会的成员，每个小时都在期待着什么人发表讲话。上帝只是这天的主席，韦伯斯特[1]是他的演说人。我喜欢去掂量、弄清那些最强烈、最有理由吸引我的东西，向它靠拢；——不是吊在天平的杠杆上企图减轻分量，——不是去假设一个情况，而是按具体的情况行事；在我能够行进的唯一的道路上行进，在这条路上，没有任何力量能够阻挡我。在我没有打下坚实的基础之前就突然开始建拱门，这不会给我以任何满足。让我们不要玩小孩子在薄冰上比赛奔跑的游戏吧。到处都有坚实的根底。我们读到过，有个旅行者问一个小孩，他眼前的这片沼泽有没有硬实的底。小孩说有。可是很快旅行者的马就陷到了齐肚带深的地方，他对小孩说："你不是说这片沼泽有硬实的底吗？"后者回答说："是有啊，可是你连一半深都没有到呢。"社会的沼泽和流沙也是这样；但是只有聪明人能够了解这一点。只有在某些少见的巧合下，所想、所说、所做的才是好的。我不会做一个愚蠢地把钉子往只有板条和灰泥的地方钉的人；这样的行为会使我彻夜难眠。给我一把榔头，让我找板条的支撑，不要依赖油灰，把钉子结结实实地钉到底，这样，你就可以在半夜醒来时满意地想到自己的工作，——一件你不会羞于召唤缪斯——希腊神话中司艺术和科学的九位女神来欣赏的工作。这样上帝会帮助你，也只有这样上帝才会帮助你。你钉的每一个钉子都应该是宇宙机器上的又一枚铆钉，这才是在继续着前人的工作。

不要给我爱情，不要给我金钱，也不要给我名誉，给我真理吧。我坐在一张有着大量佳肴和美酒的餐桌旁，受到极尽奉承巴结的招

1　韦伯斯特（1782—1852），美国政治家，曾为参众二院议员。

待，但是却没有诚意和真情，我饿着肚子离开了那冷漠的餐桌。这种款待和冰一样冷。我觉得用不着再拿冰把他们冻起来了。他们和我谈论葡萄酒生产的年份和产地的名气；但是我想到了一种更陈、更新、更纯、有着更为值得称道的产地的酒，是他们所没有的，而且是买不到的。那气派、宅子、庭院和"娱乐"对我来说毫无意义。我去拜访国王，但是他让我在大厅里等着，表现得好像是一个没有能力好客的人。在我附近有一个人住在空心的树里。他的举止真正具有王者之风。如果我去拜访他，结果会好得多。

我们还打算花多长的时间，像这样坐在门廊上，按这些琐碎无意义的陈腐美德行事？任何工作都会使这些东西变得荒诞不经。好像一个人应该以长期忍受痛苦来开始他的一天，而雇人去锄他的土豆地；下午则怀着事先谋划好的善心，去实践基督徒的温顺和仁爱！想一想中国的自负和人类停滞不前的自满。这一代人斜靠在那里，庆贺自己是卓越家族的最后一代；在波士顿、伦敦、巴黎和罗马，他们想着自己悠久的世系血统，心满意足地大谈自己在艺术、科学和文学上的进步。还有哲学学会的记载，有对伟人的公开称颂！这就是虔诚的亚当在琢磨自己的美德。"是的，我们做出了伟大的事业，唱出了神曲，这是不朽的"——也就是说，只要我们还能够记得他们。古亚述的学术团体和伟人——现在他们在哪里？我们是多么年轻的哲学家和试验家啊！我的读者中还没有一个人已经活过了整个人生。在人类的生命中，这不过是春天的月份。如果说我们已经患了七年难熬症[1]，也还没有看到康科德的十七年蝉[2]呢。我们熟悉的仅仅是我们生活的地球的一张薄膜。多数人从来没有深入到地球表面以下六英尺的地方，也没有跳到表面以上六英尺的地方。我们不知道自己在什么地方。此外，我们将近一半的时间是在熟睡。然而我们却自以为聪明，在地面上建立起了秩序。我们可真是深刻的思想家，有远大抱负的人！当我站在森林中，密切注视着一只虫子在地上的松针里爬，拼命想藏起来不让我看见的时候，我问自己，它为什么要怀着这些卑下的想法，藏起头不让我看见，我说不定会施恩于它，给它这个族类一些让它们高兴的消息呢，这时我想到了那更为伟大的施恩者上帝，他也在密切注视着我这只人虫。

新鲜事物不断注入这个世界，而我们却容忍着难以置信的愚蠢。我只需要提一提在最为开明的国度里，人们还在听着什么样的布道就够了。有着快乐和悲哀这类词，但都只是赞美诗的主题，带着鼻音唱出来的，而我们相信的是平庸低劣的东西。我们认为我们只能改换我们的服装。据说大英帝国很大，很值得尊敬，还有美国是个一等强国。我们并不相信，即使有人心存这样的想法，也不是每个人背后都有潮涨潮落的那种巨大力量，能把大英帝国像块小木片似的漂起来。谁知道下次从地下钻出来的，会是什么样的十七年蝉？我生存的这个世界的政府，并不像英国政府那样，是在晚宴后喝着酒，谈谈聊聊，就建立起来的。

---

1 难熬症，亦称七年之痒，指夫妻间在结婚七年后常会出现的相互厌倦和不忠实的趋势。
2 十七年蝉，亦称周期蝉。

我们的生命就像河流中的水。今年可能涨到从来没有人知道的高度，淹没了干裂的土地；这甚至可能是个多事之年，把我们所有的麝鼠淹得四散逃窜。我们并不总是居住在干地上。我在内陆深处看见过在科学开始记录洪水之前，就被水流冲刷过的古老河岸。大家都听到过在新英格兰流传的这个故事，说一个强壮美丽的虫子，从苹果木做的一张旧桌子的干燥的活动面板里爬了出来，桌子已经在农夫家的厨房里放了六十年了，先是在康涅狄格州，后来搬到马萨诸塞州——虫卵是在那以前的许多年留在那棵活着的树上的，可以数在它外面的年轮知道这一点；有好几个星期都可以听到它在里面啃咬的声音，也许是罐子的热力使它孵化了。听到这个故事，谁不感到自己对复活和长生不老增强了信心呢？这粒虫卵最初是留在绿绿的活树的边材上的，逐渐，树变得酷似虫卵的风干了的坟墓，它便长久地被埋在一圈圈同心圆的木层之中，处在死气沉沉的枯燥的社会生活里——也许这家人围坐在酒宴桌旁时，曾多年惊奇地听到它的咬啮声。谁知道什么样美丽的、有翅膀的生命会突然从社会最微不足道的、初次尝试制作的家具中冒出来，最终享受了它完美的夏季生活！

我不是说约翰和乔纳森。约翰，即约翰牛，指英国佬；乔纳森，指美国佬，会意识到这一切。但是，这就是明天，那个仅靠时间的流逝永远不会破晓的明天。对于我们，使我们的眼睛看不见的光就是黑暗。只有我们醒着的时候，黎明才会到来。会有更多的黎明。太阳只不过是一颗晨星。

译后记

本译本根据《诺顿美国文学选集》1979年版文本译出,这是1854年第一版,经专家学者根据梭罗本人在书上所作的订正校订后的版本。译文中许多注释引用了《诺顿美国文学选集》中的注释,谨致谢意。在翻译梭罗的这部作品时,尽可能地保留了作者写作和语言的风格,没有为求"易读性"而改动原文的章节段落,也没有为求"可读性"而在原文上添枝加叶。

惊奇之心

导读

看着案头蕾切尔·卡森《惊奇之心》的汉译本，透过封面枯枝上鸟窝里那枚晶莹的鸟蛋，我再一次感受到了这部自然散文所焕发出的生命力。我在翻译这部作品的时候，就惊奇于在卡森恬静淡雅的文笔下翻腾涌动着的生命力，而汉译本恬静淡雅的封面极好地诠释了作品的真谛。

翻动书页，美国著名摄影师尼克·凯尔什专为此书配图而拍摄的美轮美奂的照片，给了我又一个惊喜。那大海，那云霞，那溪流和溪边的卵石，那四季变换、色彩斑斓的森林和林中的苔藓，传递出了大自然的多姿多彩和绝顶美好。

《惊奇之心》的作者蕾切尔·卡森（1907—1964）是美国生物学家，以环境污染和海洋自然史方面的著述闻名。1962年发表了生态环保力作《寂静的春天》，揭示了滥用化学杀虫剂和除草剂之类的农药对生态环境的危害，引起了巨大的反响。资本利益集团对她的论断进行污蔑歪曲，甚至对她进行无耻的人身攻击。但是卡森坚定不移，在哥伦比亚广播公司拍摄的纪录片中,用确凿的证据证明了自己的观点。她认为,人是自然的一部分,对抗自然就是对抗自己,倡导人类与自然和谐共存。

《惊奇之心》就是一本培养人们,特别是儿童热爱大自然的作品。我在翻译这部作品的过程中受到了极大的触动。我想,如果中国年轻的父母们,也能够像卡森一样,不断在大自然中去激发儿童的惊奇之心,而不是把他们禁锢在培训班的教室里,孩子对世界可能会有不同的感悟。这部作品开篇的第一句就震惊了我:"一个狂风暴雨的秋夜,我将大约二十个月大的侄子罗杰裹在毯子里,冒着雨抱到幽暗的海滩上……"我把"二十个月"这几个字看了三遍,确认无误后才打进了电脑里。作者接下去写道:"我们俩一起快乐得大笑——他,一个首次与大洋之神狂野的骚动相遇的稚嫩幼儿;我,一个怀着半生对大海热爱的老练女子。但是我想,我们对那浩瀚的、呼啸的海洋和包围我们的风狂雨暴的黑夜,感受到的是同样的惊喜激动。"此后多年,作者和小罗杰一起观察雨后森林中苔藓的神奇变化;一起倾听候鸟迁徙时的呼唤，卡森说在听到这含混的咝咝声和呼唤的鸣叫声时，"心头总会涌现各种纷杂的情感——感受到相隔遥远的孤独，同情地想起那些被超越意志的力量所控制和引导的小生命……"；他们聆听夏夜草丛中的昆虫奏鸣曲；追寻春天黎明时的百鸟齐鸣，卡森说自己在这首黎明的大合唱里，"听到了生命本身的悸动"。

爱因斯坦曾说过，好奇心是人性中一株神圣但十分脆弱的幼苗，人人生而有之。我们也都知道，好奇心带动求知和探索的欲望，使人的精神永不衰老，使人虚怀若谷，有一个智慧的人生。但是在当今世界，好奇心在多数人身上都过早地夭折了。卡森在书中说，"倘若我对仙女有影响力，我会恳求她赐予世界上每个孩子惊奇之心，而且终其一生都无法被摧毁，能够永远有效地对抗以后岁月中的倦怠和幻灭，摆脱一切虚伪的表象，不至于远离我们内心的力量源泉"。

愿所有的父母都能够以卡森对大自然的热爱之心，保护生活在都市文明中的孩子们的惊奇之心，使他们"能够永远有效地对抗以后岁月中的倦怠和幻灭"。

一

  一个狂风暴雨的秋夜，我把二十个月大的侄子罗杰裹在毯子里，冒雨抱到漆黑的海滩上。远方，就在我们目力行将不及之处，大浪正轰响着涌来，隐约可见的白色波涛隆隆呼啸着，将大把大把的泡沫掷向我们。我们俩一起快乐得大笑——他，一个首次与大洋之神狂野的骚动相遇的稚嫩幼儿；我，一个怀着半生对大海热爱的老练女子。但是我想，我们对那浩瀚的、呼啸的海洋和包围我们的风狂雨暴的黑夜，感受到的是同样的惊喜激动。

  一两天以后的夜晚，肆虐的暴风雨终于力尽，我再度将罗杰带到了海滩上。这一次我抱着他沿海水的边缘行走，手电筒的黄色锥形光柱穿透了黑暗。虽然雨已经停了，但在那个夜里，拍岸的涛声和不息的风声依旧。非常明显，此时此地，主宰一切的是大自然强大的力量。

  这个夜晚，我们的探险和生命有关，因为我们在寻找沙蟹。白天，有时候罗杰曾经在海滩上短暂瞥见过那些沙黄色的、爬得飞快的小生命。但是沙蟹主要在夜间活动，当它们不在黑夜中的沙滩上游走时，就会在拍岸的碎浪线旁边挖些小坑躲在里面，似乎在守望和等待着，看看大海可能会给它们带来些什么。看到这些微小的生命孤独而脆弱地面对大海严酷的威力，对我来说带有一种动人的哲理色彩。我不是想说罗杰和我反应出了类似的感情。但是看到他作为幼儿对大自然世界的接受,既不怕嗖嗖的风声,也不怕黑暗或轰鸣的浪涛,以孩提的兴奋进入对"沙沙"的搜寻之中,真是太妙了。

想来,和这么小的孩子玩,很难说这是一种常规的做法,但是现在罗杰已经四岁多一点了,我们仍然继续共同分享着从他婴儿时期就开始了的、在大自然世界中的探险经历。我认为结果是好的。我们既在狂风暴雨也在宁静安谧的大自然中,既在黑夜也在白天共同分享了这些经历,而且是建立在一起玩乐而不是施教的基础之上的。

二

我的夏季是在缅因州的海边度过的,在那里我拥有自己的海岸地带和一小片自己的林地。从环绕岸边的花岗岩石的边缘起就生长着宾州杨梅、杜松和黑浆果;海湾边隆起的长满树木的土丘上,空气中充满了云杉和树脂的清香。脚下是蓝莓、平铺白珠树、驯鹿苔和御膳橘等北方地被植物构成的多种图案。在一片点缀着长满蕨类的林荫小谷地,以及突出在外的山石的有许多云杉树的山坡上——人们称之为野树林——还有凤仙花、林百合以及长着深蓝色浆果的七筋菇的细长枝芽。

罗杰到我在缅因州的家里来的时候,我们一起在这些树林里散步,我并未有意识地勉力去提到植物或动物的名字,也没有去给他做解释,而只是对我们看到的一切表露我自己的喜悦之情。我会把他的注意力引导到这样或那样东西上,但只是和我与一个成年人分享自己的发现时一样。后来,这些名字铭记在他心中的情况使我感到非常惊讶,因为当我放映我林中植物的彩色幻灯片的时候,能够识别它们的正是罗杰。"啊,那是蕾切尔喜欢的——是御膳橘!"或者"那是杜松,可是那些绿色的浆果是不能吃的——是松鼠吃的"。我敢说,比起仅仅作为两个朋友,穿过树林从事激动人心的探索发现来,无论多少反复的练习都不可能把这些名字如此牢固地嵌入他的心中。

三

罗杰以同样的方式学会认识我那片小小的三角形沙滩上的贝壳,在多岩石的缅因州,这片小三角形沙滩就可以充作海滩了。在他只有一岁半的时候,他管它们叫滨克(滨螺)、蛾克(蛾螺)和贻克(贻贝)。我也不太知道是怎么回事,因为我并没有试图教他。

我们让罗杰分享事物带给我们的乐趣,人们通常不给孩子这样的机会:他们觉得孩子很麻烦,会打乱他们上床的时间,或者会弄湿衣服还得换,会把泥带到地毯上还得清理。我们让罗杰和我们一起,在黑暗的起居室的大玻璃观景窗前,看着一轮满月一点点地落向小海湾的远岸,整个水面燃起银色的火焰,当月光照亮了嵌在岸边岩石面上的云母片时,千万颗钻石熠熠生辉。我想,我们感到这样一幅景象,年复一年地深深刻印在他儿时的脑海中,在他成年以后对他的重要性会远远超过他失去的睡眠。去年夏天他以自己的方式告诉了我，结果会是这样的：他来我们这里后的第一个夜晚正逢月圆，他安静地在我膝头坐了好一阵子，看着月亮、海水和整个夜空，然后他低声喃喃道："真高兴我们到这儿来了。"

四

雨天是在林中漫步的最佳时刻。我一向都这样认为：缅因的森林只有在雨中才尽显清新和勃勃生机。那时，常青树上所有的针叶都挂上了银鞘，蕨类植物看上去几乎都长得像热带植物那样葱翠繁茂，每片叶子的边缘都装饰着滴滴水晶。色彩奇异的菌菇——芥末黄、杏黄、猩红——钻出了腐叶层，地衣和苔藓全都是一派清新的银白嫩绿，充满了生机。

现在我知道了，大自然在自己心境可能显得忧郁的时候，也给孩子保留了一些精选的回报。去年夏天，当我们长时间地漫步在浸透了雨水的森林中的时候，罗杰使我想起了这一点——当然不是通过语言，而是通过他的反应。之前已经多日雨雾交加，雨水敲打着巨大的观景窗，大雾几乎遮住了海湾。没有龙虾养殖人来照看他们的网箱，岸边没有了海鸥，甚至也没有一只松鼠可看。很快，对一个待不住的三岁孩子来说，小屋变得太小了。

"咱们到森林里去走走吧，"我说，"也许能够看到狐狸或者鹿什么的。"就这样，我们钻进黄油布雨衣和防水帽、怀着快乐的期待出了门。

五

  我一向喜欢地衣,因为它们颇有一种仙境般的特性——一块石头上的银色圆环,小小的古怪形状,像骨、角制品,或海中生物的外壳——我高兴地发现,罗杰注意到了雨水在它们外形上造成的神奇变化,并且做出了反应。林中小径上长满了所谓的驯鹿苔,这实际上是一种地衣。就像大厅里老式的长条地毯,它在森林的绿地中形成了一道窄窄的银灰色长条,并在这里或那里蔓延开来,覆盖较大的一片地方。天气干燥的时候,地衣层似乎很薄,脚踩上去感到很脆,会碎裂开来。现在它像海绵般吸收雨水,已经浸泡透了,又厚又松软。它的质地使罗杰十分开心,胖胖的膝盖跪在上面去感受它。他从一片地衣跑到又一片地衣,快活地尖声叫着,在这厚厚的、弹性的地毯上又蹦又跳。

  正是在这里,我们第一次玩我们的圣诞树游戏。这儿长出了一大片小云杉树,几乎可以找到各种不同大小的树苗,小的只有罗杰的手指那么长。我开始把幼树指给他看。

  "这一棵想必是松鼠的圣诞树,"我会说,"高矮正合适。在圣诞前夕,红松鼠会来把小小的贝壳、松果和地衣的银丝挂在上面,把树装饰起来,然后雪片落下,树上就布满了闪闪的星星,松鼠在早晨就会有一棵漂亮的圣诞树……这一棵还要小,想必是某种小虫子的圣诞树吧,也许大一点的这棵是兔子或者土拨鼠的。"

一旦开始玩了这个游戏,每次林中漫步时就都非玩不可了,从这时起,我们的漫步就不时会被"别踩着圣诞树!"的叫喊声所打断。

六

孩子的世界是清新、陌生而美丽的,充满了惊奇和刺激。对于我们大多数人,那种明察的眼力、对美和令人叹为观止的一切的真正直觉,在我们尚未成年时就已经变得迟钝,甚至完全丧失了,这是我们的不幸。假如我能够影响那位据称主持所有孩子的洗礼的善良仙女,我会请求她给世上每一个孩子的礼物是一种无法摧毁的、终生具有的、心中怀有的惊奇感,能够永远可靠地抗击以后岁月中的厌倦和幻灭、对人造的一切的无谓关注,以及对我们力量的源泉的疏离。

在没有善良仙女给予这样的礼物的情况下,如果一个孩子要保持他天生的惊奇心,他需要有至少一个能够和他分享的成年人,陪伴他一起重新发现我们生活在其中的这个世界的快乐、激动和神秘。当父母一方面要面对孩子的热切、敏感的心灵,另一方面又要面对一个有着复杂的自然特性的世界,居住在这个世界中的生命是如此各不相同、如此陌生,以致似乎无法将其归纳到常规和认知之中,这时他们往往会产生无能为力的感觉。他们以一种自我挫败的心态宣称:"我怎么可能教我的孩子有关大自然的事情呢——哎呀,我连两只鸟都区分不了!"

我由衷地相信,对于孩子和想要对他进行引导的父母来说,感知远比认知重要得多。如果客观事实是日后生产出知识和智慧的种子,那么感官获得的情感和印象就是种子赖以生长的沃土。儿童时代的早期是土壤的准备时期。一旦唤起了情感——对新鲜的、未知的一切怀有美感和兴奋感,一种同情、怜悯、赞赏或爱的情感——我们便会希望获得使我们产生了情感反应的对象的有关知识。一旦得到,就具有了持久的意义。为孩子铺平道路,让他渴望知识,远比向他反复灌输他尚未准备好吸收的事实更为重要。

七

如果你是一个感到自己对大自然知之甚少的家长,你还是可以为你的孩子做很多事的。和他在一起的时候,不论你在哪里,也不论你具有的资源是什么,你仍可以仰望天空,欣赏其黎明和黄昏时分之美、欣赏飘动的云朵和夜空里的星星。你可以倾听风声,无论是以威严的声音吹过森林,还是在你家屋檐四周或公寓大楼的角落里唱起的多声部的合唱,在倾听之际,你自己的思想能够得到魔幻般的释放。你仍能感到雨水落在你的脸上,想到它漫长的旅程,以及它的多次嬗变:从海洋到空中到地球。即便你是个居住在城市里的人,你也能找到什么地方,也许是个公园或高尔夫球场,在那儿你能够观察鸟类神秘的迁徙和四季变化。你可以和自己的孩子一起,琢磨一粒种子生长中的奥秘,即使那只不过是种在厨房窗台上花盆泥土里唯一的种子。

和你的孩子一起探索大自然，主要在于能够逐渐使你对周围的事物更好地感受，再次学会使用你的眼睛、耳朵、鼻子和指尖，开启废弃不用的感官印象的渠道。

对于我们大多数人，有关我们的世界的知识主要是通过视觉得来，然而我们却以如此视而不见的眼睛看着周围，可以说是半个瞎子。使眼睛能够看到未曾注意到的美的办法之一就是问一下你自己，"如果我从来没有看见过这一切会怎么样？如果我知道自己再也看不到这一切了会怎么样？"

我记得在一个夏夜，这样的想法强烈地袭上了我的心头。这是一个晴朗无月的夜晚。我和一个朋友走到几乎像个小岛一样的平坦的海角，仿佛只有海湾的水环绕在四周。在那儿，地平线是广渺空间遥远边缘上的细线。我们躺在那里看着天空和在黑暗中闪耀的千百万颗星星。在万籁俱寂的黑夜，我们能够听到海湾口外岸边礁石上的浮标的声音。有一两次，清澈的空气传送来了对岸人的片言只语。屋舍里亮着几点灯光。除此之外，再也没有任何东西使你想起还有其他人类生命的存在，唯有我和我的朋友与星星相伴。我从来没有见到它们这样美丽过：雾蒙蒙的银河流过天空，星座的形状清晰明亮地显现出来，一颗耀眼的行星低垂在地平线上，一两颗流星一路燃烧着进入了地球的大气层。

我突然想到，如果这是一个世纪或一代人只能看到一次的景象，观众将会蜂拥而至，来到这个小小的海角。但是，随便哪一年，有几十个夜晚都能看到这种景象，因此屋舍里亮着灯，住在里面的人可能根本不会去想到天空之美：因为他们几乎每晚都能够看到，也许就永远都不会看到了。

像这样一次人的思想被释放出来，去遨游宇宙孤寂的太空的经历，即使你连一颗星星的名字都不知道，也能够和孩子分享。你仍能陶醉在美景之中，并且思考和琢磨你所看到的一切的意义。

八

何况还有一个人们太少看到的微小东西构成的世界。也许是因为他们本身就小，比我们离地面近，许多孩子注意到了微小而不显眼的东西，感到十分欣喜。以此为开端，很容易和他们一起分享我们由于看什么都过于匆忙、只见整体不见局部、因而通常会遗漏掉的美好事物。大自然的一些最精美的制品是微型的，任何一个用放大镜看过雪花的人都知道这一点。

花上几块钱，买一个好的手执放大镜或者别的放大镜，会带来一个崭新的世界。和你的孩子一起，察看你想当然地认为是普通或无趣的物体。散撒的一些沙粒看去会像闪烁的带玫瑰或水晶色泽的宝石，或者像灿烂的黑色大理石小珠子，或者像小人国里混杂在一起的岩石，海胆壳的棘状突起，蜗牛壳的小碎片。

在放大镜下看一片苔藓，揭示出了一座茂密的热带雨林，雨林中，大如老虎的昆虫在形状怪异、郁郁葱葱的树木间寻寻觅觅。在放大镜下观察放在玻璃容器里的一点点水池草或海藻，会发现里面生活着大量奇特的生物，它们的活动能够让你开心上好几个小时。花卉（特别是菊科植物）、任何树木上花朵或枝叶的嫩苞，或者任何微小的生物，当我们在放大镜的帮助下摆脱了以人体的大小作为尺度的时候，都向我们展示出意想不到的美和复杂性。

九

除了视觉之外，其他感官证明也是获得快乐、发现事物的途径，为我们储存起记忆和印象。罗杰和我清早出外，已经欣赏到了从屋舍的烟囱里冒出来的木柴烟的强烈而干净的气味。在岸边，我们备享了低潮时的气味——不可思议地唤起了记忆，这是由许多不同的气味合成的，使人想起了海藻、鱼类、形状和习性十分怪异的生物世界；想起了潮水按自己的规律涨涨落落；想起了暴露的泥沙洲和在岩石上晒出的盐霜。我希望罗杰今后也会像我今天这样，在久别后回到海边，鼻子第一次呼吸到这气味时，能够感受到涌上心头的记忆中的快乐。在一切感官感觉中，最具有唤起记忆的力量的几乎就是嗅觉，我们却这么少地使用它，真是太可惜了。

听觉也会是更为极致的愉快的一个来源，但是需要有意识地去培养。我总是听见人们对我说，他们从来没有听到过鸫鸟的鸣叫声，虽然我知道，每年春天，他们的后院中都会响起这种鸟银铃般的啭鸣声。我相信，通过启发和实例，能够帮助孩子们听到他们周围存在的许多声音。拿出点时间去倾听并且谈论一下大地的声音，以及它们的含义——威严的雷声、风声、海浪声或溪水流淌的声音。

还有那有生命的物体的声音：所有的孩子在成长的过程中，都应该有机会听到春天黎明时的百鸟齐鸣。他将永远不会忘记一次专门计划好的早早起床、在黎明前的黑暗中走到外面去。最早的鸟声是在天亮前听到的。很容易辨别出这些最早的、孤独的歌者。也许，几只红衣凤头鸟正在发出它们清亮的、越来越高亢的啸叫声，就像有人在唤狗的哨声。然后是灰鹰的歌声，清纯、缥缈，带着回忆中的快乐所具有的梦幻特点。远处一片树林里，三声夜莺在继续着它单调的夜歌，持续、有规律，这声音几乎更多是感觉到而不是听到的。知更鸟、鸫鸟、麻雀、松鸦、绿鹃纷纷加入进来。随着越来越多的知更鸟的加入，合唱的音量越来越大，知更鸟投入了自己特有的狂热节奏，很快就在奔放混杂的声音中具有了压倒性。在这首黎明大合唱里，你听到了生命本身的悸动。

十

还有别的有生命的音乐。我已经向罗杰承诺，今年秋天，我们要带着手电，到我们的花园里去寻找那些在草丛里、灌木丛和花床中拉小小的提琴的昆虫。从仲夏开始,昆虫管弦乐队的声音夜夜升起、搏动，直到秋末，寒夜使得这些小小的演奏家僵直麻木，终于，最后的一个音符也在漫长的寒冷中沉寂了。在手电光下用一个小时去找出这些小小音乐家，是任何一个孩子都会喜欢的令人激动的经历。

会使他感到黑夜的神秘和美,得知黑夜中有着多少警惕的眼睛和小小的、等待中的身影,是多么地充满了勃勃生机。

好玩之处不在于倾听整个的管弦乐队演奏,而是细听各个不同的乐器,并且试图探明其演奏者所在的位置。也许你被一步步地吸引到一个传出了不断重复的、悦耳的高音调颤音的灌木丛旁。最后你追踪到一个带着极浅的浅绿色的小家伙,翅膀如月光般洁白缥缈。或许,在绿色园中小径的某处,传来欢快而有节奏的唧唧声,如同壁炉里炉火的噼啪声或猫咪的呼噜声一样亲切友善。你把手电的光往下移,就能发现一只黑色的蟋蟀正消失在自己的草窝中。

最萦绕心头的是我称作"铃铛小精灵"的昆虫。我从来没有找到过它,我想恐怕我也并不想找到它。它的声音——想必它自己也是如此——是这样精妙清雅、超凡脱俗,它也应该继续保持其隐形状态,就和所有我搜寻它的夜晚的情形一样。那声音完全和最小的小精灵手中的铃铛应该发出的声音一样,清脆悦耳,难以言表,但又如此微弱、几乎难以听到,以致你会屏住呼吸俯向那精灵般的铃声传出的绿色林中空地。

黑夜也是倾听其他声音的时候,如候鸟匆匆在春天北飞、秋天南飞时的叫声。在十月一个静谧而几近无风的夜晚,带着你的孩子到外面去,找个远离车辆行驶声的安静地方。然后一动不动地站着倾听,将你的意识投向头顶上黑暗的天穹。不久,你的耳朵就会察觉到阵阵微弱的声音——尖尖的唧唧声,含混的咝咝声和呼唤的鸣叫声。这些是迁徙的候鸟发出的声音,显然是通过呼鸣和散布在天空中的同类保持联系。听到这些呼鸣声,总会有一阵由各种情感构成的浪潮涌上我的心头——感受到孤独遥远的距离，同情地意识到小生命被超越自我选择取舍的力量所控制和指挥，以及翻腾心头的、对于迄今人类尚未能找到解释的、它们对于路线和方向准确的直觉所感到的惊异。

如果是满月，夜空中响起阵阵候鸟的呼鸣，这时，假如你的孩子已经到了能够使用望远镜或一副好的双筒望远镜的年纪，那么就开启了你和孩子一起去尝试另一种经历的渠道。近年以来，观察候鸟飞过月面的活动已经流行起来，甚至具有了科学上的重要性。就我所知，这是使大一些的孩子获得候鸟迁移的神秘感的一个好方法。

你舒舒服服地坐好，把望远镜对准月亮。你必须学会有耐心，因为，除非你处于候鸟迁徙常来常往的通途处，否则就可能要等上许多分钟才能有所收获。在等待期间，你可以查看月球的地貌，因为即使是一副中等强度的望远镜，也能揭示出足够的细节，使一个对太空感兴趣的孩子入迷。不过迟早你会开始看见这些太空中孤独的旅行者，在它们从黑暗飞入黑暗的过程中留给你短暂的一瞥。

在讲到这一切的时候，我很少提到去识别这些和我们共享这个地球的鸟类、昆虫、岩石、星球或者其他别的有生命和无生命的物体。当然，给引起我们兴趣的东西一个名字总会带来方便，但是这是另外一个问题。任何一个家长，只要有说得过去的观察力，以及购买各种平价版的优秀手册的钱，就能够解决这个问题。

我认为，这种识别游戏的价值有赖于你的玩法。如果其目的就在于识别，我看没有什么用处。你可以给看到并识别出来的生物编写出一个全面的一览表，却连一眼也没有见到过惊心动魄的生命奇迹。如果一个孩子问我一个问题，即使只有些许对八月某个早晨沙滩上一只迁徙的矶鹞的到来所怀有的神秘感，我会比他仅仅知道这是只矶鹞而不是只鸧这个事实感到高兴得多。

十一

保留和加强这种敬畏及惊奇感、承认有着超越了人类存在的界限的某种事物，它的意义在哪里？对自然世界的探索仅仅是一种愉快地度过童年金色时光的方式，还是具有某种更为深刻的意义？

我相信是具有某种深刻得多的意义的，是持久而深远的。那些作为科学家或者门外汉生活于地球之美和神秘之中的人们，永远不会孤单或对生活感到厌倦。无论他们的个人生活中有什么样的烦恼或忧虑，他们的思想总能找到途径获得内心的满足，重新振奋起生活的激情。那些凝望地球之美的人们拥有储备的力量，只要一息尚存，就不会竭尽。候鸟的迁徙、潮涨潮落、待春绽放的苞芽，都有着象征的以及真实的美。在大自然周而复始的重复中有着某种无穷的康复力量——深信黑夜之后到来的是黎明，冬天以后到来的是春天。

我喜欢想起著名的瑞典海洋学家奥托·彼得松，几年前以93岁的高龄去世，一直保持着敏锐的头脑。他的儿子也是一位世界著名的海洋学家，在最近出版的一本书中他讲到，和周围的世界有关的每一种新经历、每一个新发现都使他的父亲感受到强烈的乐趣。

"他是个不可救药的浪漫家，"儿子写道，"强烈地热爱生活和宇宙之神秘。"当他意识到自己能够享受地球景象的时间已经不长了的时候，奥托·彼得松对他的儿子说："在最后时刻支撑我的是对死亡后情况的无限好奇。"

十二

最近我收到的邮件中有一封信，雄辩地证明了惊奇感是持续终生的。信来自一位读者，就选择海边度假地征求我的意见，她要找一个足够原始的地方，使她在假日中能够漫游于未被文明破坏的海滩上，探索那个古老但永远新鲜的世界。

遗憾的是，她排除了北方多岩石的海岸。她说她一直都酷爱这片海岸，但是要在缅因的岩石上攀爬恐怕有点困难，因为她快要过89岁的生日了。我放下她的来信的时候，看到八十年前在她心中熊熊燃烧的惊异之火，现在仍然在她年轻的心灵和精神中燃烧，使我感到十分温暖。

和大自然接触而生的恒久的快乐并不只有科学家才能获得，任何人，只要将自己置于大地、海洋和天空以及它们令人惊异的生命的影响力之下，就都能够得到这种快乐。

王家湘译著年表

一、翻译作品目录

1 《沙堡》，[英]艾丽斯·默多克著，外国文学出版社，1985年。
2 《沧海茫茫》，[英]琼·里斯著，人民文学出版社，1986年。
3 《死的警告》，[英]穆丽尔·斯巴克著，中国文联出版公司，1987年。
4 《汤姆叔叔的小屋》，[美]斯托夫人著，人民文学出版社，1998年。
5 《他们眼望上苍》，[美]佐拉·尼尔·赫斯顿著，北京出版集团，1998年。
6 《瘾》，[英]斯蒂芬·史密斯著，外国文学出版社，1999年。
7 《唯一的爱》，[美]埃里奇·西格尔著，译林出版社，1999年。
8 《第一性》，[美]海伦·费希尔著，辽宁人民出版社，2001年。
9 《凯恩河》，[美]拉丽塔·塔德米著，人民文学出版社，2002年。
10 《青春》，[南非]库切著，浙江文艺出版社，2004年。
11 《小世界》，[英]戴维·洛奇著，上海译文出版社，2006年。

12 《时时刻刻》,[美]迈克尔·坎宁安著,译林出版社,2008年。

13 《瓦尔登湖》,[美]梭罗著,北京出版集团,2009年。

14 《说吧,记忆》,[美]纳博科夫著,上海译文出版社,2009年。

15 《假如给我三天光明》,[美]海伦·凯勒著,北京出版集团,2010年。

16 《有色人民》,[美]小亨利·路易斯·盖茨著,北京大学出版社,2011年。

17 《弗兰德斯的狗》,[英]奥维达著,北京出版集团,2012年。

18 《玛丽》,[美]纳博科夫著,上海译文出版社,2013年。

19 《惊奇之心》,[美]蕾切尔·卡森等著,接力出版社,2014年。

20 《达洛维夫人》,[英]伍尔夫著,北京出版集团,2015年。

21 《到灯塔去》,[英]伍尔夫著,北京出版集团,2015年。

22 《雅各布之屋》,[英]伍尔夫著,北京出版集团,2015年。

二、合译作品

1 《电话行动》,[美]伏尔特·韦杰著,群众出版社,1960年。

2 《实力与原则——1977—1981国家安全顾问回忆录》(《布热津斯基回忆录》),[美]布热津斯基著,世界知识出版社,1985年。

3 《纯真年代》,[美]伊迪丝·华顿著,漓江出版社,1997年。

4 《赖床的男人》(短篇小说集),[英]戴维·洛奇著,新星出版社,2019年。

图书在版编目（CIP）数据

他们眼望上苍：王家湘译文自选集 / 王家湘译著
. -- 北京：中译出版社，2021.9
（我和我的翻译 / 罗选民主编）
ISBN 978-7-5001-6700-6

Ⅰ.①他… Ⅱ.①王… Ⅲ.①世界文学—作品综合集
②王家湘—译文—文集 Ⅳ.①I11

中国版本图书馆CIP数据核字(2021)第134996号

出版发行	中译出版社
地　　址	北京市西城区车公庄大街甲4号物华大厦六层
电　　话	（010）68359827，68359303（发行部）；68359725（编辑部）
传　　真	（010）68357870
邮　　编	100044
电子邮箱	book@ctph.com.cn
网　　址	http://www.ctph.com.cn
策划编辑	范祥镇　刘瑞莲
责任编辑	刘瑞莲
装帧设计	秋　萍
排　　版	冯　兴
印　　刷	北京顶佳世纪印刷有限公司
经　　销	新华书店
规　　格	880毫米×1230毫米　1/32
印　　张	9.875
字　　数	209千字
版　　次	2021年9月第1版
印　　次	2021年9月第1次

ISBN 978-7-5001-6700-6　　定价：58.00元

版权所有　侵权必究
中译出版社